让我们　一起　追寻

甲骨文

THE DESTRUCTION OF THE MEDIEVAL CHINESE ARISTOCRACY

By Nicolas Tackett

中古中国门阀大族的消亡

THE DESTRUCTION OF THE MEDIEVAL CHINESE ARISTOCRACY

〔美〕谭 凯 著　Nicolas Tackett

胡耀飞 谢宇荣 译　孙英刚 审校

社会科学文献出版社
SOCIAL SCIENCES ACADEMIC PRESS (CHINA)

献给刘侃

目　录

图表目录

致　谢

　　首先，最为重要的是，我希望向我的博士导师韩明士（Robert Hymes）表示衷心的感谢！过去十年间，他给予我无微不至的帮助和经久的鼓励，我由此完成了博士论文，并得以向更早的时段拓展，方有本书问世。在求学期间，我也有幸参与了其他老师所开设的研习班，这在我成为一名历史学家的道路上打下了深刻的烙印，对此我十分感激。他们是：韩文彬（Robert Harrist）、李峰、柯马丁（Martin Kern）、宁爱莲（Ellen Neskar）、Richard Bulliet、张希清、施珊珊（Sarah Schneewind）、Hal Kahn、韩森（Valerie Hansen）、裴志昂（Christian de Pee）和蓝克利（Christian Lamouroux）。另外要感谢史乐民（Paul Smith）参加了我的博士论文答辩。我也要感谢包弼德（Peter Bol），他在过去数年的研讨会上对我宣读的论文进行评议，并引导我们使用 GIS 和人物群体分析。

　　我能够在中国从事研究，得益于哥伦比亚大学游学奖学金（Columbia University Traveling Fellowship）的资助和富布莱特－海斯博士论文研究海外项目（Fulbright – Hays Doctoral Dissertation Research Abroad Program）的支持。我也在盖蒂研究中心（Getty Research Institute）和斯坦福大学"人文入门"项目访问了一年。感谢所有帮我顺利得到这些奖学金的人，特别是 Charles Salas 和 Ellen Woods 的帮助。我也要感谢给我提供机会接近研究材料的人：陕西省考古研究院王小蒙、李举纲，上海博物馆李朝远，河北省文物研究所孟繁峰，以及常熟博物馆、常州博物馆、扬州博物馆、上海图书馆、山东省石刻艺术博物馆和北京大学内诸多博物馆的工作人员。

撰写此书期间，我也受益于与诸多朋友的交流，他们是：Miranda Brown、丁爱博（Albert Dien）、黄义军、叶娃（Ye Wa）、Tim Davis、Alex Cook、Linda Feng、穆拉尼（Tom Mullaney）、Brian Vivier、邓百安（Anthony DeBlasi）、陆扬、朱隽琪（Jessry Choo）、张聪、李苏姬（Sukhee Lee）、Lewis Mayo、张天虹和饭山知保。当来到伯克利加州大学工作之后，我有幸与许多同事展开深入的讨论，他们的意见精彩而富于启迪，尤其在 Lomas Cantadas（又名 El Toyonal!），许多对话有时候甚至相当激烈。特别感谢姜士彬（David Johnson）和 Geoffrey Koziol 对我书稿详细的评议，以及哈佛大学亚洲研究中心的编辑 Kristen Wanner 的细致工作。数年来，我也得到了来自荣新江、李鸿宾、伊沛霞（Patricia Ebrey）、柳立言、陈弱水以及其他很多人的无偿帮助。从农民成为文化地理学家的刘侃，用她那独特的视角为我提供帮助。

最后，我想特别感谢我的父亲谭旋（Timothy Tackett），他最早启发了我对历史的兴趣（二十年前关于法国一个省的档案），也一直是我持续动力的来源，并对我写作此书给予了建设性的意见和批评。

谭　凯

凡　例

1. 本研究所用到的主要史料包括大量墓志和其他与丧葬有关的传记。书后所附人名索引提供了与本书中所有人物相关的墓志编号。在正文（不包括脚注）中，一个人名后所标的星号（＊）表明此人有相关石刻信息存在。若要全部的引用信息，读者可以从人名索引中得到墓志编号，并查到全部的微软 Access 数据库（或链接到微软 Excel 表格）。若需下载操作指南，可参考附录 A。

2. 本研究主要统计所用原始数据都可以在附属的 Access 数据库中查到。附录 A 对此数据库有所介绍。它包含了比人名索引中提及的多得多的墓志（超过 3000 方）和人物（超过 30000 人）。对主要（并非全部）人物所进行的统计都能在数据库中找到，即通过 Access 导航界面中的"查询"（queries）窗口。这些统计已经被清晰地标注，比如表 1.1 的内容能够通过查询"Fig 1 1 Forty-four excluded eminent clans"得到呈现。另有一些脚注指向数据库中其他的查询，比如第一章第 14 个脚注，需要读者在数据库中查询"Fig 1 note14 9th c choronyms"，同样能够在导航界面中找到。

3. 本书年代使用西方历法，以减少混乱。每一个中国年份都转换为相应的公历年份，即便中历新年比公历新年要晚几周。因此，在本书中的时间若标为一个年份的十二月，实际上在公历而言，已经到了下一个年份的一月或二月。

4. 在关于中国的地图中，海岸线（不包括上海和渤海之间的部分）、河流（不包括黄河下游）和大部分东南县城以及一部分其他地区县城的经纬度，都取自第四版"中国历史地理信息系统"（CHGIS，剑桥，马萨诸塞州：哈佛燕京学社，2007 年 1 月）。一些增加的县城经纬度来自马瑞诗（Ruth Mostern）和 Elijah Meeks 制作的"宋代中国电子方志系统"（Digital Gazetteer of Song Dynasty China，v. 1. 1，2010）。剩下的大部分地理信息，包括唐代海岸线和河流方向，与谭其骧主编的《中国历史地图集》第五卷相一致。下一页的地图呈现了九世纪唐王朝实际可以控制的大致疆域。当然，唐政权实际上并未如此清晰地划定其疆界。把唐代中国的疆域放入当下中华人民共和国的疆域之中，主要是为了给读者提供一个参照。

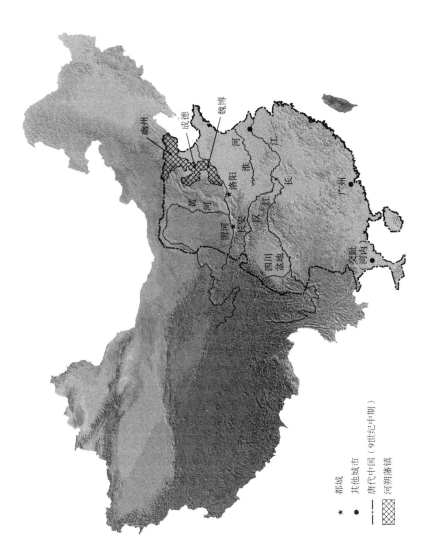

幽州

成德

魏博

黄河

洛阳

长安

渭河

四川盆地

交趾（河内）

淮

长

江

广州

河

* 都城
● 其他城市
—·— 唐代中国（9世纪中期）
▨ 河朔藩镇

绪　论

　　出生于九世纪中国最著名门阀之一的卢氏（818～881），拥有
毋庸置疑的高贵家世。虽然她的家族起源于中国东北部的范阳，
但至迟两百年前已迁徙至伟大的都城洛阳。在这里，卢氏的祖先
融入了当地贵胄的社交圈，并通过此关系网，深入政权机构，掌
控政治权力。像她这样身份的女性并非特例，卢氏能够追溯其祖
先至七百年前的汉朝，在此期间家族仕宦从未间断，数百位宗男
出仕于汉代以来各朝，包括唐朝（618～907）。当她十四岁时，出
于家世门第的考虑，她的家庭为她选择了一位门当户对的年轻人，
后者来自另一个定居于洛阳的家族。不幸的是，她丈夫在她尚且
年轻之际去世了。然而，她依然保有其高贵的社会身份，继续教
育子嗣并安排他们的婚事。当她儿子考取荣耀的进士身份，以及
878年她的女婿（另一个著名的洛阳家族后裔）成为宰相（中国
最有权力的人之一）时，她一定倍感自豪。然而三年后，卢氏的
生命和她所了解的整个世界，突然走到了终点。①

---

　　①　对卢氏（818～881）及其丈夫李杼（802～850）的生平信息，能够通
　　　　过出土于卢氏墓中的三方墓志予以还原。对墓志文本的著录和墓葬的
　　　　描述（在考古报告中被编号为"M9112"），参见《偃师杏园唐墓》，
　　　　第168～252、361～369页。对于范阳卢氏中卢氏这一支谱系的还原，
　　　　参见《新唐书》卷73上，第2885～2912页；她的曾祖父见于表格的
　　　　第2907页。本书第三章提供了她这一家族的更多信息，笔者标之为
　　　　"父系5485"。葬于洛阳最早的祖先是卢赤松（569～625），其墓志拓
　　　　片见《邙洛碑志三百种》，第67页。正文所指宰相是崔沆（死于880
　　　　年）。

2　　　　最初，对于长安、洛阳的两京居民来说，威胁似乎很遥远。虽然一系列叛乱在 1870 年代爆发于中原地区，但唐帝国的军队成功地在 870 年代末击溃了叛军，把他们赶到遥远的南方。然而，在 880 年七月，黄巢（死于 884 年）突破了帝国防御体系的薄弱环节，跨过了长江。仅仅花费四个多月即占领洛阳，并在年末推进到长安。随即展开了一次中国历史上臭名昭著的大屠杀，卢氏的女儿和身居宰相的女婿即为受害者。卢氏本人稍有运气，与其两个儿子逃难至自家的乡村庄园，在洛阳以东一百里外。但她的运气并未继续，也许由于伴随着战乱的瘟疫，一个月后的 881 年晚春时节，她和其中一位儿子因病去世。经过一年半多的动荡之后，当局势足够安全时，她的小儿子将她的遗体运回洛阳，祔葬于其丈夫墓侧。此时，卢氏五个孩子中的四个已经去世且没有后嗣，剩下的家庭成员心境悲凉。她的侄子在墓中一方墓志的侧面，匆匆留下了一句话："天子幸蜀，岁再周矣，巨寇黄巢，尚稽诛擒。巩、洛兵荒，人无生理。"①

　　　　即便唐僖宗从四川回驾长安，一度强盛的唐王朝也已经徒有虚名。帝国的正统已经崩溃，军阀控制了地方，开启了将近三十年的剧变，遍布全国的大量独立势力互相征伐。② 十世纪第一个

3　十年的中期，大部分规模较小的独立势力已经被纳入更大的独立政权中。此时，907 年四月，控制着黄河流域和大部分北方中国的军阀处死了早已是傀儡的唐朝最后一位皇帝，宣告了王朝的灭亡。在唐王朝灭亡后出现的五代和大宋王朝（960～1279）并不仅仅是

---

① 参见出土于卢氏墓的墓志。关于黄巢之乱的更多信息，参见第五章。
② 对于黄巢之乱后北方地区的军阀为取得优胜地位而互相征伐的描述，参见第四章以及 Wang Gungwu（王赓武），*The Structure of Power in North China during the Five Dynasties*, pp. 6–84。

相沿续的不同政治体。十世纪见证了一个全新社会秩序的整合。在第一个千年的大部分时间内保持了声望的中古世族，在经过多次改朝换代后，完全消失于历史舞台。降及宋朝，事功文化（a culture of merit）使得早期的门第观念黯然失色，旧秩序一去不返。

本书试图以唐王朝最后一个世纪为中心解释这一引人注目的社会和文化转型。虽然数代学者已经研究了唐、宋精英之间深层的差异，大量的碑刻材料却提供了新的契机，允许我们细致追索从一个社会秩序到另一个社会秩序的社会文化进程。基于成百上千的男女传记，本书将要论述的是中古中国的门阀世族如何在中唐时期重要的政治和制度变迁下，依然维持其影响力；以及为何随着王朝的崩溃，世家大族消失得如此彻底。由此，首先需要探讨的是，这一延续千年的精英社会内部运转的重要细节。随后的研究，则将涉及唐以后的文化转型，即出现新型的精英自我认同，从而抛弃了曾为卢氏及其所属旧式世族所秉持的理念与价值。

中古精英的转型

事实上，在晚唐和宋初之际，中国经历了一系列巨大的转变，从而彻底改变了社会。[①] 一场商业革命带来了经济领域显 　4

---

① 日本记者和历史学家内藤虎次郎（1866～1934）被认为首论述了这一巨大的变革。内藤氏的理论在二十世纪中叶日本中国史学者和1960和1970年代的美国中国史学者之间颇为流行，不过内藤氏所宣称的宋朝标志着"近世"（early modern period）的开始，则并未被美国中国史学者真正接受。对这一理论的概述和最新的评论，参见 Miyakawa Hisayuki（宫川尚志），"An Outline of the Naito Hypothesis and Its Effects on Japanese Studies of China"；柳立言的《何为"唐宋变革"？》。最近，在中国大陆对这一理论出现了一股迅疾的出版风潮，比如李华瑞的《二十世纪中日"唐宋变革"观研究述评》；《唐研究》第十一卷（2005），特别是张广达的专稿《内藤湖南的唐宋变革说及其影响》；李华瑞主编的《"唐宋变革"论的由来与发展》。

著的货币化，市场网络则从特定地区向乡村扩张，城市中心也发展和壮大。① 随之而来的是人口迁徙，中国的人口重心转移到了南方，推动长江三角洲和东南沿海地区达到了未曾有过的高度。② 同时，显著的技术创新提供了农业生产力，而大范围使用的印刷术也大幅增加了识字人口的数量。③ 在同一时期，随着从全新途径理解经典的理学（Neo-Confucianism）的发展，以及新宗教崇拜和实践的广受欢迎，中国也经历了一系列重要的思想和宗教的发展。④ 这些变革如此根本，以至于后世的中国人认为宋代本身即开辟了一个全新时代。数百年后的历史学者陈邦瞻（死于1623年）即说过："今国家之制，民间之俗，官司之所行，儒者之所守，有一不与宋近乎？"⑤

5　　但是也许在这一所谓"唐宋变革"中最引人注目的转变，是中国社会政治精英的性质和构成的转变。十二世纪的

---

① Shiba Yoshinobu（斯波义信），"Urbanization and the Development of Markets in the Lower Yangtze Valley"；同氏，Commerce and Society in Sung China；Denis Twitchett（杜希德），"The Tang Market System"；同氏，"Merchant, Trade, and Government in Late Tang"；G. William Skinner（施坚雅），"Introduction：Urban Development in Imperial China"；斯波义信：《宋代の都市化を考える》。

② Robert M. Hartwell（郝若贝），"Demographic, Political, and Social Transformations of China, 750 – 1550", pp. 365 – 394。

③ Mark Elvin（伊懋可），The Pattern of the Chinese Past；Susan Cherniack, "Book Culture and Textual Transmission in Sung China"。

④ Peter Bol（包弼德），"This Culture of Ours"：Intellectual Transitions in T'ang and Sung China；Valerie Hansen（韩森），Changing Gods in Medieval China，1127 – 1276。

⑤ 陈邦瞻：《宋史纪事本末》，第1191~1192页。陈氏认为，唐宋之间的变革是第三次重要的历史变革，前两次变革，包括古代文明的最初成型，和随之而来的公元前三世纪统一帝国的建立。

学者郑樵（1104～1162）曾简明地描述过其观点："自隋唐而上，官有簿状，家有谱系。官之选举，必由于簿状，家之婚姻，必由于谱系。……自五季以来，取士不问家世，婚姻不问阀阅。"①换句话说，在唐代，一个人的家世具有决定性作用，而在宋代，人们不再觉得有什么关系。在过去的几十年里，对于唐、宋精英性质的阐释，历史学家已经取得了重要的成果。姜士彬（David Johnson）、伊沛霞（Patricia Ebrey）、毛汉光、孙国栋等人描绘了相对有限的中古士族，并根据血缘关系定义其地位。②郝若贝（Robert Hartwell）、韩明士（Robert Hymes）、包弼德（Peter Bol）和柏文莉（Beverly Bossler）皆已描述了一类新的、更具规模的精英家族，他们在宋初第一次登上历史舞台，并以才智和教育为基础奠定自己对社会和政治的主导地位。③他们体现了有时被称为"中国式贤能政治"（Chinese meritocracy）的核心元素，

---

① 郑樵：《通志》卷25，第439页。沈括（1031～1095）也有同样的观察，他在一篇文章中描述了中古上层家族的风俗，并指出："其俗至唐末方渐衰息。"见沈括《梦溪笔谈》，第772～773页。

② Patricia Ebrey（伊沛霞），*The Aristocratic Families of Early Imperial China：A Case Study of the Po-ling Ts'ui Family*；David Johnson（姜士彬），*The Medieval Chinese Oligarchy*；同氏，"The Last Years of a Great Clan：The Li Family of Chao chun in Late T'ang and Early Sung"；毛汉光：《唐代统治阶层社会变动：从官吏家庭背景看社会流动》；孙国栋：《唐宋之际社会门第之消融：唐宋之际社会转变研究之一》。

③ Robert M. Hartwell（郝若贝），"Demographic，Political，and Social Transformations of China，750－1550"，pp. 405－425；Robert Hymes（韩明士），*Statesmen and Gentlemen：The Elite of Fu-chou，Chiang-hsi，in Northern and Southern Sung*；Peter Bol（包弼德），"*This Culture of Ours*"：*Intellectual Transitions in T'ang and Sung China*，pp. 32－75；Beverly Bossler（柏文莉），*Powerful Relations：Kinship，Status，and the State in Sung China，960－1279*。

这些核心元素构成了随后的一个千年内中国和西方社会最显著的区别。

虽有对这两类精英之间明显区别的一般性解释，关于这一变革如何发生，依然有不同的意见。就本书而言，最重要的是对于什么导致了贵族的衰落，甚至这一衰落趋势何时开始等问题，尚未取得共识。对于包括杨筠如（1903 ~ 1946）、唐长孺（1911 ~ 1994）和其他有影响的六朝史学者来说，贵族早已在隋朝（581 ~ 618）建立时即开始衰落，此时中国已经结束了汉代以来的数百年分裂状态，重新统一。根据这种看法，战争和叛乱给予贵族沉重打击，其权力基础也被削弱，而新兴且稳固的中央政府则将其控制力延伸至地方社会。同时，对家族成员出仕朝廷的世袭权力予以承认的制度，也正在被消解，以防止旧时精英持续垄断政治权力。①

更为常见的是，学者多将这一转变时间置于唐代。当然，对于精确到何时，或为何会发生转变，依然没有取得共识。举例而言，二十世纪前期中国伟大的历史学家陈寅恪（1890 ~ 1969）强调开始于武则天时期（690 ~ 705）的科举制度扩大化所造成的影响。在陈氏看来，此后唐朝两个世纪的党争和战乱，经常展开于大族子孙和新兴的进士阶层之间。② 相比之下，另外的学者，比如杜希德（Denis Twitchett）和砺波护，

---

① 杨筠如：《九品中正与六朝门阀》；唐长孺：《门阀的形成及其衰落》，特别是第 11 ~ 20 页。关于六朝世族的兴衰，更新的研究参见陈爽《近二十年中国大陆地区六朝士族研究概观》，第 17 ~ 18 页。

② 陈寅恪：《唐代政治史述论稿》，特别是第 20 ~ 24 页。吉冈真有类似的观点，认为"新精英"（new elite）来自重要的地方精英家族，参见吉冈真《八世紀前半における唐朝官僚機構の人的構成》。

强调八世纪中叶安史之乱后制度和政治格局的再造。[①] 根据这一论点，"均田"（equal field）制（一度指经常性的土地再分配）的崩坏和对商业的弛禁，为新兴在地和商业化的精英提供了适宜他们发展的环境。同时，新型财政机构的设置有助于管理商业利润，藩镇的成立也为安史之乱后的地方带来了秩序，藩帅们更倾向于辟署才智之士，而非世家子弟。此外，新型财政机构开始任用商人子弟和其他新贵，从而为"新兴"（newly risen）精英提供了前所未有的入仕机遇，并取得政治影响力。

　　然而，史料表明，所有这些有影响的理论低估了旧时的精英在制度和社会结构转变过程中的适应能力。事实上，一些重要的研究已经指出，直到唐朝末年，旧时的家族依然能够成功地保持对政治权力的控制。姜士彬观察到，即便在安史之乱以后，大部分唐代宰相依然拥有贵族世家背景。[②] 孙国栋通过大量分析唐代官僚，得出了相似的结论。[③] 毛汉光则在一项包括唐代各阶层官僚的研究中，证实了仅有少量家族能持续增加他们的影响力，其表现为在唐朝最后三十年中，朝廷中接近一半的官职为他们所掌握。[④] 本

---

① Denis Twitchett（杜希德），"Introduction"，特别是 pp. 20－21、24－31；同氏，"Merchant，Trade，and Government in Late Tang"，特别是 p. 93；同氏，"The Composition of the T'ang Ruling Class：New Evidence from Tunhuang"，特别是 p. 79；砺波护：《宋代士大夫的成立》，第 193～203 页；砺波护：《中世贵族制の崩壊と辟召制》。同时参见爱宕元《唐代后半における社会変質の一考察》，此文认为科举和安史之乱后的藩镇秩序同时刺激了新精英的诞生。

② David Johnson（姜士彬），*The Medieval Chinese Oligarchy*，pp. 131－141.

③ 孙国栋：《唐宋之际社会门第之消融：宋之际社会转变研究之一》，第 213～218 页。对于孙氏统计范围之定义和分类的批评意见，见 David Johnson（姜士彬），*The Medieval Chinese Oligarchy*，pp. 145－146。

④ 毛汉光：《唐代统治阶层社会变动：从官吏家庭背景看社会流动》，第 223～224 页；Nicolas Tackett（谭凯），"The Transformation of Medieval Chinese Elites，850－1000 C. E. "，pp. 63、101。

书的几个章节将提供大量新增加的材料，用以支持这一观点。

但是如果旧时的家族在九世纪下半叶继续掌控着自身的政治生命，那么他们到底是如何存续如此长一段时间呢？并且，为何他们会如此突然地在十世纪消逝呢？事实上，像许多唐朝政治精英一样，卢氏及其丈夫来自能够追溯到数百年前的未曾断裂的家系，更需要加以解释。一个显著的现象是，卢氏及其丈夫所属的家族中，很少有族人被九世纪后的史料所提及。① 基于一些笔记内容，姜士彬推测，受到"暴力反贵族倾向"（violently anti-aristocratic feeling）影响的几场唐末"阶级战争"（class wars）起到了重要的作用，这一推测与笔者的研究所呈现的结果相近。② 但即使姜士彬也认为，在九世纪时，士族已经"仅仅是一种理念"，"在现实的社会和政治中，已经找不到"精英。③ 相同地，根据伊沛霞的观点，旧时的士族仅能构建一个"身份集团"（status group），其生存建立于"微妙的平衡"（precarious balance）之上。④ 但是，社会中遗存下来的古老阶

----

① 关于唐朝灭亡后旧时贵族全部消逝的记载，参见 David Johnson（姜士彬），"The Last Years of a Great Clan: The Li Family of Chao chun in Late T'ang and Early Sung", pp. 48 – 59；同氏，*The Medieval Chinese Oligarchy*, pp. 141 – 148；Patricia Ebrey（伊沛霞），*The Aristocratic Families of Early Imperial China: A Case Study of the Po-ling Ts'ui Family*, pp. 112 – 113。

② David Johnson（姜士彬），"The Last Years of a Great Clan: The Li Family of Chao chun in Late T'ang and Early Sung", pp. 68、100.

③ David Johnson（姜士彬），*The Medieval Chinese Oligarchy*, p. 48.

④ Patricia Ebrey（伊沛霞），*The Aristocratic Families of Early Imperial China: A Case Study of the Po-ling Ts'ui Family*, pp. 32、113 – 114。【译按：此处对"身份集团"（status group）、"微妙的平衡"（precarious balance）的翻译使用了范兆飞的译词，见《早期中华帝国的贵族家庭：博陵崔氏个案研究》，上海古籍出版社，2011，第112、137页。】

层，真的能够维持其身份和权力如此之久吗？是否有足够的材料证明他们很好地适应了王朝内部出现的制度和社会经济的发展，从而能够直到九世纪末依然对官僚机构加以掌控？

这些问题指向当前讨论的一个终极问题，即唐代精英及其消逝。正如前文所示，并非所有学者都以同样的方式定义唐朝精英。我们可以这样追问：根据接下来第一章对重要家族的列表，这些唐代的世家大族是否首先为身份精英（status elite）？或是否为随着中国的土地占有制度之变迁而兴衰的社会经济精英（socioeconomic elite）？① 或是否为本质上根据能力占据官职的政治权力精英（political power elite）？换句话说，在我们语境中的精英社会，如何才能更好地在韦伯所示身份、财富和权力三位一体体系中，建构其外形？本书的目标之一即对以上问题加以梳理，首先探究唐代的身份精英（status elite）（第一章）和社会经济精英（socioeconomic elite）（第二章）。此后，在开始对存续下来的官僚贵族进行仔细讨论前，笔者将同时考虑他们的高等身份和对政治权力的主导权。

就这些问题而言，相比于宋史学者能够接触到大量史料，唐史学者却被稀少的史料束缚了探索的脚步。经过 9 1960 年代至 1970 年代的研究高潮，包括对传统史料中稀见材料的发掘，以及从孤立个案中推测典型情况，关于唐代社会的研究不可避免地走入了死胡同。这种情况在新材料的出现之后发生了极大的变化，大量丰富的新出碑志材料——特别是下文将要提及的墓志铭——拥有全面振兴唐史

---

① 日本学者在唐宋变革期土地占有制度方面的研究综述，参见 Joseph P. McDermott（周绍明），"Charting Blank Spaces and Disputed Regions：The Problem of Sung Land Tenure"，pp. 13 – 16。

研究的潜能。随着这些材料变得触手可及，我们能够比十年前更好地重新审视唐代社会的细节，并有效地解决一些未能得到回答的问题。早期的历史学者不得不把他们的研究对象局限于一小部分人，这些人握有大权且受到优良教育，他们的传记使得传统的正史蓬荜生辉；如今则有条件将这些人放置于更广泛的精英社会中讨论。碑志材料除了便于我们重新梳理下层官僚、军人和宦官群体，也便于审视包括商人和大土地经营者，这类人虽然富有且在地方上有影响力，但并未取得一官半职。通过研究这些上层的边缘群体，有助于充分认清身份精英、经济精英和政治精英之间的关系，并更好地理解那些持续了数百年的影响力，仅仅因唐朝灭亡而消逝的家族。

随着对新资料的利用，本研究也试图从三个重要方面来再次定义晚唐精英。首先，本书避开这样一种观点，即唐宋变革仅仅从单一的社会经济轨道才使得唐代世家大族被新兴精英取代。正如世界历史上最为成功的精英，唐代中上阶层在新环境下有较强的适应能力。[①] 事实上，在八世纪到九世纪的材料中，很难揭示有一个紧固的新兴阶层开始威胁到旧式的社会秩序。把唐后期的党争解释为阶层对抗的尝试，已经很大程度上失效了。[②] 很

10

---

① 关于精英努力适应已经改变了的政治环境的另一个例子，也许可以追溯到罗马帝国元老贵族和爱琴、安纳托利亚地区的土地所有者，他们在罗马帝国灭亡后只是"转换了认同"，而非"渐趋消逝"。参见 Chris. Wickham, *Framing the Early Middle Ages: Europe and the Mediterranean, 400 – 800*, pp. 206 – 207、238 – 239。

② Howard J. Wechsler（魏侯玮），"Factionalism in Early T'ang Government"; Michael T. Dalby, "Court Politics in Late T'ang Times", pp. 652 – 654；砺波护:《中世贵族制の崩壊と辟召制》。

明显，与其说唐代的权力斗争加速了旧时精英的消亡，不如说新兴精英在王朝末期，填补了因中世大族的消亡而留下的权力真空，从而占据主导地位。因此，贵族的衰落和新秩序的建立，应该视为独立的社会文化现象。

其次，当下的研究建立在多区域的综合视角之上，大部分唐史学者把中国视为一个整体，聚焦于发展带来的影响，特别是北方和南方之间的差别。但是，还有其他途径来理解帝国的地理，从而得到更为清晰的关于权力的社会政治结构。举例而言，当我们探究唐代精英的实质时，有必要区分两京——唐朝两个京城和连接京城的走廊地带——和地方，关于这两者的区别可以参考第二章。同样重要的是，需要注意中国东北方的三个自治的河北藩镇，它们在很多方面与中国其他地区从政治上和文化上保持隔绝状态。我们有理由相信，作为文化隔绝的结果，河朔地区会成为新型"凭才用人"（meritocratic culture）的起源地，并在随后几个世纪中占据主导地位。

再次，本研究基于碑志材料更新了技术手段，从而可以更好地分析家族和婚姻网络。正如韩明士在其关于宋代抚州精英的研究中所说，如果不考虑个人的亲属关系，我们便无法理解个人在社会中的位置。[①] 然而，如今几乎没有系统性的关注整个精英社会网络的尝试。但我们将看到，数字技术允许我们重构十分庞大的晚唐贵族及其婚姻网络。本书的一个目标即评估对这类社会网络的解释权，并假设这种网络构成了一项重要的　11

①　Robert Hymes（韩明士），*Statesmen and Gentlemen：The Elite of Fu-chou, Chiang-hsi, in Northern and Southern Sung*, pp. 35 – 38.

"社会资本"（social capital），从而帮助精英阶层在权力中重塑自己。[1] 在第三章，笔者将要论述贵族的婚姻网络如何成为一项实在的资源，其重要性堪比身份和声望，以此保证其长期的政治生命。除了关注权力的实态，网络也能解释文化转变的动力。从定义上说，网络包括个人和家庭这两者之间在一个经常性平台上的交互影响，并因此而共享平时的信仰和礼仪活动。作为特定亚文化的具体化身，网络可以被想象为一种文化的基本元素之一。因此，原则上我们能够从转换社会网络构成的视角，来探究精英的自我认同之转换心态。

为了有效地处理大量的传记类、地理类和为此研究所准备的网络数据，有必要利用各种定量分析技术。自从1980年代以来，对于在历史研究中使用定量分析，已日趋式微。经过对早期历史时期进行定量分析时因狂妄自大而导致的惨痛教训，对于数据统计和其他形式的数据操控，应该被更加小心和负责任地展开。一直比较危险的是，表格和图标能够"简单化"（flatten）数据，掩盖其独一无二的潜在意义，歪曲个人案例中的独特性格。不幸的是，读者很少能够接触到原始数据，因此他们无法有效地评估方法上的细节。然而，如果历史学家足够细心，便能够通过利用一些新兴的可获得数据库，以足够的潜能改变中古中国史领域，特别是中国历史地理信息系统（Chinese Historical Geographic Information System，简称CHGIS）和中国历代人物传记数据库（Chinese Biographical Database，简称CBDB）。无论何时，为使读者有机会全面评估本研究中的图表，原始数据都能从作者或出版者的网站上得到（参考

---

[1]　Pierre Bourdieu, "Le capital social".

附录 A）。另外，一部分数据已经被加入 CBDB。

最后，需要用几句话说明一下对"aristocracy"（贵族或世族）概念的使用问题。① 构成本研究的唐代精英，与晚近的欧 12 洲贵族一样拥有类似的特征。即包含基于良好教养的一种受过高等教育的气质、礼仪行为和道德准则，并由此而引向持续的联姻。其优越感根植于古老的（真实或虚构的）血统，记载于能够追溯数百年的谱牒中。在下一章中，笔者将揭示这类精英，根据积功原则，他们拥有事实上（而非法律上）的世袭权力。总之，这类精英同时拥有道德和政治的主导权。他们的权力和声望也必然独立于政权，并能在多次改朝换代后持续下去。

不过需要着重强调的是，本书所论的中国门阀世族，虽然文化上类似于欧洲贵族，本质却不一样。不同于欧洲的例子，中国的贵族在六世纪以后并不在法律范畴内，其成员并无世袭的贵族头衔（titles of nobility）。② 由于并不因武勇而自豪，故更类似于罗马元老院贵族，而非后世欧洲的"剑之贵族"（nobles of the sword）。③ 唐代中国的大家族也没有延续数代的

① 西方学者通常在一个宽泛的意义上使用"贵族"（aristocracy）这一概念。见 Chris. Wickham, *Framing the Early Middle Ages: Europe and the Mediterranean*, 400 – 800, pp. 153 – 154。Wickham 在比较罗马帝国崩溃后的起源于欧洲和地中海的不同社会时，也使用了类似的包含性概念。【译者按：相比于中文"贵族"一词而言，西文中 aristocracy 一词的含义其实更为宽泛。之后的译文中，当作者以 aristocracy 指称中国家族的时候，一律译为门阀世族或世族；而贵族一词出现的时候，都特指欧洲的贵族。】

② David Johnson（姜士彬）, *The Medieval Chinese Oligarchy*, p. 5 – 17.

③ 关于罗马元老院贵族，参见 Chris. Wickham, *Framing the Early Middle Ages: Europe and the Mediterranean*, 400 – 800, pp. 155 – 165。类似于唐代的世家大族，罗马元老院精英的声望来自他们的官衔和文明、风雅的生活方式。然而，与唐代的世家大族不同的是，罗马元老的身份也取决于他们广大的土地财富。

大量土地财富。① 更进一步说，前文已经强调，在中国，贵族无法被定义为君主专制或资产阶级的发展障碍。最后，由于纳妾制度的存在，世袭在中国的含义也与欧洲不同。②

13 作为一种史料的墓志

唐代的墓志（Tomb epitaph）由正方形板状岩石（也有砖块乃至瓷器的例子）制成，通常一英尺半至两英尺宽，刻有长度为数百至数千字不等的死者传记。③ 这些墓志被平放于墓室地面上，周围是死者棺椁和其他随葬品。刻字则通常被充满装饰性刻纹的墓志盖给保护着。因为在九世纪，墓志铭被视为一种文学体裁，在晚唐人的文集中现存大约 200 篇。④ 近数十年来，考古学家和盗墓贼让上千方唐代墓志重见天日。⑤ 图 0 - 1 即

---

① 对于为何土地所有权在定义唐代贵族时起的作用不大，参见第一章题为"大家族后裔的地理分布"的部分。

② 基于良好婚姻在保持贵族地位中的重要性，很难理解庶子经常与嫡子拥有相同的身份。对此的解释是，除了传承父亲的血统，庶子通常会由嫡妻教育和抚养。在中国人的观念中，抚养关系与血缘关系同样重要。参见 Francesca Bray（白馥兰），*Technology and Gender：Fabrics of Power in Late Imperial China*，pp. 353 - 354；Patricia Buckley Ebrey（伊沛霞），*The Inner Quarters：Marriage and the Lives of Chinese Women in the Sung Period*，pp. 230 - 231。

③ 墓志铭中包含着丰富的文献。由中国的唐代墓志权威学者撰写的全面概述，参见赵超《古代墓志通论》。关于墓志作为宗教对象及其文体发展，参见 Timothy M. Davis，"Potent Stone：Entombed Epigraphy and Memorial Culture in Early Medieval China"。

④ 所有传世文献中的墓志铭都被收录于清朝编的《全唐文》（*Complete Tang prose*）中。一部分事实上并不是为下葬而准备的，比如韩愈（768 ~ 824）为李于（776 ~ 823）所撰写的墓志铭，更多是一种反对服食药石的宣言，而非死者之铭。关于这篇墓志铭的讨论，参见 Timothy M. Davis，"Entombed Epigraphy in Early Medieval Commemorative Culture and the Rise of Muzhiming as a Literary Genre"。

⑤ 关于出土墓志的更多著录信息，参见附录 C。

一方墓志的拓片。此外，还有其他数量有限的碑志，特别是数十方神道碑和竖于墓外的其他纪念碑。正是这一大量的新出传记材料，为全面地重新审视唐代贵族及其消逝提供了可能。

墓刻文本包含了历史学者感兴趣的丰富信息，常常包括无法从其他史料中得到的信息。其中包括长篇诔辞，展示了那个时代的价值与理想。也记录了死者的卒、葬地和时间，以及父亲、祖父、曾祖父、丈夫/妻子，乃至外祖父、岳父和女婿等信息。在本书第二、三章，笔者将利用这些信息分析精英的地理变迁，并还原家族和婚姻网络。墓志还提供了大量有用的数据，得以分析人口模式，包括成婚年龄和死亡年龄、子女数量和迁移信息。墓志经常详细地叙述了死者（或其丈夫）的仕宦经历。最后，墓志包含了很多引人入胜的逸闻，使得墓主人在千年之下宛如目前。

在本项研究语境下，墓碑的一项特殊作用是作为社会富裕阶层的标记。墓志是精英墓葬的必需品，且局限于那些能够负担详备葬礼的家族。① 许多这类墓碑清晰地表达了一种墓葬地将湮没无闻的忧虑。如一段简短的铭文所述，万古之下，大地的力量将把山河改换，正所谓"陵谷恐平"，"松柏摧为拆薪"。② 根据一方墓志所刻：

> 山作田兮田作海，万古存兮谁不改。
> 青松新陇晓无年，千载惟留铭记在。③

---

① 关于宋代墓志的类似讨论，参见 Beverly Bossler（柏文莉），*Powerful Relations: Kinship, Status, and the State in Sung China, 960–1279*, p. 10。
② 分别引自王岐（747～803）和傅存（去世于860年）的墓志。
③ 引自陈环（780～842）的墓志。类似的例子，参见 Nicolas Tackett（谭凯），"The Transformation of Medieval Chinese Elites, 850–1000 C. E.", p. 12。

14

15

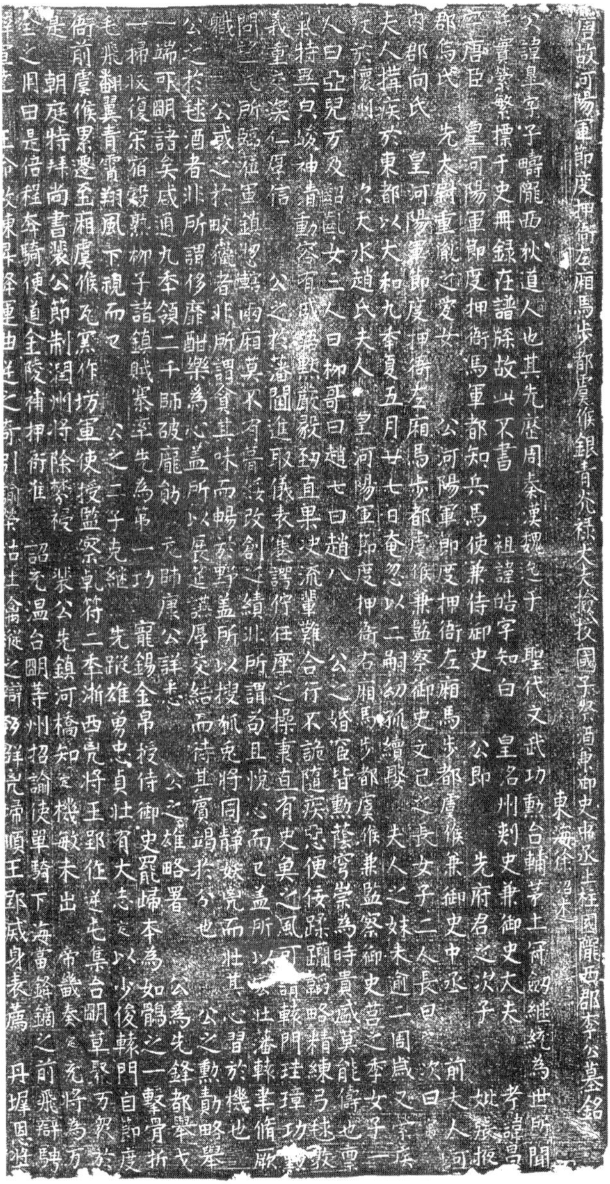

图 0-1　李皋（733～792）墓志的拓片

正如笔记小说所示，唐代时期的许多古墓因一些事故而被偶然发现，类似于如今许多古墓因为农民犁地或打井挖窖而被打开。[①] 墓主人家如何知道遥远的将来没有人会发现他们的墓葬呢？为预防这种可能性，有必要向未来的人解释墓主人值得得到最大程度的尊重。因此，这些家族有充足的理由确保将记录了去世者生平"事实"的文字，刻在被认为永不消逝的载体——石头上。[②] 有一方墓志的作者解释道："今斯记者，欲异代识焉。"[③] 另一方墓志则写道："墓宜有志，岂他人可以详先君之德之行？"[④]

然而准备一方墓志仅仅是一场典型葬礼中的一个步骤，完成所有这些步骤需要花费大量资金。人们需要雇请占卜师选择一个进行葬礼的吉日。[⑤] 如果找不到吉日，将去世者权厝于靠近祖茔的临时坟墓中，以等待更合适的时机，也不少见。[⑥] 在

---

① Timothy M. Davis, "Potent Stone: Entombed Epigraphy and Memorial Culture in Early Medieval China", p. 266；李昉：《太平广记》卷369，第2937页；同书卷386，第3083页；同书卷390，第3119页；同书卷391，第3124页；同书卷391，第3126页。

② 引自陈上上（779~839）的墓志。无数墓志皆明确表示石头是一种不会消逝的材质。比如王振（768~833）的墓志写道："石可不朽。"

③ 引自范孟容（791~831）的墓志。数方墓志皆自认为是对志主一生的"实录"（veritable records）。

④ 引自李公度（784~852）的墓志。对此观念的另一种表述是"葬宜有铭"，见韩愈为杜兼（750~809）所撰墓志。

⑤ 关于占卜师具体工作的一个有趣例子，参见骆氏（746~808）的墓志。这些占卜十分认真，因为一些特定的葬日很明显更受欢迎。比如，根据笔者整理的数据，834年的37方墓志中有12方（占32%）的葬日集中于三个日子：八月二十四日、十一月十四日和二十日。一些证据表明，日期的选择部分取决于志主的姓氏。参见韦翱（去世于859年）的墓志。

⑥ 参见崔植（791~822）、崔氏（784~858）、于汝锡（791~847）和李氏（771~822）的墓志。又参张观（803~863）的墓志，祔葬于其叔父张信（782~850），从而确信其地方为家族墓地。

这样的情况下，即需要重新择定另一个葬日。人们还需要雇请堪舆师选择一处合适的位置下葬，以确保去世者的灵魂得到安息。① 如果墓地选址不佳，去世者家属随后会发现"风水失衡"（the fengshui was not balanced），墓地"不福遗嗣"，需要立即破费迁葬。② 定下墓址之后，去世者家属有时尚需买下那块土地。特别是在长江三角洲地区，墓志里时常提及购买墓地，行文与当时的土地契约相似。③

就开支而言，这才刚刚开始。精英的墓葬并不仅仅是一个存放棺椁的坑，它包括一个通常由砖石砌成，用石门封闭的地下墓室，在其上则封起一个大土堆。各种随葬品被摆放于墓室中，包括青铜镜、观赏用的玉器和漆器以及上釉的陶瓷，其中不少价值不菲。④ 其中一部分随葬品仅具象征性，其他部分则用于去世者的死后世界，正如一方墓志所说："今于兆中，皆取夫人平昔服玩

---

① 大量墓志，特别是潞州和河朔北部地区的墓志，描述了墓葬周围四个方向的风水和景观。

② 引自李皋（733～792）及其妻崔氏（742～797）的墓志，他们被迁葬于距离旧茔103步远的地方。又参柳耸（751～813）和郑氏（780～838）的墓志。

③ 相关的十三方墓志，参见 Nicolas Tackett（谭凯），"The Transformation of Medieval Chinese Elites, 850 – 1000 C. E.", p. 52。另外参见龚氏（744～804）、刘公制（792～836）、王希庭（762～841）、龚祖真（772～847）、申宪（约去世于850年）、石氏（774～853）、许太清（770～857）和牛延宗（834～877）的墓志。另两个例子可参考 Valerie Hansen（韩森），*Negotiating Daily Life in Traditional China: How Ordinary People Used Contracts, 600 – 1400*, pp. 57. 58。

④ 关于洛阳附近一处精英墓地的营修和随葬品花费，参见 Ye Wa，"Mortuary Practice in Medieval China: A Study of the Xingyuan Tang Cemetery"，特别是 pp. 109 – 277。虽然聚焦于中国历史上早期时段，巫鸿对中国墓葬的整体文化宇宙观依然值得参考，见 Wu Hung, *Art of Yellow Springs: Understanding Chinese Tombs*。

18

之物样制，致于其内，神道固当喜用之。”[1] 除了准备墓葬，在葬礼方面也需要花销，包括收殓仪式和送葬队伍。[2] 这两项内
19 容，都需要雇用挽郎和祭司，包括朗诵墓志铭的人。[3]

最后，关于墓志本身的问题。首先，需要购买两块厚岩石，一块用作志石，一块用作志盖。这些石头开采于帝国境内某处的一座名山，并且花费相当多的资金运至墓地。[4] 随后，需要请人撰写墓志铭，（先用笔墨）书写，最后将墨迹刻到石头上。特别是在地方上，有特殊的加工作坊专门负责这些事。在一些制作粗糙的墓志上，有暗示其出自加工作坊的明显痕迹。这类墓志很少记载撰者和书者，但有时会注意总体字数，毋庸置疑，这是一种计算最后工作报酬的记账手段。[5] 甚至有一些例子表明，两方墓志出自同一人的加工。比如郑恕己

① 引自王太真（840～862）（女）的墓志。

② 叶娃（Ye Wa）描述了考古学家如何将用于收殓仪式的随葬品和下葬过程中的随葬品区分开来，参见 Ye Wa（叶娃），“Mortuary Practice in Medieval China：A Study of the Xingyuan Tang Cemetery”，p. 153。

③ 对于墓志铭被大声朗诵的情况，得知于作为嵌入说明而刻在墓志上的注音。参见崔成简（753～819）（女）、杜氏（752～829）、李氏（774～839）、赵文信（763～845）、王恽（789～845）、李眈（去世于857年）、刘冰（826～868）（女）和裴氏（852～877）的墓志。在这八方【译注：原文为“九”，今正之】墓志中的五方，注音出现于志末的铭文，也许暗示了这部分内容会在葬礼上被吟诵。需要指出的一件事是，有较高文化修养的京城文人——本研究中大部分墓志的墓主——并不需要音注，这说明通常由被雇用的祭司而非志主家属来大声朗诵墓志铭。

④ 关于购买墓志用石的明确参照，可见施士丐（734～802）、赵氏（去世于819年）、崔元立（806～826）和郭翁归（784～845）的墓志。关于墓志用石开采自名山的记载，参见雷况（去世于870年）的墓志。

⑤ 相关例子参见张氏（795～855）、宋氏（759～819）、来佐本（约去世于873年）、杨叙（833～879）和费俯（856～877）的墓志。关于汉字数量被刻于志石上的情况，参见 Nicolas Tackett（谭凯），“The Transformation of Medieval Chinese Elites，850－1000 C. E. ”，p. 22。

（去世于851年）＊和吕建初（826～869）＊的墓志中重要的内容逐字逐句地相似。① 甚至笔迹也可能出自同一人之手。② 20

在洛阳、长安两京地区，家族成员之间会分摊这些开销。撰者和书者通常是同族、姻亲或志主的门生故吏。③ 例如，当崔元立（806～826）＊年纪轻轻即去世时，他的长兄购买了石材，并请另一位从兄撰写了墓志铭。【译按：原文生卒年作"（806～86）"，今据原墓志更正。】在孙备（832～870）＊的例子中，他的母亲八百里外发信，请了孙备最友爱的堂兄弟来撰写墓志铭。【译按：原文作孙备母亲本人"traveled four hundred kilometers"，然据原墓志，当是"以书走八百里"。】④ 在这些例子中，撰者和书者的署名——大体包含了他们的全部官衔——部分提升了志主的社交声望。⑤ 因为这些原因，当卢初（732～775）＊在他去世五十四年后改葬时，他的后人并

① 特别是，两方墓志中的那些诔辞在本质上相同的；然而，相关的时间和名字则随个人别为制定。
② 另外的例子参见 Nicolas Tackett（谭凯），"The Transformation of Medieval Chinese Elites, 850 – 1000 C. E."，pp. 14 – 15、24；荀氏（809～854）和苏氏（824～878）的墓志各自最后三段需要特别留意；另见贾公（779～817）和吕氏（764～816）的墓志。
③ 撰者和书者之间的血缘或婚姻关系，通常体现在他们的署名栏上。门生故吏关系则相对难以区别。以卢占（去世于866年）的墓志为例，其中并未解释志主与撰者源蔚之间的关系。然而，在卢占的兄弟卢盘（去世于879年）的墓志中，则能够发现卢盘是源蔚的上司。因此，可以推测源蔚是基于与卢盘的关系，撰写了卢占的墓志铭。
④ 在另一个例子中，志主的兄弟书写了墓志铭，并请他的下属书丹；也有儿子在家中长辈的指挥下为自己父亲的墓志铭书丹者。分别参见魏舟济（790～849）和马儆（去世于832年）的墓志。
⑤ 韩愈在他给石洪（771～812）所写的墓志铭中揭示了撰者对志主声望的提升，并更进一步指明了为石洪的父亲撰写墓志铭的知名人物。

未替换由他身居宰相的叔父撰写的旧墓志，而仅仅简单地加了一段补遗文字。① 但是，即便两京精英很少雇请撰者和书者，他们也需要请人把墓志铭文本刻于志石上，刻工通常需要负责填满书者留下的空白。② 这些刻工身份低微，他们属于工匠而非有教养的文人，也与志主毫无关系。③ 他们很少署名，除非是朝廷所属的石工，会有低级的职务。④ 有趣的是，许多刻工的署名显示他们来自一个小家族。⑤ 这些家族因为在雕刻质量方面负有盛名，故而被请求在志石上署他们的名字，以示已为镌刻付出了酬劳。

我们无法弄清丧葬过程的每一步需要花费多少钱，然而一些墓志披露了土地的价格，如宦官同国政（787～851）＊家族花费

① 最初的书迹似乎用处不大，其叔父所撰的墓志铭文，以及附加的补遗文字，已经被重刻于新的志石上。
② 许多墓志铭会留出空格，用以填写志主的祖先名字，由此可知，这些名字通常是后来补充上去的。在一些例子中，这些名字甚至由另一人之手所刻。比如崔侮（795～871）的墓志中志主及其父亲的名字和马直令（831～874）墓志中志主父亲的名字，都需要特别观察其字迹。另一些例子中，卒日、葬日的字并不契合于其他墓志文字所预留的间距，可知这些日期也是后来补刻的。比如张婧（825～866）（女）的墓志。通过刻工在最后一行留下的署名，我们经常能推测这些信息为刻工所加，比如苗缜（786～844）的墓志。
③ 有一个例外，笔者注意到，由外甥韩师复撰写的郭良（770～841）的墓志，韩师复正是来自于洛阳的一个刻工家族。这是一个有趣的例子，因为郭良是一个低级武官，属于那类很少出现于洛阳墓志中的群体。而且，其家族恐怕也没有财力负担墓志的制作。因此，很有可能是通过韩师复的介入而确定价格。
④ 一些人拥有镌玉册官（Carver of the Jade Slips）的头衔，这属于朝廷政务部门（Department of State Affairs）。
⑤ 很特别的是，根据笔者的数据库，在洛阳出土墓志中，有刻工署名的三分之一（15/45）墓志，由韩姓刻工所刻；在长安出土墓志中，有刻工署名的相同比例（24/65）墓志，由邵姓或强姓刻工所刻。一个事实是，其中许多人属于朝廷政务部门，由此可知他们的高水平。

了 113.35 贯钱在长安郊区购买了 7.56 亩墓地。① 这一首都附近　22
的真实价格（15 贯每亩），比长三角地区扬州郊区的土地价格贵
了两倍。② 但是关于其他葬礼内容的花费，并无相关信息。然而，
对于历史学家来说幸运的是，少数墓志揭示了整个殡葬过程的价
格。事实上，价格随时在变动。当冯审中（810～852）＊在河东
节度押衙（chief of staff）任上去世时，节度使派了一位下属护送
其遗体返回长安家中，并向家属额外提供了 200 贯钱，用以资助
开销。③ 卫景弘的兄弟揭示了类似的价格，当时卫景弘客死他乡；
而在这个例子中，钱财还有资助去世者遗孀和遗孤的用途。一些
葬礼据说花费更多。当李浔（803～860）＊在汉水流域去世时，
一位朋友资助了 300 贯，用以购置棺木和返葬长安。而当张氏
（761～817）＊的大女儿就其母亲的遗体从长安返葬洛阳而四处求
助时，一位女婿觉得必须捐献 300 贯钱。由此可见，这些花费中
的一部分涉及远距离返葬的支出，这一过程中，一些特殊的仪式
是必要的步骤，以确保去世者的灵魂与身体不致分离。当然，返
葬的花费还不是唯一的大笔开支。一位节度使帐下的军将去世于
当地，又欲葬在当地，其节度使提供了 500 贯钱和 50 匹布。④ 相
较而言，200～500 贯钱已经足够 50～100 位成年男子生活一整年。⑤　23

---

① 这片土地大约包括"营一所"和 1.56 亩的支撑营所的管地。计算亩的大
　小时，笔者使用了近似的转换单位，即 1 亩等于 240 步长度的平方，而
　一贯钱则等于 1000 文。
② 两方扬州出土的徐及（751～834）、张公（789～859）的墓志分别提示了
　当地的土地价格为每亩 4.1 贯和 6.4 贯。
③ 由于返葬家乡需要额外的花费，还有其他一些节度使安排和资助僚佐归
　葬两京的例子。比如元衮（758～809）的墓志。
④ 参见王大剑（743～809）的墓志。
⑤ 一位成年男人一整年的花费需要 4 贯钱，参见黄正建《韩愈日常生活研
　究——唐贞元长庆间文人型官员日常生活研究之一》，第 256 页。

不过其家属还经常抱怨，说他们“罄家内之资财，备迁葬同礼”。[①]

当然，有很多途径节约成本，比如租赁而非购买墓地[②]，或者将自己家的田地改为家族葬地[③]。在购买用于墓志的新石块的地方，甚至可以使用旧石料。比如，王时邕（799～845）＊的墓志铭即刻在了一块从一个世纪前的佛教石碑上切割下来的石头上。赵公亮（842～884）＊的墓志上则能追溯到一位此前去世的人，名为杨希适，后者的志文已经部分被磨平。[④] 另一种常见的省钱方法是不为志主的夫人另写一方墓志。在傅存（801～860）＊的墓志中，即在志题和正文第一行之间笨拙地加入了一行告示其夫人去世的附言。[⑤] 另一位夭折的男孩则被埋入他父亲的墓中，并在他父亲的墓志边上刻写了一段简短的文字。[⑥]

然而，即便有节约成本的途径，晚唐上层社会的葬礼无疑是昂贵的。史料表明，墓志仅存在于复杂的墓穴中，且局限于

① 引自刘惠（772～848）的墓志。另外一些寡妇为其亡夫的葬礼向朋友和亲戚请求资助的例子，参见李氏（812～869）和孟郊（751～814）的墓志。

② 参见王氏（836～849）和朱四娘（去世于850年）的墓志。

③ 参见蔡质（807～845）的墓志。在土地登记制度崩溃之前，墓地多位于桑田（与稻田不同，桑田会世代相传）；墓志铭文末的铭（statement of purpose）经常引用到“桑田”二字。

④ 关于赵公亮墓志一角的拓片，参见 Nicolas Tackett（谭凯），“The Transformation of Medieval Chinese Elites, 850－1000 C. E.”, p. 23。更多类似的例子，参见于偃（710～750）、乔师锡（785～848）、李氏（823～856）和王询（约808～877）的墓志。

⑤ 关于这方墓志的拓片，参见 Nicolas Tackett（谭凯），“The Transformation of Medieval Chinese Elites, 850－1000 C. E.”, p. 23。

⑥ 参见顾崇儒（765～847）的墓志。

有财力担负精致葬礼的家庭。① 禁止奢侈的律令虽能影响丧礼　　24
的部分内容，但对墓志本身并不有效。② 由此，可以公正地
说，任何拥有墓志的个人很明显来自社会富裕阶层。这并不是
说这些人来自一个平均水平的社会经济阶层。再者，任何地方
发现的出土墓志，只能单独地粗略地随机展示当地的精英社会
之侧面。③ 相比于断代史，墓志提供了一批更为广阔的精英史
料，从最有权力的朝廷官员到财力较平凡的地主。因此，镇江
（位于江苏省）周围发掘的一系列晚唐墓葬中，简易的墓葬仅
有砖志，复杂的墓葬才有石志。④ 据此可以推测，这种差异反
映出存在两个截然不同的社会经济人群。墓志也对社会史学家　　25
更加有用，因为可以据此制定精英阶层的经济水平线。

---

① 一些区域性的研究证实了这一归纳，比如以下两个例子。在安徽，唐代
的竖穴墓和土坑墓很少有随葬品；相反，双室砖墓一般都有墓志。在唐
宋时期的湖北，墓葬大小、随葬品质量和墓志有无，皆直接相关。分别
参见方成军《安徽隋唐至宋墓葬概述》，第 51 页；杨宝成《湖北考古发
现与研究》，第 304～306、319～325 页。

② 比如，在墓前所树的神道碑和其他碑志似乎属于禁止奢侈律令的管理范
围。在杨凝（773～803）的神道碑上，即解释了这一管理规定。但这些
规定并不适用于墓志，参见 Nicolas Tackett，" Great Clansmen，
Bureaucrats，and Local Magnates：The Structure and Circulation of the Elite in
Late-Tang China"，pp. 109 - 110。Ye Wa 已经令人信服地指出，国家的执
法力度适用于可看见的葬礼活动，而非地下的墓室。参见 Ye Wa，
" Mortuary Practice in Medieval China：A Study of the Xingyuan Tang
Cemetery"，特别是 pp. 296 - 298。因此，对于下葬过程中墓志原石的迁
徙场面存在限制，对于将墓志放置于墓室之中则并无特殊要求。大概因
此之故，一些墓志事实上提前被刻好，放置于墓。正如薛氏（805～
848）的墓志所说："刻石志于墓。"

③ 对唐代墓葬的考古发掘因地区而异。因此，虽然可以比较不同地区一定
比例的墓志，以示有相似的特殊性，但无法比较不同地区的所有墓志。

④ 刘建国：《江苏镇江唐墓》，第 146 页。有人会质疑以砖志下葬者不当被
归入上层社会，然而要知道，在本研究中，砖志仅占全部碑刻的很小一
部分。

本书分五章：

第一章讨论唐代世族的姓氏，如今学者普遍以此区别世族成员，但有其便利和局限。大量材料表明，在当时，姓氏和郡望经常被用来指定"大姓"（great clan）。然而，虽然这些家族保持着重要的身份集团，笔者认为，他们的境况在九世纪已经发生了极大的变化。其中大部分重要家族（除了居住于东南边缘地带的那些家族）与他们的祖籍地早已经没有联系。进一步说，这些家族的繁衍能力——得益于纳妾行为的存在——导致大量的人都能自称出自名门望族，从而导致姓氏的声望被大幅降低。因此，很明显，在朝廷身居高官的九世纪政治精英中，仅有一小部分属于这些旧时家族的真正后裔。

如果姓氏不足以区别占主导地位的政治社会精英成员，历史学家将如何呢？接下来的两章将先后讨论居住形态和婚姻网络，用以替代区别和描述这些成员的标杆。在第二章，将对比居住于帝国不同地方的富裕家族（以出土墓志为依据）结构。这一对比清楚地区分了居住于长安、洛阳两京地区（及周围）的国家精英，和居住于藩镇的地方精英。笔者认为，这种居住形态在中心与边缘之间创造了一种"殖民"关系，从而明确地将唐帝国与晚期中华帝国相区别。

第三章论述了通过紧密编织并高度设限婚姻圈的手段，居住地十分集中的两京地区主流政治精英，包括先唐时期的小部分大族，如何得到强化和被强化。这一婚姻圈分为两个联姻群体：一个群体围绕皇室家族，另一个群体围绕最有名的旧时门阀。在晚唐，正是这两个群体的成员构成了垄断权力的主要政治精英。被纳入京城精英婚姻网络的社会资本，也为这些精英控制官员的选拔和向更高级的职位升迁提供了便利。

在随后的第四章，笔者重新评价了八世纪中叶安史之乱后建立起来的藩镇组织和官僚结构，正是它们取代了很大部分曾经由中央政府控制的行政责任。历史学家经常说，这些藩镇使府，同时构筑了一个隔绝中央政府权力的离心势力和一条重要的新路，以确保向上的社会流动。事实上，笔者指出，中央政府和长期占据主导地位的官僚精英皆能很好地适应新的环境，并极大程度上保持对权力的掌握。九世纪的后半期，国家精英的京城社会网络很好地接合了所有潜在的向上流动道路。

但是这些——经过此前数次改朝换代和叛乱依然存续的——精英如何随着唐朝的崩溃突然完全消逝了呢？这一问题将在第五章得到解决。虽然安史之乱吸引了更多的中国历史学家的注意，但第五章将要展示九世纪晚期的黄巢之乱对于旧族而言更具破坏性。当叛军占领长安和洛阳这两京后，他们从肉体上消灭了大部分京城精英，包括集中于两京的祖屋和财富。正是这一肉体消灭——而非其他任何因素——近乎全部消灭了他们。

第一章　中古中国的官僚贵族

　　822 年，柳宗元（773～819）的远亲柳内则（749～821）＊"夫人"（lady）① 的家人给她制作了一方墓志，在颂扬其生平的同时，也对唐朝最后一个世纪的门阀观念给予了简述：

> 　　国朝差叙，则先后有别；品藻，则轻重甚明。其有本仁义雍和之教，禀阀阅相承之重。深敬祖始，不忘吾耦。则必慕族类而婚，依族类而嫁。使男得其配，女适其归。法教无二途，疏戚无闲言。缨绥纷纶，枝叶蕃昌。是为克家敬本之道，冀不失于百代也。其有舍族忘本，异尚封己，卑祖始而尊他门，厚币财而分甲乙。则必亲其所疏，疏其所亲。顾衣食而不知配耦之端，视步武而不知仁义之涂。斯风俗之浇薄，保家之甚病。

　　墓志作者清楚地表达了他那个年代的门阀观念，即门第之高下。这些大族的特点在于恰当的教养、行为和观念，诸如此类，都建立在一代代优秀祖先的累积之上。出于对美德能够世代相承的信念，为防止前代成就的付之东流，拥有合适的婚姻十分关键。与低于其门第的人通婚，会对其家族的高贵和社会

---

　　① 柳宗元是柳内则的族兄。

地位造成危害。

虽然柳内则墓志长篇大论中古中国的门阀观念也许属于特例，但现存的上千方九世纪墓志已经表明，这种门第观念（aristocratic vision）实为普遍。为赞扬一个人的祖先，墓志常将志主家族称呼为"甲门"、"令族"、"著姓"，或"百氏之首"。① 这些优秀家族的成员也经常在教育和大方举止方面不断受到赞扬。比如有一个家族被赞誉为"其子女闻教训，有幽闲之德"，另一个家族的赞词则是"率俭德为常，故世世有令闻"。② 婚姻选择的慎重同样得到重视，如"代以礼乐婚媾，为山东之盛族"。③ 他们也在仕宦方面被赞美，因代代居官，而被认为"官婚具美"。④ 在具有强烈门阀气息的文化语境下，个人成就成为祖业的一部分，所谓"大凡人物中，各世其家实。……苟能修其实，则无坠祖先之业也"。⑤ 一个人能够从出身得到声望，但如果无法达到其祖先的业绩，他的家族地位便容易下降。

然而，这里需要讨论的是哪些家族呢？这些门阀世族的实质是否因时而变？政治权力和通过家族背景确立的身份之间，是否有关联？本章即讨论用以甄别门第的一般方法；随后，笔者将在丰富的现存墓志数据基础上，考察对自身祖先

---

① 相关例证参见卢氏（750～805）、李氏（828～859）、卢氏（818～881）、史孝章（800～838）和王正言（755～818）等人的墓志。

② 分别引自卢氏（767～812）和李士华（754～816）的墓志。

③ 引自崔琪（815～860）（女）的墓志。

④ 引自卢初（732～775）的墓志。

⑤ 引自李士华（754～816）的墓志。柏文莉（Beverly Bossler）认为，这种代代累积的美德，或与佛教观念中的业报有关。参见 Beverly Bossler（柏文莉），*Powerful Relations：Kinship，Status，and the State in Sung China，960－1279*，p. 21。

的追述在当时社会中的意义。在笔者看来，九世纪时，宣称自己为先唐家族后裔的人，在某种程度上已经失去其光彩，因为这样的人越来越多。只有一小部分旧时门阀，依然延续其政治权力。

家族列表和大族分类

今天的历史学家依然仅以姓氏来甄别唐代的世族成员。柳内则的家属也如此罗列，唯一的差别是家族距离长安的远近，所谓"大凡族氏之大，婚媾之贵，关外则曰李、曰卢、曰郑、曰崔，关中则曰裴、曰韦、曰柳、曰薛"。九世纪其他关于精英社会的讨论，也提供了类似的著姓名单，尽管具体哪些入选尚有出入。[①] 然而，仅有姓氏对于历史学者来说价值有限。实际上，在传承过程中，尚在使用的姓氏相对稀少，这意味着有大量的人同时使用上述八到九个姓氏。

事实上，大部分中古文本以更为精确的方式指称世家大族，即将姓氏与家族起源地相结合，这种称呼方式在英语中被姜士彬称之为"choronym"（郡望）。[②] 家族郡望通常使用旧时的地名，即唐高祖时期系统地改定州县名之前所用的郡名。[③] 九世纪时，由于不再指向现实中的地名，郡望本质上成为一个

---

① 可以代替的一份名单，参见张氏（807～869）的墓志，其中将柳内则墓志中的"柳"换成了"萧"，另外增加了其他八个姓氏。
② 关于"郡望"（choronym）这一概念的解释参阅 David Johnson（姜士彬），*The Medieval Chinese Oligarchy*, p. 165（n. 46）。【译按："郡望"（choronym）一词，耿立群翻译为"地望"，参见姜士彬撰《世家大族的没落——唐末宋初的赵郡李氏》，耿立群译，《唐史论文选集》，幼狮文化事业公司，1990年，第232、305页。】
③ 更多讨论，参见 David Johnson（姜士彬），*The Medieval Chinese Oligarchy*, p. 63。

家族显示其能够追溯到王朝建立以前历史的标志。甚至从甄别方法而言，也能够轻易地与其他地名相区别。比如，在一方号称"清河"崔氏（793～843）＊的墓志中有这样的句子："自元魏重门户，推四姓，为甲族，至今崔氏清河小房为第一。"在此例中，郡望"清河"指的是河北地区的清河郡，此地在唐代一直被称为贝州。虽然在此例中，一个家族的分支对于家族成员的自我认同十分重要，但本章所针对的是基于特定郡望与姓氏的"大族"（larger clan）。　　31

　　但是，历史学家如何确定哪一个家族在九世纪的家族中更为重要呢？幸运的是，二十世纪初在中国西部敦煌附近藏经洞发现的手稿中，发现了两份可追溯至十世纪的郡望表。根据姜士彬和池田温的研究，笔者将这两份列表编号为"A"和"C"。另有第三份列表（编号"E"），则是池田温根据一份宋初地理文本的数据重构的。① 列表 C 是三者中内容最多的一份，包括791个姓氏；列表 A 和 E 则分别包括258和362个姓氏。② 通过仔细比对，姜士彬得出结论，后两份内容上大体近似的列表，皆为749年权相李林甫（683～752）主持的官修大族目录的不同抄本。列表 C 包含了李林甫的目录和另

① 关于这些大族列表的介绍，参见 David Johnson（姜士彬），*The Medieval Chinese Oligarchy*，pp. 62 - 70；池田温《唐代の郡望表》；Denis Twitchett（杜希德），"The Composition of the T'ang Ruling Class：New Evidence from Tunhuang"。对于列表 C 的高清数字化转换，可以在国际敦煌项目（International Dunhuang Project，http：//idp. bl. uk）网站上搜索"S. 2052"得到；虽然尚未数字化，列表 A 也能通过检索"BD08418"得到。对于所有三件列表的转录，参见姜士彬 *The Medieval Chinese Oligarchy* 一书的附录四。

② 关于每一份列表的姓氏数量，参见 David Johnson（姜士彬），*The Medieval Chinese Oligarchy*，pp. 64、67、68。

一种未知来源的史料。根据姜士彬的结论，我们有理由相信，这些列表很大程度上明确了中晚唐名门的范围。然而，这些列表并非全然没有问题，特别是它们的精确性和可信度值得讨论。姜士彬即找到一些例证，如列表 E 源自一份较差的文本，而一部分敦煌文书也存在一些问题。[①] 如今，则能32 在大量新出墓志的基础上，重新评估姜士彬曾经的列表。通常，墓志会提供志主的郡望和姓氏，以及一定数量的婚姻关系。[②] 总之，从 800 至 880 年的已知墓志中，能够通过姓氏得到 6255 人，其中 4311 人同时拥有郡望与姓氏。当然，一些人对著名郡望的自我认同想象成分居多——这一可能性将在下文更详细地讨论。但是，即便是想象的认同，也能揭示哪些望姓在当时人眼中最有声望。无论如何，这 4311 人所使用的 606 个明确的郡望 + 姓氏能够补充姜士彬的三种列表，并进而得到关于九世纪社会最有身份和声望的家族最为精确的统计。

从实证统计中获取的信息，有助于我们从两个方面修订此前提及的几个列表：第一，目前已经清楚，姜士彬的列表包含

---

① David Johnson（姜士彬），*The Medieval Chinese Oligarchy*，p. 74；Christopher M. B. Nugent（倪健），*Manifest in Words*，*Written on Paper*：*Producing and Circulating Poetry in Tang Dynasty China*，pp. 27 – 71。虽然——从文学角度考察敦煌文书的——倪健认为手写文书包含大量文本异化可能仅仅是"原始图片释读有误"（p. 27），但望族列表的"错误"也可能归因于有主导权的社会精英。除了文书错误，我们也必须了解，在八世纪中叶后，敦煌已经不再为唐朝所控制。因此，敦煌地区出土的列表（A 和 C），并不必然代表九世纪中国本土的情况。另外，对于李林甫主持编纂的代表中央政府意见的列表（A 和 E），我们也不能完全认为其准确地揭示了社会上最有声望的家族。

② 在大多数例子中，郡望在志题中出现于姓氏之前；在另一些例子中，郡望作为志主或其祖先的始源地。

了比在九世纪墓志中遇到的多得多的姓氏，墓志中出现的姓氏在 A 和 E 列表中仅占五分之二（分别为 107/258、149/362），在 C 列表中仅占四分之一（204/791）。[①] 此外，在碑刻中出现的这些姓氏约有五分之二（96/254）仅出现一次。[②] 就绪论中提及的，如果有人认为现存墓志所涉及的人群是一个相对随机的样本，那么他也能看到，姜士彬所制郡望列表中的家族在九世纪精英社会中已不重要。在晚唐时期，很多曾经显赫一时的家族已经退出了上层社会，仅仅作为历史遗迹存在于重要望姓列表中。[③] 第二，实证统计能够补充我们现有认识的缺陷，即晚唐哪个家族更加重要。在九世纪墓志中，所有通过姓氏和郡望得以确认的个人中，有 87%（3752/4311）的人属于或宣称自己属于姜士彬列表中出现的家族，从而在实际运用上证明了这些列表的重要性。[④] 那么剩下 13% 的人，其家族并不在列表中，他们又都是谁呢？姜士彬和其他学者已经揭示，现存唐代郡望列表并不完整，比如在列表 A 和 E 中，

33

[①] 参见数据库中的 "Fig 1 note14 9th c choronyms"。此外，列表 C 包含了一组数量为 69 的望姓，能够在墓志中找到，但并未出现于列表 A 和 E。

[②] 参见数据库中的 "Fig 1 note15 9th c chor appearing only once" 和 "Fig 1 note14 9th c choronyms"。

[③] 敦煌出土的郡望列表被认为试图详尽地包括所有家族，各个州县任何曾显赫一时的家族都予以收录。传统中国的参考性文本都倾向于详尽地处理各自主题的内容，从而误导读者将那些事实上关系有限的内容加重对待。在鲁迅的著名小说《狂人日记》中，那位狂人即同样误解了《本草》书中的记载，从而把传统中国的吃人现象着重强调。

[④] 参见数据库中的 "Fig 1 note17 chor on Johnson lists"。在有些例子中，某个明确为先唐郡名的郡望，与列表中任何姓氏都没有联系；另一些例子中，虽然郡望出现于列表，但其中出现的姓氏并不是这一地区的主要家族。至于那些并非先唐郡名，但又附属于姓氏的地名，被排除在统计之外。

其序言中声称包含 398 个望姓，实际缺失了几十个。① 因此，笔者猜测，剩下的 13% 涉及现存郡望表中缺失的家族。为证实这一猜测，可以通过一个例子来检验，即九世纪墓志铭中出现三次以上的家族中，有 44 个被排除的望姓。统计表明，这 44 个望姓中的 35 个能够通过其他文献材料被证实在政治上属于重要家族（表 1 - 1）。② 然而，即便是那 20% 的无法显示自己来自重要家族的例子，也会寻找一个先唐的郡名冠于姓氏之前。为什么他们会找一个已不再行用的郡名指代家族起源地呢？唯一可能的解释是，旧时的郡名承载着祖先的显赫过往，通过这一手段，达到当时攀附有声望祖先的基本共识。因此，在随后的讨论中，但凡同时通过郡望和姓氏能够确认的，笔者都将视之为一个身份群体，他们声称自己为古老世族的后裔。

尽管如此，毫无疑问的是，一些大族始终比其他家族重要。其中最重要的是包含在被称为"禁婚家"（marriage-ban clans）中的几个望姓。③ 唐高宗（649 ~ 683 年在位）曾禁止这些家族联姻，希望由此能够削弱他们的声望。事实上，这一禁令完全无效，反而抬升了他们的身份。孙国栋和吉冈真已经精确到一个稍微大一些的群体，从唐代系谱学者柳芳的著名家族列表中整

① David Johnson（姜士彬），*The Medieval Chinese Oligarchy*, pp. 70 - 71.

② 需要注意的是，这 44 个大族中，有些属于其他家族的分支。比如富春孙氏并不在列表 A、C 和 E 中，然而《新唐书》的世系表表明富春孙氏是在列表中的乐安孙氏的一支，从北方迁徙到南方后在富春定居下来。参见《新唐书》卷 73 下，第 2945 页。

③ 这七个望姓是赵郡李、陇西李、太原王、荥阳郑、范阳卢、清河崔、博陵崔。参见 David Johnson（姜士彬），*The Medieval Chinese Oligarchy*, pp. 50 - 51。

表 1－1 不在现存郡望列表中的 44 个主要大族统计表

望姓	次数	史源	望姓	次数	史源
长乐冯	17	M172；L1－7；G66	新野庚	5	L6－892；G50
敦煌张	14	M160；G78	河内张	4	G11
河南于	14	M152；L2－230	丹阳陶	4	G62
上党苗	13	M165	汝南谭	4	
北平田	11	G99	广平刘	4	M160；L5－683
昌黎韩	11	M156；L4－487	河南长孙	4	M162；L7－1071
南阳樊	10	M167；L4－445；G84	河南源	4	M155
富春孙	10		中山刘	4	M187；L5－681；G63
太原白	9	M158	平阳敬	4	L9－1340；G95
冯翊严	8	L5－779	北平阳	3	M179、181；L5－590
武威段	8	L9－1284；G90	陈郡谢	3	G67
常山张	8	M166	苍梧翟	3	
高阳齐	7	M194	张披乌	3	
京兆王	7	M163；G22	顺阳范	3	L7－1152
陈郡袁	6	M154；L4－435；G67	高平李	3	
陈郡殷	6	M169；L4－395；G67	北海唐	3	G97
安定张	6	M158；G1	金城申屠	3	
沛国武	6	L6－882	金城申	3	M192
敦煌令狐	5	M152；L5－632；G78	晋昌唐	3	G49
顿丘李	5	M173；G77	长城陈	3	L3－338
上谷张	5		长乐贾	3	M160；L7－1044
琅琊支	5		中山张	3	

总数：267

说明：本表包括 800～880 年全国范围内墓志中出现三次以上的出自同一家族的同族列表。相关简称分别表示：G＝由池田温《唐代の郡望表》（第 94～95 页）重建的《广韵》所载姓族列表；M＝毛汉光《唐代统治阶层社会变动：从官吏家庭背景看社会流动》（第 147～199 页）所载姓族列表；L＝林宝《元和姓纂（附四校记）》所载姓族列表。

理出 28 个大族。[①] 吉冈真将这 28 个大族视为极有权力的"门阀"（national aristocracy），并假定敦煌郡望列表中的其他大族属于更低一级的精英，仅在地方层面有其重要性。[②] 最后，我们即可归纳那些最主要的大族。毛汉光根据大族成员在有唐一代职官中的数量，整理了所有大族。基于毛汉光的列表，我们能够明确地区分 16 个顶级的仕宦大族。[③] 更不必说，毛汉光的列表能帮我们厘清作为身份集团和政治权力的大族之间的关系。

36

中古世族的人口膨胀

若对唐代墓志有所涉猎，就能明显地发现攀附名门望族的普遍性。表 1 - 2 是一份包括 6255 人的数据，其中前文提及的 4311 人能够通过郡望和姓氏予以确认，从而揭示晚唐墓志中

---

① 柳芳还将这些望姓分为五个地区群体。除了七个"禁婚家"（除关中地区的陇西李外，其余都来自山东），其他的分别是：来自关中地区的京兆杜、河东柳、河东裴、河东薛、京兆韦和弘农杨；来自代北地区的河南陆、河南元、河南宇文、扶风窦、河南于、河南源和河南长孙，这些望姓在北魏时期向南迁徙到京城地区；在先唐时期迁徙到南方，出仕于南朝的陈郡谢、琅琊王、兰陵萧、陈郡袁；来自东南地区苏州一带的吴郡朱、吴郡陆、吴郡张和吴郡顾。参见孙国栋《唐宋之际社会门第之消融：唐宋之际社会转变研究之一》，第 213～215 页；吉冈真《八世纪前半における唐朝官僚机构の人の构成》；吉冈真《隋唐前期における支配阶层》。

② 杜希德做了一个相似的区分，分别归纳为"极有权力家族的高级精英"和"数量庞大，在地方上有影响力的家系"。参见 Denis Twitchett（杜希德），"The Composition of the T'ang Ruling Class: New Evidence from Tunhuang", pp. 56 - 57、76。

③ 毛汉光：《唐代统治阶层社会变动：从官吏家庭背景看社会流动》，第 147～150 页。除了七个"禁婚家"，其他包括琅琊王、弘农杨、京兆韦、河东裴、南阳张、清河张、彭城刘、渤海高、天水赵。根据毛汉光对《旧唐书》《新唐书》提及的 2647 人和唐代墓志中提及的 5222 人的统计，以上所有望姓都曾培养了超过 100 位已知的官员。毛汉光本人并未将这 16 个顶级仕宦之家视作一个类别。

涉及大族的情况，特别是其中几个大量出土墓志的区域，包括：西京长安、东都洛阳、连接两个大都市的"两京走廊"（capital corridor）地带（这一地区的重要性将在下一章中详细展开）、长江下游（包括苏州和南方经济中心扬州）、昭义镇（横跨河东道东南和河北道西南）和独立的河朔三镇。在表中，所有将先唐郡名用作家族起源地的，都会被当作自称大族后裔的证据。实际上，墓主人经常居住于墓志出土地附近；关于卒地和葬地之间的关系，将在第二章中详细讨论。

表1-2　九世纪墓志所见（分区域）大族身份频率表

地　区	志主	志主或宗亲	志主、姻亲或宗亲	配偶	姻亲
长　安	75%（464/620）	85%（529/620）	90%（557/620）	49%（247/502）	48%（395/830）
洛　阳	87%（871/998）	94%（938/998）	97%（964/998）	72%（584/810）	71%（1143/1621）
两京走廊	82%（108/131）	92%（121/131）	95%（125/131）	80%（106/132）	66%（155/235）
昭　义	92%（120/130）	92%（120/130）	95%（123/130）	63%（81/129）	43%（118/274）
河　朔	83%（111/134）	86%（115/134）	91%（122/134）	60%（77/128）	53%（108/203）
长江下游	91%（129/141）	91%（129/141）	95%（134/141）	56%（75/133）	53%（123/232）
其他地区	87%（193/223）	88%（197/223）	95%（212/223）	65%（142/218）	56%（211/380）

说明：本表包含800～880年墓志中所提及的所有与志主有关的亲戚。拥有"大族身份"（great clan status）是指那些家族起源地为先唐郡名（以郡望加姓氏的形式呈现，或以讨论单个人祖先的形式出现）。由于一些特殊的因素，前三栏中的百分比按墓志总数来统计，而在后两栏（每方墓志中的姻亲人数皆有变化）中的百分比按单个人的总数来统计。列入统计范围的包括志主（墓志主人）、宗亲（同姓家庭成员）、配偶和姻亲（因婚姻而联系的亲属，包括配偶、女婿等等）。本表仅考虑墓志文本中明确宣称为大族后裔的人，当然宗亲的情况除外，因为宗亲可以是大族中"父子链"（patriline，参见第三章的定义）系统中的任何成员。

36 正如表 1-2"志主"栏显示的，在帝国所有地区，从四分之三到超过 90% 的志主都称自己是名门之后。如果认为任一地区的墓志随机性构成了那个地区最有财富和身份的个人（正如绪论中所论），那么就能得知，在晚唐占据压倒性优势的社会经济精英或者来自大贵族家庭，或接受了一种观念，认

38 为宣称来自那些大贵族家庭能够得到荣耀。然而需要注意的是，一些家庭认为他们的谱系建构完美，以至于觉得没必要明白地指出祖先起源地。因此，一部分在墓志中并未提及郡望者，（通过在第三章中描述的技术手段）能够确认他们属于某一支父系，而属于这支父系的其他成员正好能够通过墓志显示为名族之后。① 同样根据本表（表 1-2 第二栏），所有地区 85% 以上的精英确实是，或宣称是贵族后裔。表中（第三栏）还显示所有地区超过十分之九的人即便本人不是名门之后，也与宣称是贵族的人有联姻关系。② 毫无疑问，对大族后裔的归属感，在中国所有地区都普遍存在。

  表 1-3 对名门后裔所属类别进行了分类，所根据的是门阀世族的相关声望和排他性。其中的分类包括：1. 姜士彬列表（A、C 或 E）中的所有家族；2. 有唐一代产生官员数量最多的 16 个大族；3. 柳芳 28 个著名家族列表；4. 特别是其中最重要的七大"禁婚家"。不必惊讶，在所有地区，五分之四以上的人都宣称自己出自姜士彬任一列表中的世家大族。更值

---

① 比如杨皓（840~858）的墓志并未提及其郡望，但通过其叔父杨思立（去世于 875 年）以及其他几位近亲的墓志，能够证明其为弘农杨氏之一员。更为特别的是，宗室成员通常不提及他们所宣称的郡望陇西。

② 正如表中（第四、五栏）所示，在配偶和其他法律意义上的亲属中，郡望很少被提及。然而，这一倾向并非完全不能期待，因为墓志对于姻亲的信息通常很少提及。

得注意的是，宣称与更小更封闭的大族圈子有关的家族，占了极大的比例。在大部分地区，墓志中出现的超过一半的精英宣称自己来自 16 个顶级仕宦家族；有四分之一到三分之一（洛阳地区超过一半）宣称自己来自七大禁婚家。[①] 换句话说，即便居住地与家族起源的郡望地相距较远，依然有相当一部分精英宣称自己来自最有声望的少数大族。

表 1－3　九世纪墓志所见（分区域）大族属性的相关声望统计表

地　区	姜士彬列表中的大族	"禁婚家"所涉 7 个大族	柳芳列表中的 28 个家族	拥有官职最多的 16 个大族	数量
长　安	87%	30%	50%	57%	862
洛　阳	89%	51%	65%	68%	2014
两京走廊	84%	37%	50%	59%	263
昭　义	86%	30%	31%	50%	238
河　朔	87%	27%	33%	60%	219
长江下游	81%	10%	25%	35%	252
其　他	85%	24%	30%	49%	404

说明：本表仅包括在表 1－2 中界定的拥有大族身份的个人。比如，在第二栏中的"30%"，即表示长安出土的 862 方拥有先唐郡名以示族源的墓志中，有 30% 的墓主宣称自己属于七个禁婚家之一。

即使中国大部分地区的主要墓志都站在居官者或他们直接亲属的立场上——这一情形将在第二章进行讨论——居官者也绝不是唯一主张将自己与最重要的大族联系起来的人群。甚至家庭成员中无人出仕，也会有一大部分人声称是大族后裔。比如青州商人赵琮（875 年去世）＊即被认为是 16 个顶级仕宦

[①]　更进一步说，四分之三（76%）的洛阳精英宣称来自有限的 25 个家族。参见数据库中的"Fig 1 3 Prestige of Clan Attributions"。

家族之一的天水赵氏之后①，而他母亲和夫人皆为"禁婚家"之一太原王氏成员。② 同样，河北一位土地所有者许公（去世于 867 年）＊，亦无亲属出仕，但可能属于颍川许氏。③ 来自昭义镇的张武（826～883）＊的墓志甚至并未提及其职业，却也声称属于 16 个顶级仕宦家族之一。在他的三位夫人和三位女婿中，有五人声称自己属于姜士彬列表中出现的世族；甚至，他的第二位夫人和第二位女婿分别属于 16 个顶级仕宦家族中的天水赵氏和河东裴氏。在中国这些拥有大量非仕宦精英的地区——特别是昭义镇和长江下游地区——有很多这样的例子。总之，在整个帝国，无论是否与政治权力有关，大量精英声称自己为名门之后。

然而，这些声称在多大程度上属实呢？事实上，一些例子让人高度怀疑，特别涉及郡望归属，不乏矛盾之处。比如董唐之（804～858）＊本人的墓志说来自陇西董氏，然而根据其夫人王氏（824～870）＊的墓志，则称其来自济阴董氏。④ 有时候在同一方墓志中也会产生矛盾。比如出土于洛阳附近的一方 834 年下葬的墓志中，其志题标为"清河郡崔府君"，而其志文却称"其先出于博陵"。⑤ 清河崔氏与博陵崔氏为两个不

---

① 虽然有时候由于不愿提及参与商业活动的倾向，很难在墓志中辨别商人身份，但赵琮的墓志明确说到他"南北贸买"。
② 类似的例子，参见乐安孙氏家族孙绂（798～878）的墓志。
③ 颍川许氏见于列表 A 与 E。许公并无家人出仕，然而其墓志却描述了他所拥有的大量桑树和土地契约。参见 Nicolas Tackett（谭凯），"The Transformation of Medieval Chinese Elites, 850–1000 C. E.", p. 51。
④ 类似的情况是，根据宋再初（777～858）夫人的墓志，宋再初属于广平宋氏，然而出土于数十公里外的他叔父宋遐（735～785）的墓志却说宋家来自巨鹿郡。
⑤ 引自崔勘（约 786～834）的墓志。

同的"禁婚家",这位崔府君不可能同时是这两个大族的后
裔。① 不过如此值得怀疑的世系较为罕见。更让人产生疑问
的是表 1-2 和表 1-3 中的总体趋势。即整个帝国范围内
如此多的人,包括那些并无家人出仕者,其能够合法地攀
附那些有声望的祖先,真的可能吗? 如果可能,真的有那
么多人来自少数几个门阀大族吗? 为何如此多利用郡望的   41
人,倾向于选择与那些特别著名的,而非地方上的家族建
立联系呢?

　　事实上,有迹象表明,大部分这些声称确实是属实的。有
时候在同一方墓志中,姻亲(儿媳或女婿)是大族成员(通
过姓氏与郡望来判断),而其他人不是(仅知其姓氏)。② 如果
志主家属或墓志作者捏造其世族身份,为何不给墓志所提及的
所有姻亲指定一个郡望呢? 现存墓志中提及的家族谱牒也可以
进一步证实,一部分对有声望的郡望之声称是合理的。比如葬
于河北但宣称来自扶风(长安以西)窦氏家族的窦氏(去世
于 879 年)﹡夫人,其墓志明确表明她主要的祖先彪炳于
"史载",更重要的是"家牒"。③ 在河南阎氏阎好问(810~
873)﹡的例子中,其三十四代祖先名芝者,曾仕宦于四川;

---

① 在另一方墓志中,志主刘惠(772~848)被描述为:"刘氏之先,……望
　　彭城、河间、弘农,府君即是三望之崇裔。"彭城刘、河间刘、弘农刘,
　　皆见于敦煌望姓列表,然而根据现存系谱记录的粗略观察,一个人不能
　　同时来自三支家族。
② 参见李让(793~850)、何俛(801~866)、黄公俊(803~878)和马良
　　(810~883)的墓志。
③ 类似的例子可以参见许赞(809~852)、陈氏(832~856)、姚季仙
　　(787~863)、赵从一(792~868)、任玄(812~868)、顾谦(806~
　　872)、乐邦穗(827~877)、骆潜(848~884)和卫氏(844~886)的
　　墓志。

而他第二十三代祖先名鼎者，曾为冀州刺史。① 关于遥远祖先如此详细的记载，表明当时存在家牒，用以证实其对大族后裔之声称的可靠性。

关于大部分对大族后裔的声称，最强有力的证据来自基本的人口统计原理。在一个没有长子继承权的社会，妾室所生之庶子与正妻所生之嫡子法律地位一样，重要家族的子孙有呈指数级增长的潜能。② 对上层社会繁殖能力的一种评估方法，即通过墓志提供的数字来计算志主的儿子数量，③ 有很好的证据表明，在许多例子中，墓志中只记载存活下来的孩子，那些早夭的则被排除在外。④ 若将目标集中于超过六十岁去世的男性，即可计算他们所拥有的二十岁以上儿子的平均数量。如

① 其他记载四代以上祖先信息的墓志，参见陶待虔（去世于849年）、张氏（795~855）、周玚（787~856）、何弘敬（806~865）、达奚革（795~866）、温令绶（806~874）和崔贻孙（859~880）的墓志。

② 对中国前现代人口统计的研究中，普遍将纳妾加以考虑。比如，不同于前现代欧洲的人口统计，中国人更有意识地将目标集中于一个男人的子女，而非一个女人的子女。

③ 墓志通常先列出儿子和女儿的排行，然后具列每位（儿子）的名字和官职，或每位（女婿）的名字和官职。

④ 据笔者观察，墓志有时明确指出某个子女在儿童时期即夭折；但更多的情况下，则是完全不提及夭折的子女。比如，通过杨汉公（785~861）夫人韦媛（810~881）的墓志，我们可以知道杨汉公有二十一个孩子（十三子八女），其中第一位夫人生了三个，第二位夫人生了五个，剩下的妾室生了十三个。当韦媛去世时，两个儿子和一个女儿死于成年之时，两个儿子死于少年之时，一个儿子和两个女儿很小就去世了。基于相似年纪的统计，可以看到杨汉公比他一个儿子和三个女儿活的时间更长。在杨汉公的墓志中，仅提及十二个儿子和五个女儿；显而易见，墓志完全不提及那些死去的子女。类似的例子，可以比较郑娟（821~865）与其丈夫崔行规（817~867），蔡氏（775~850）与其丈夫解少卿（770~835），崔氏（790~826）与其丈夫卢伯卿（774~840），以及路氏（751~804）与其丈夫裴札（728~784）的墓志。

此，通过对长安和洛阳出土的墓志进行统计，可知典型的男性精英平均拥有 3.3 个儿子，其中大部分都能成年。[①] 若进一步精确，则其中 18% 的人有一子，20% 的人有二子，16% 的人有三子，42% 的人有四个及以上的儿子，仅有 3% 的人没有男性子嗣。[②] 有必要指出，在这些例子中的武人——特别是那些高级武将——普遍多子，这可能反映了一种家庭策略，即以多产子来补充殁于战事的青年。然而，武人在本书讨论的精英人口中仅占很小的比例。[③] 出于估计平均每位男性精英儿子数量，第二种途径涉及志主在其兄弟间的排行，这一细节在墓志中也经常得到体现。在出土于长安和洛阳的 30 岁及以上男性的墓志中，39.7% 的人是长子，22.6% 的人是次子，15.4% 的人行三，10.5% 的人行四。[④] 从这些数据中可以推断，大约 17% 的男性精英仅有一子，14% 的有二子，15% 的有三子，而半数乃至以上的精英则有四个或更多儿子。虽然无法通过这一途径计算平均数，但这一分布比例已经接近于一位男性有三个

43

---

① 参见数据库中的 "Fig 1 note39 avg sons at capital"。这一数据基于出土自长安或洛阳的 159 方 59 岁以上男性的墓志，并且仅考虑那些同时提及儿子总数和女儿总数的墓志。姚平提供了一个稍微低一点的平均数，参见姚平《唐代妇女的生命历程》，第 326～335 页。当然，姚平的数据还包括了地方精英。

② 诚然，一部分没有男性子嗣的人可能会收养一个儿子，并在统计数据中显示为有一子。但考虑到这些儿子通常在同族之内收养，故而这一情况不会影响平均数。

③ 比如，根据他们的墓志，武人令狐梅（793～854）和何文哲（764～830）分别拥有 20 个孩子（其中有 12 个男孩）和 10 个孩子（其中有 6 个男孩）。在 158 例京城精英中，仅能确认出 14 位武人。附录 A 论述了如何将武人与文官相区别。

④ 参见数据库中的 "Fig 1 note42 order in sib seq"。这些统计基于出土自长安或洛阳的 305 方 29 岁以上男性志主的墓志，并且能够确认其在兄弟排行中的次序。由于行五及以下的志主数量较少，其百分比的统计意义不大。

儿子这一平均数。①

中国精英的这一令人印象深刻的繁衍能力——部分归功于妾室——有其重要的意义。若一千个家族子孙以每一代存活三子的速度繁衍，那么从理论上讲，三百年后将膨胀为两千万人。② 然而，这一膨胀速度需要假定所有后裔能够负担数个妾室，这对于那些从上层社会跌落下来的人来说难以置信。但是，如果我们考虑到八世纪中叶存在的大量贵族家族——以敦煌地区出土的最长的列表为例，其中即出现 791 个——那么如此之多的精英声称自己为大族后裔即完全有可能了。更进一步说，富有的精英比不那么富有的精英有更快的繁殖能力，因为他们能够同时担负更多的妾室和子女。其结果便是一种滚雪球效应，即最为成功的家族繁衍更快，使得他们能够占据更多政府职位。正如毛汉光所指出，有唐一代，最上层的三十九个大族拥有广泛的政治影响力。③

44

———————

① 假设 a1 为有一子的男性比例，a2 为有二子的男性比例，a3 为有三子的男性比例，如此类推。又假设 x1 为身为长子的比例，x2 为身为次子的比例，x3 为身为第三子的比例。那么，x1 = a1 + （1/2）a2 + （1/3）a3 + …；x2 = （1/2）a2 + （1/3）a3 + …；x3 = （1/3）a3 + …。并可得，x1 = a1 + x2，x2 = （1/2）a2 + x3，x3 = （1/3）a3 + x4，如此类推。由此可以算出，a1 = x1 − x2 = 39.7% − 22.6% = 17.1%，a2 = （x2 − x3）× 2 = （22.6% − 15.4%）× 2 = 14.4%，a3 = （x3 − x4）× 3 = （15.4% − 10.5%）× 3 = 14.7%。如果有人说 3% 的男性并无子嗣，那么这一百分比会减少至近似于 （100 × 16%）−（97 × 16%）= 0.5% 这一数值。

② 这一数据基于以 35 年为一代人的间隔，参见第三章关于代际之间的平均间隔。伊沛霞以图表方式呈现三个主要家族的指数级增长，参见 Patricia Ebrey（伊沛霞），*The Aristocratic Families of Early Imperial China：A Case Study of the Po-ling Ts'ui Family*，p. 171。

③ 毛汉光：《唐代统治阶层社会变动：从官吏家庭背景看社会流动》，第 223 ~ 224 页；Nicolas Tackett（谭凯），"The Transformation of Medieval Chinese Elites，850 – 1000 C. E."，pp. 63，101。

综上所述，虽然并非所有地方精英对大族后裔的声称确有其事，但大量材料表明，大部分可能准确无误。事实上，正因为地方上存在如此之多的真正大族后裔，使得少数努力向上爬的边缘人群会编造这样一种名门身份。在这样一个崇尚世袭观念的时代，身为大族子弟，依然是跻身上层社会的必要条件。但旧时贵族也因为这些声称者数量的持续增长，而在全国范围内能起到的作用开始下降。到了九世纪，大族身份已经不再是成为社会政治精英（sociopolitical elite）的充分条件了。

大族后裔的地理分布

姜士彬和伊沛霞揭示了中唐时期两个最负声望的河北家族已经放弃了他们的故乡，在洛阳重新立足。[1] 之后，在对十三个最著名家族的研究中，毛汉光论述了"唐代士族之中央化"（centralization of the Tang civil bureaucratic clans）的过程。[2] 碑刻文献进一步证实了这些观点，并特别揭示了大族的重要分支分数批占籍京城。其中像陇西李氏的分支姑臧李氏，可能早在六世纪初即已经定居于洛阳。[3] 相反，许多河北地区的重要家族，包括范阳卢氏、赵郡李氏和博陵崔氏，直到七世纪才

45

---

① David Johnson（姜士彬），"The Last Years of a Great Clan：The Li Family of Chao chun in Late T'ang and Early Sung"，pp. 32 - 40；Patricia Ebrey（伊沛霞），*The Aristocratic Families of Early Imperial China：A Case Study of the Po-ling Ts'ui Family*，pp. 91 - 93.

② 毛汉光：《从士族籍贯迁移看唐代士族之中央化》。

③ 关于洛阳出土的能够追溯至 505 ～ 649 年的姑臧李氏墓志，分别参见李蕤（464 ～ 505）和李绚（558 ～ 622）的墓志。

移籍。① 另外，正如我们所见，一些居住于京城附近的家族直到八世纪或更晚才离开他们的族源地。

但是，这一"中央化"（centralization）进程在多大程度上影响了整个中古精英呢？旧时家族的子孙是否还有其他主要的迁徙路径呢？以及最重要的，出于理解唐代中古贵族现状的必要，当他们更为重要的叔侄辈定居于京城时，留在家族起源地的次等分支，是否依然享有较高的社会身份呢？如果这一情况属实，那么地方上的精英依然拥有独立一方的根柢，从而能够借此颉颃国家政权。清初学者顾炎武（1613～1682）在先唐时期河东郡所在地闻喜县找到了上百座河东裴氏家族的中古墓葬，由此，他即毫不怀疑地认为中古贵族家庭继续维持着他们的旧时家园。在一篇名为《裴村记》的文章中，顾炎武赞赏裴氏这样的"强宗"（powerful lineages）在当地形成了一个"坚实的基础并借以支撑政权"。② 在顾炎武看来，正是地方上大家族

---

① 范阳卢氏北支第二房迟至 625 年尚在范阳，但到 680 年时，已在河南定居，参见卢文构夫人李月相（535～618）的墓志和卢普德（611～680）的墓志。赵郡李氏东支于 530～570 年代在赵郡，但至迟在八世纪前半期已经定居洛阳，参见李弼（479～526）、李宪（约 480～约 537）、李希宗（501～540）、李希礼（511～556）、李君颖（540～573）、李祖牧（511～569）、李迴（689～730）和李迪（约 683～约 747）的墓志。赵郡李氏南支在 574 年时尚在赵郡，至 787 年则到了洛阳，参见李稚廉（508～574）和李瀍（718～760）的墓志。而赵郡李氏的西支至迟在七世纪中期已到洛阳，参见李道素（623～639）的墓志。博陵崔氏第二房迟至七世纪前半叶尚在博陵，但在 650 年时已到长安，参见崔昂（508～565）、崔大善（571～587）、崔仲方（539～614）和崔干（约去世于 650 年）的墓志。博陵崔氏的大房则在七世纪下半叶移居洛阳，参见崔泰（576～636）、崔无竞（631～690）和崔玄亮（608～649）的墓志。关于葬地与居住地之间的关联，参见第二章的讨论。

② Denis Twitchett（杜希德），"The Composition of the T'ang Ruling Class: New Evidence from Tunhuang", pp. 52 – 54.

的存在，巩固了唐王朝，并使其成为中国最强盛的王朝之一。

然而，正如所见，将河东裴氏家族的情况看成唐代地方社会的一个典型，是顾炎武的一种误解。事实上，河东郡（位于后世被称为河东道的西南角）一定意义上是独一无二的，因为它距离两京都很近。此外，顾炎武对裴氏家族的评论，更多的是基于唐代早期的墓葬。而根据有效的材料，在八世纪晚期，这一家族大部分后裔已经重新定居于长安或洛阳。遗憾的是，曾经分布于河东道西南乡村的大部分唐代墓葬在 1960～1970 年代被有组织地毁坏了，理由是为利于耕种而平整土地。① 然而，一份清代的闻喜县地名录保存了顾炎武所见大部分墓葬的名单②，皆可追溯至五至八世纪。③ 这些发现更为墓志记载所印证，通过对有墓志存世的 52 位河东裴氏成员的梳理，可知七世纪时主要居住于河东的家族成员，在八世纪时逐渐迁徙到了长安或洛阳。④ 至迟在九世纪中期，一位家族成员的配偶依然用"山突古坟，松槚百里"⑤ 来描述河东地区靠近墓地的一座山，然而这方墓志却是在长安附近出土的。

表 1-4 在更系统的层面上梳理了来自不同地区的九世纪墓志中所记载的族源地，其统计的基础依然是前文提到过的那4311 人的群体。从中可以看到，这一家族姓氏样本大体上反映了居住于各个地区的较富裕之阶层。这里提及的区域是出土

47

---

① 得自 2011 年 3 月 23 日与运城市文物局副局长李百勤的私人谈话。

② 李遵唐编纂（乾隆）《闻喜县志》卷九，第 13a～18a 页。

③ 笔者曾在自己的数据库中搜索了一些例子，发现 93 人中有 42 人见于这份名单，参见数据库中的"Fig 1 note53 Pei clan in Wenxi"。所有这些人去世于八世纪或更早。

④ 参见数据库中的"Fig 1 note54 Pei clan home base over time"。

⑤ 引自杜氏（799～835）的墓志。

墓志特别丰富的地方，相关材料也颇为明显。在九世纪的整个
帝国中，依然居住于族源地所在州或藩镇，并且能够负担包括
墓志在内的葬礼，这样的贵族已经很少见。图1-1以地图形
式展示了九世纪时居住于四个州的精英们的族源地。在这四幅
图中，有一些明显的差异。比如在苏州（图1-1a）出土的墓
50　志中，包含一部分族源地在长江下游的人，然而长江下游地区
并不像其他三个地区那样有大量出土的墓志。相反，苏州出土
的墓志很少提及来自黄河东岸今天山西省的家族，而这些家族
的墓志在其他地方普遍存在。然而，所有这四个州的精英们所
宣称的族源地广泛分散于帝国各处，且经常与他们所居住的地
方有数百公里之遥，这一普遍程度才是最为显著的特征。当
然，墓志中一部分世系是虚构的，但如果确实属实，那么这四
幅图提供了令人信服的证据，即显示出曾经一度居住于同一个
州的中古精英世系，在从族源地迁徙到新居所时，已经在整个
帝国范围内开始瓦解。

47　**表1-4　居住于族源地对应州或藩镇的精英比例（分区域）统计表**

葬　　地	族源地	
	同一州	同一藩镇
长　　安	10%（82/800）	10%（82/800）
洛　　阳	3%（49/1918）	3%（49/1918）
长江下游	6%（13/222）	13%（29/222）
两京走廊	4%（9/246）	6%（15/246）
河　　朔	1%（3/201）	8%（17/201）
昭　　义	1%（2/218）	5%（10/218）
其　　他	1%（4/364）	3%（10/364）

　　说明：居住地取决于葬地（如第二章所释）。本表包括800~880年间出土墓
志所记载的志主及其姻亲。

在试图解释这一旧时门阀的大规模地域流动之前，有必要 50
考察一下那些特例，即至迟在九世纪依然留守祖居地的本地精
英。在表1–4所列的地区中，长安拥有比例最高的本地精英
（10%）。这一相对较高的比例，归因于这样一个事实，即作为

48

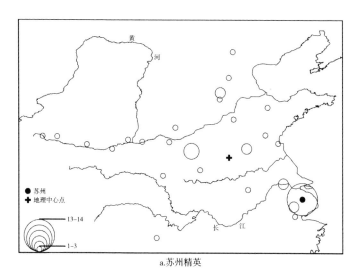

a.苏州精英

b.幽州精英

49

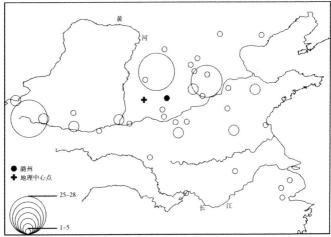

c.潞州精英

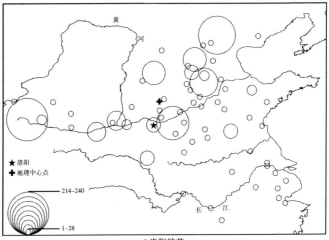

d.洛阳精英

图 1-1　来自四个州的表示精英族源的郡望地点分布图

48　　　　说明：每一幅地图皆仅考虑所梳理之州出土的墓志。内含所有人及
其姻亲的墓志所载表示族源的郡望地点（换言之，即表示家族起源地的
先唐郡名）。地理中心点（geographic midpoint）则等同于所有郡望地点
的经纬度平均数。

16 个仕宦望族之一的京兆韦氏和作为柳芳所列 28 个望族之一　50
的京兆杜氏，都长期居住在这一伟大都城的南郊。时有谚曰：
"城南韦杜，去天尺五，望之比也。"① 从绝对数量上来说，洛
阳拥有第二多的本地精英，其中五分之二是河南元氏家族的成
员。然而，整体上东都的本地精英比例不如长安，大约是由
于——第三章将要讨论的——被逐渐占据洛阳社会的"禁婚
家"在数量上压倒了。

　在九世纪，依然有部分本地家族生活于长安和洛阳之间的
两京走廊地带，比如一位郑州人会声称自己是当地颇负盛名的
荥阳郑氏后裔。又如前文讨论过的，一个河东裴氏家族的分支
直到八世纪，依然在他们的祖居地有大量成员。相同的情况也
体现在河东薛氏家族上。根据宋代金石学者陈思（约 1225～　51
1264）的考察，河东地区关于这些家族的碑刻"尤多"。② 部
分碑刻一直保存到今天，包括八世纪早期薛宝积及其祖父薛道
实的神道碑，如今矗立在临猗县的一片苹果园中。这片果园位
于一块高地上，能够俯瞰现在的运城和将山西西南平原与黄河
分隔开来的中条山脉。然而，在九世纪，大部分裴氏和薛氏家
族的重要成员都已移居京城，仅剩下小部分殿后者留居族源
地。③

　目前为止所讨论的例子，都遵循着基本可以预测的模式。
如果我们认同——将在第二章更为详细地讨论的——精英身份

---

① 引自韦媛（810～881）（女）的墓志。对于部分韦氏家族墓志的梳理，
　参见张蕴《关于西安南郊毕原出土的韦氏墓志初考》。
② 陈思：《宝刻丛编》卷十，第 47a 页。
③ 关于这小部分殿后者的例子，参见薛謇（749～815）、薛苹（746～819）、
　薛平（757～836）和薛贻矩（850～912）的墓志。

和政治权力之间确有联系，那么你将会预料到在两京和两京走廊地区存在一定数量的本地家族。在这里，他们在地方上保持着财富和影响力，同时也融入京城社会。然而根据表1－4，在一个远离京城的——长江下游——地区，将会遭遇更多族源地近在咫尺的家族成员。① 更准确地说，这一地区出土的墓志中，13% 的人们族源地在他们所居住的道，这一比例比唐代其他地方都要高。如果将长期以来居住于东南地区并在 316 年晋室南渡时支撑政权且获得大量土地的所谓侨姓纳入讨论，相关材料的意义将更为显著。② 总之，东晋时代部分仕宦高门，包括陈郡谢氏、陈郡袁氏、颍川庾氏、汝南周氏，特别是——在四至五世纪左右政权的——琅琊王氏，都来源于北方的淮北地区。③ 隋唐统一时期，许多这些家族的后裔依然留居南方。根据墓志的记载，长江下游地区至少有 12% （27/222） 的精英来自这些侨姓。④ 把这一百分比纳入表 1－4，就能发现东南地区出土墓志中提及的四分之一有郡望的人，都宣称来自唐以前就居住于当地的家族。

52

---

① 另外需要讨论的是河朔的例子。虽然部分来自河北地区的大族后裔居住于族源地所在州，乃至所属藩镇的治所州，但这些资料很可能有误导作用。河北地区是数个禁婚家的故里，他们的后裔在整个帝国都有大量分布。正如表 1－3 所明确指出的，禁婚家在河北出现的频率，并不比在帝国其他地方出现的频率高。很多类似于后文将要讨论的崔方拣那样的例子都证明，大部分这些人的祖先是因官徙任此地，且恰好临近他们的族源地。

② Patricia Ebrey （伊沛霞）, *The Aristocratic Families of Early Imperial China: A Case Study of the Po-ling Ts'ui Family*, pp. 20－21.

③ 关于南朝时代仕宦高门的列表，参见毛汉光《两晋南北朝士族政治之研究》，第 17～22 页。根据华国荣的描述，这些家族中的很多都互为婚姻，并且各自在今天南京郊外的葬地也相距较近。参见华国荣《南京六朝的王氏、谢氏、高氏墓葬》，第 285 页。

④ 参见数据库中的 "Fig 1 4 Still at place of clan origin （by province）"。

表 1-5 近似于表 1-4，但相关数据来自出土墓志最多的几个州。我们会再一次发现，大部分精英家族并非生活在他们的族源地附近。其中一个例外是两京走廊地带靠近政治权力中心的郑州。更引人注目的是长江三角洲地区的苏州，三分之一的人居住于族源地所在州，或同处于浙西道的邻近州。不像中国其他大部分地区，苏州地区相当一部分大族后裔似乎并不愿离开他们的权力源泉。① 比如顾谦（806～872）＊，此人曾在北方某县任县尉，最终选择在苏州华亭县的家乡隐退并终老。他本人属于吴郡顾氏，他母亲属于吴郡陆氏，他一位女婿属于吴郡张氏，另一位女婿则属于吴兴姚氏。换句话说，顾谦的近亲包含了姜士彬列表中吴郡（即苏州）四个大族中的三个，以

表 1-5　居住于与族源地在同一州或藩镇的精英比例（分州）统计表

所　葬　州	同一州	同一藩镇
潞　　州	2%（3/188）	6%（11/188）
孟　　州	0%（0/124）	4%（5/124）
扬　　州	1%（1/120）	2%（2/120）
幽　　州	2%（2/90）	4%（4/90）
苏　　州	20%（14/71）	34%（24/71）
青　　州	4%（2/55）	4%（2/55）
洺　　州	3%（1/34）	6%（2/34）
郑　　州	18%（6/33）	18%（6/33）

说明：此表数据基于表 1-4。

---

① 虽然来自浙北地区少量的晚唐墓志无法改变基于统计数据所得出的结论，但依然能够揭示这一地区也拥有一定数量的本地大族。来自富春孙氏（在南方重新立足的乐安孙氏的一支）家族的孙氏（794～850）即葬于富春地区的祖茔。来自会稽罗氏家族的罗珦（736～809）葬于越州（以前的会稽郡）。来自会稽骆氏家族的骆潜（848～884）葬于扬州的一处会稽骆氏家族墓地。

53

及来自太湖对岸吴兴（即湖州）两个主要家族中的一个。另一方墓志则不出所料地提及吴郡陆氏在华亭县西北某山亦有大量墓地。[1]

在长江下游地区生活的大量本地精英，给我们观察一个精英集团如何取代另一个精英集团的详细过程提供了可能性。如果考虑到"核心"（core）区与"边缘"（peripheral）区之间的差异，就能发现外来大族的子孙对这一地区的影响力是多么显著。根据由施坚雅（William Skinner）率先提出并由郝若贝（Robert Hartwell）随后应用于唐宋时代的理论，在中国的七个或八个"大区"（macroregion）中，都各自包含"核心"区与"边缘"区。前者在交通与运输方面的便利，逐渐向行政、商业和人口中心发展；后者相对落后且并不适宜居住。[2] 表 1 - 6 即根据这一理论对表 1 - 4 中来自长江下游地区的数据进行了重新统计，并将其中的核心区界定为毗邻大运河或金陵（今南京）的县域。[3] 正如表中所示，南方本地大族（特别是以长江下游郡望自居的吴郡和吴兴）的绝大部分（30/35 = 86%），其墓志出土于边缘县域。相反，侨姓（19/25 = 76%）和来自

---

① 参见何氏（778~845）的墓志。

② G. William Skinner（施坚雅），"Regional Urbanization in Nineteenth-Century China"；Robert M. Hartwell（郝若贝），"Demographic, Political, and Social Transformations of China, 750 - 1550". 施坚雅明确地区分了行政与经济中心，但在目前的讨论中并无区分二者的必要性。【译按：此处的"大区"，采纳了《中华帝国晚期的城市》中的翻译。参见施坚雅撰《十九世纪中国的地区城市化》，王文源译，施坚雅主编《中华帝国晚期的城市》，中华书局，2000 年，第 245~247 页。】

③ 关于长江下游这些县的旧式分类，参见 Robert M. Hartwell（郝若贝），"Demographic, Political, and Social Transformations of China, 750 - 1550", p. 391。

帝国其他地方的家族（203/293 = 69%），其大部分墓志出土于核心县域。这组数据显示出，这一地区新来的家族，更倾向于定居在核心区，从而取代本地精英，并将他们排挤到边缘地区。

55

表1-6　长江下游本土和外来家族居于核心区或边缘区对比表　　54

地区	核心区	边缘区
苏州本地家族	2	19
整个地区的本地家族	5	30
侨姓	19	6
来自其他地方的家族	203	90

说明：本表材料来自表1-4所示墓志之长江下游部分（即扬州、润州、常州或苏州）。其中"苏州本地家族"是指以吴郡为郡望者；"整个地区的本地家族"是指郡望在扬州、润州、常州、苏州、湖州或杭州者；"侨姓"是指琅琊王氏、汝南周氏、颍川荀氏、河东卫氏、高阳许氏、庐江何氏、济阳江氏、陈郡袁氏、陈郡谢氏和陈郡殷氏；"来自其他地方的家族"是指包括侨姓在内的长江下游以外的家族。"核心区"的县（位于现在南京郊外且沿大运河）包括常州的晋陵、无锡，润州的丹阳、上元（分别属于现在的镇江和南京），苏州的长洲、吴县和嘉兴，以及扬州的江都、江阳和扬子。"边缘区"的县包括常州的江阴、义兴，润州的金坛、句容，苏州的海盐、华亭、昆山，扬州的海陵。侨姓列表参见华国荣《南京六朝的王氏、谢氏、高氏墓葬》，第285页；毛汉光《两晋南北朝士族政治之研究》，第17页。但排除了依然在北方保存重要势力的家族，以及在九世纪的南方并无墓志出土的家族。

那么，哪些原因导致了此处所显示的牵涉长江下游和帝国其他地方的这些迁徙模式呢？很多墓志在提及他们家庭的迁徙时并不说明原因。比如来自清河（河北中部）张氏家族的张仕济（789~810）＊葬于东南五百公里外的扬州，他的墓志仅简单地提到他居住于长江下游地区，是因为他的祖先以前定居此地。但并非所有墓志都如此简洁，政治动荡是碑刻能够提供更多历史细节的最普遍因素。代表性的例子如王睿（810~

55

872）＊，他来自曾在河东道中部显赫一时的太原王氏。在解释为何他死于河北南部的家中时，墓志写道："以安史乱离，（其族人）分派南北。"又如侯罗娘（778～852）（女）＊，她显然来自河北北部的上谷，但却葬在离上谷非常远的今南京郊区。根据她的墓志，她的祖先在她去世时的五百多年前，即316年晋室南渡时逃难而来。我们并不知道这些碑刻的作者确实有如此久远的关于家族迁徙的文本材料，还是仅仅依靠口耳相传。但无法否认，各个阶层的人们都曾经不得不因社会动荡与战争而逃难。这也有切实的证据，比如八世纪中叶的安史之乱，极大地改变了中国东北部的藩镇权力格局。①虽然一些关于祖先迁徙的解释未必属实，但大部分确有其事。

然而，比避难说更普遍的是因某位祖先被任命到某地为官，从而这一家族便在此地定居下来。比如来自清河张氏的张氏（759～820）＊的祖先，即从河北迁往长安，并在那里去世。其墓志记载道："代累仕镐，家徙关中。"事实上，正如我们所看到的，许多家庭迁往长安，其实是唐代文官家族中央化进程的一部分。因此，我们并无怀疑张氏墓志的理由。但京城并非祖先们迁徙的唯一目的地。在整个帝国内，对于一个家庭来说，远离郡望所在地，因官徙居是最普遍的现象。葬于潞州的马直令（831～874）＊就是一个有代表性的例子，他来自曾以长安西部为根据地的扶风马氏家族，然而他的祖先却"因官"迁徙到数百公里外的潞州。同样居住于潞州的安氏（800～851）＊

①　特别在河北，安禄山及其继承者史思明的大量旧部子孙，直到九世纪，依然在藩镇社会中保持影响力。参见 Nicolas Tackett（谭凯），"Great Clansmen, Bureaucrats and Local Magnates: The Structure and Circulation of the Elite in Late-Tang China", pp. 126 – 127。

的祖先，也是在数百年前从往西六百公里外的武威被分封到潞州。在这个例子中，事实上在九世纪，分封这一形式早已被中央政府抛弃了数百年，故而也增加了这一祖先迁徙原因的可信度。根据来自彭城刘氏家族的刘如元（724～798）＊的墓志，他遥远的祖先最早迁徙到河北，此后他五世祖在北部边地为将，因此他家定居在距彭城郡五百公里的今内蒙古和林格尔附近地区。在九世纪，类似这种因素导致迁徙的家庭有数百方墓志予以反映。

　　来自博陵崔氏的崔方拣（779～861）＊的例子尤有启发。虽然他生活在井陉县（河北西北部），位于已不存在的博陵郡西南方仅五十公里左右，两地却分属不同的行政区。这一家族的迁徙过程见载于更早的一位居住于井陉的崔氏传记中，这位名为崔行功（死于674年）的人毫无疑问是崔方拣的亲戚。[①] 我们可以从中得知，崔行功的曾祖父崔伯让在六世纪晚期因官离开博陵，向南迁徙。由此可见，即使是这样一次相对短距离的从族源地的迁出，都需要加以说明，并且这样的说明往往涉及仕宦。因此，一个家庭随着朝廷的任命迁徙到新地方定居——这将在第二章详细描述——在当时非常普遍，从而成为影响大多数大族后裔地理分布的重要原因。

　　墓志材料中提供的迁徙因素——强有力的个人或家庭，因任官或避难，而从一个地方去往另一个地方定居——完美地解释了在表1-4、图1-1、表1-5中的数据。经过了数百年类似形式的迁徙之后，这些大族虽然有后裔分散在帝国各地成为当地的精英，但最终在他们的族源地销声匿迹。在长江下游地

57

---

　　① 崔行功的传记保存于唐代的基本史料中，记载了这一支家族的祖先情况。参见《旧唐书》卷190上，第4996页；《新唐书》卷201，第5734页。

区，则依然留存着一些本地家族。其中一个原因是，这一地区远离北方围绕两京的政治权力中心。另外一种可能是，这是一个富庶之地（在日后的数个世纪里确实如此），因此，即便是生活在较差土地上的家庭，也有足够的财力负担包括墓志铭在内的葬礼。

东南地区本地家族的存续所带来的结果，是构成了一幅极大地改变了社会的迁徙图景。可以确定的是，从西晋时期侨姓出现并定居于首都金陵近郊开始，在南京—大运河地区的东南大族被冲散乃至替换。事实上，最有权势的侨姓家族后裔，比如琅琊王氏，在四世纪初到江南之后的五百年内，一直葬于金陵北郊。①

58 随着唐代出现的新一波或因官徙居，或避安史之乱而来的移民，此前定居于此的家族只好迁往长江下游大区的边缘地带，并颇为显著地于初次在此地形成影响的一千年后，重新主导了地方社会。

基于此，我们即可回到所要讨论的问题，即旧时贵族在多大程度上能够维持其在地方的权力基础，并以此对抗国家权力？虽然大部分晚唐精英声称是数百年前最初定居于此的大族后裔，但他们并未构成一个完整的类似先唐士族的地方权力结构。虽然总体上依然对朝廷和整个中国有广泛影响力，这些大家族很少能够主导他们祖居地的政治和社会力量。有人会说，这些在洛阳或长安重新定居的旧时大族成员，可以通过代理人将在家乡所持有的财产以税收的方式征入京城。在时间和空间上都很遥远的对比例子，能够说明这样一种可能性。十八世纪法国最有权势的人中，有名为拉法耶特侯爵（Marquis de

---

① 一位琅琊王氏成员的夫人侯罗娘（778~852）的墓葬和墓志即发现于金陵以北地区，而那里已经发现了大量六朝时期琅琊王氏的墓葬。参见李学来《江苏南京市出土的唐代琅琊王氏家族墓志》，第479页。更多关于南朝时期琅琊王氏家族墓葬的信息，参见华国荣《南京六朝的王氏、谢氏、高氏墓葬》。

Lafayette）者，他生活在巴黎，且很少回到他的家乡奥弗涅省（Auvergne，约 250 公里之遥）。但他在那边，以及在法国其他省份都有自己的土地。① 更显著的也许是很久以前的罗马元老院贵族，他们在遥远的埃及拥有财产。②

　　但是基于几个因素，类似这样的局面在唐代中国并不可能存在。首先，在中国社会规则下，对远距离财产的掌控势必依靠值得信任的亲属。③ 然而，任何族人在祖居地事实上的缺席，都会妨碍这一可能性。同样重要的是后勤保障。唐代中国并无特别发达的货币交易体系，租税不得不以实物缴纳。④ 然而，中华帝国在面积上远比法国或任何西欧国家要大。此外，不像罗马帝国，中国没有地中海可供廉价的水上运输。⑤ 隋代方才全面贯通的大运河曾用来从南方向黄河流域运输粮食，但这一河运系

① Louis Gottschalk and Margaret Maddox, *Lafayette in the French Revolution*: *Through the October Days*, pp. 19 – 20. 相反，当来自诺曼底的 Roncherolles 家族在十八世纪更多地待在巴黎的时候，他们出售了在地方的大部分产业，取而代之的是投资于仅在首都才能获取的财富和社会关系。参见 Jonathan Dewald, *Pont-St-Pierre 1398 – 1789*: *Lordship*, *Community*, *and Capitalism in Early Modern France*, pp. 166 – 167。

② 关于以罗马为驻地的贵族遍布整个帝国的财富，参见 Chris Wickham, *Framing the Early Middle Ages*: *Europe and the Mediterranean*, *400 – 800*, pp. 163 – 165。

③ 相反，在罗马，管理者通常是享有特权的奴隶，他们的忠心更多体现在对待他们的主人，而非他们所管理的没多少特权的奴隶。参见 Jean-Jacques Aubert, *Business Managers in Ancient Rome*, p. 161。

④ 没有材料表明晚明和清代以前存在的金融体系允许大规模缺席状态下之土地管理。即使到了晚明以后，也仅出现在中国个别地区。参见 Mark Elvin（伊懋可），*The Pattern of the Chinese Past*, pp. 250 – 254；Joseph W. Esherick and Mary Backus Rankin, "introduction", pp. 17 – 21。

⑤ 工业化时代以前，水上运输比陆上运输成本更低，效率更高。据估计，一匹马套上一艘驳船，能够拉动比它自己能背驮的东西重 250 倍的量。因此，在前工业化时代，大宗商品的海运，是陆运费用的 1/50。参见 Jonathan P. Roth, *The Logistics of the Roman Army at War*, pp. 190（n. 256），197。

统并不能解决所有将粮食运到京城的后勤难题。① 简单地说，对于在京城居住的家庭而言，很难保持远距离的地方财富。

　　文化因素也是一个问题。罗马元老院精英，以及日后的欧洲贵族家庭，他们所拥有的巨大的社会声望，来源于对大量土地的占有。再者，土地拥有者一般被认为在政治上更为可靠，故而通常是授官时的首先考虑对象。最终，土地普遍被认为是保存家族财富最安全的载体。② 在所有这些方面，唐代中国迥异于西方的情况。身处较高的政治和社会精英之中，拥有大量土地有很多好处，但唯独不能带来声望。③ 拥有大量财富经常被怀疑，甚至会构成在任期内非法敛财的证据。④ 更有甚者，为了增加税收，唐前期的政府事实上经常通过重新分配土地以寻求限制财富规模。⑤ 甚至

① 对于河运系统的不足之处，全面的评价可参考 Denis Twitchett（杜希德），*Financial Administration under the T'ang Dynasty*, pp. 84 – 96。

② 参见 Jean-Jacques Aubert, *Business Managers in Ancient Rome*, p. 161; Dennis P. Kehoe, *Investment, Profit, and Tenancy*, pp. 71 – 75; Susan Treggiari, "Sentiment and Property: Some Roman Attitudes"; Claude Nicolet, *Censeurs et publicains*, pp. 163 – 187。

③ 先前在本章曾被提及的许某（死于 867 年）的墓志详细地描述了他所拥有的财富，但这是一个显著的特例。大部分墓志很少提及志主的土地。这位来自河北的许某身处于一种地方精英文化氛围中，以不同的方式定义声望与身份。

④ 在八世纪前半期，有大量律令限制财富规模，其中 737 年一条律令规定，"永业田"（即桑田）在第二代去世后必须交还给国家。参见 Denis Twitchett（杜希德），*Financial Administration under the T'ang Dynasty*, pp. 4, 16 – 18。事实上，政府官员拥有的所有形式的财富都是值得怀疑的，地方行政长官在任上获得了大量财富后，会成为被特别审查的对象。参见 Charles A. Peterson, "Court and Province in Mid- and Late T'ang", pp. 521 – 522。大量墓志致力于赞扬志主的清廉，说在他退任之时，他的家人无以自给。相关的一个例子参见毕坰（751～811）的墓志。

⑤ 杜希德对于均田制及其废除有一个很好的回顾，其中包括了日本学者对此的广泛讨论，参见 Denis Twitchett（杜希德），Land Tenure and the Social Order in T'ang and Sung China, pp. 16 – 25。

在"均田"（equal-field）制被废除后的后安禄山时代，土地
在原则上依然是皇帝的财产。① 诚然，承认私人财产权不可侵犯
的强大传统会在宋代得到发展，但我们不能期望在九世纪即出现
这一传统。简单地说，土地绝不是最安全的投资。维持一个家庭
的繁荣有更好的方式，需要更多地花费在其他领域，包括多生男
孩，聘请塾师加以教育，以及兴建收藏经典著作的藏书楼。成功
的家庭还会花钱打通政治关系，比如招待权臣，甚至向朝廷捐纳。
考古学家偶然的一次对窖藏的发掘，揭示了时人对储藏财富的认
识最终可归结为将便携的财产埋入地下，特别是在社会动荡之
际。② 总之，虽然许多中古大族安然度过了整个唐代，但他们无
法掌控远在地方上的财富，从而也无法为他们提供一处可作为后
路的权力基地。在第二章，笔者将揭示一些以京城为基地的精英，
确实在地方上任职期间置地。但这些土地在他们返回京城后，并
未保留下来。王修本（837 年去世）＊的墓志提供了一个生动的
例子。他死于扬州的私家产业中，但根据他一位生活于八世纪早
期的四世祖的墓志，他们的家族墓地远在洛阳北面的北邙山。③

61

---

① Denis Twitchett（杜希德），*Financial Administration under the T'ang Dynasty*，p. 22.

② Qi Dongfang（齐东方），"The Burial Location and Dating of the Hejia Village
Treasures"，pp. 20 – 24；荣新江：《隋唐长安：性别、记忆及其他》，第
48 ~ 65 页。唐人所记载的黄巢之乱后对一处窖藏的发现，参见本书第五
章，第 222 ~ 223 页。

③ 王修本的四世祖为王玄起（649 ~ 696）。虽然此人并未在王修本的墓志中被提
到，但两人之间的关系较为明确：首先，王玄起第三个儿子的名字与王修本
的曾祖父名字一样；其次，两人之间的年龄差距，正好是四代人之间典型的
年龄差；最后，两方墓志并列于一部当代墓志目录中（参见郭培育、郭培智
主编《洛阳出土石刻时地记》，第 228 ~ 229、356 页），显示它们同时出土于
1920 年代。虽然王修本的墓志中仅提及葬于河南县，但根据郭氏兄弟的目录，
其在 1925 年的出土地为伯乐凹村，正好位于王玄起墓志出土地河阴乡。参见
余扶危、张剑主编《洛阳出土墓志卒葬地资料汇编》，第 361 ~ 363 页。

王修本对他夫人所提最后的愿望，是出售扬州的产业，归葬他自己和另外七位族人于北方。虽然抛售产业的部分动机是为归葬洛阳提供资金，但他毫无疑问地意识到，一旦其家族回到京城，也就没有必要保留在南方的产业了。[①] 若综合考虑，九世纪中叶的著名宰相李德裕及其家庭很能代表旧时门阀子弟。虽然李德裕出身于一个来自河北的大族，但他从未涉足其族源地，他和他的父亲也从未在长安、洛阳以外地区拥有过产业。[②]

官僚化的门阀世族

对于大族家庭而言，正如我们所见，其声望建立于累代的仕宦基础上[③]，并通过与有类似仕宦传统的其他家庭联姻来巩固自身。卢初（732~775）＊的墓志即曰："官婚具美。"因此，不必惊讶于墓志对祖先官职的着重强调。即便是篇幅最短的墓碑，也会从他们的遥远家世（distant genealogy）开始写起，即已经去世的遥远祖先中最著名的居官者。紧接着遥远家世之后，是就近家世（near genealogy），用以揭示志主所有直系祖先的名字和官职，通常包括其父亲、祖父和曾祖父，有时候也包括四世、五世甚至六世祖。在皇甫鈺（799~862）＊的墓志中，其遥远家世虽然记载得尤为详尽，但就此类书写的主旨和结构而言，绝非特例。

---

① 一并参见王修本及其夫人韦氏（802~857）的墓志。

② David Johnson（姜士彬），"The Last Years of a Great Clan: The Li Family of Chao chun in Late T'ang and Early Sung", pp. 39 – 40, 60.

③ 早期关于"官僚贵族"（bureaucratized aristocracy）的讨论，参见砺波护《宋代士大夫の成立》，第197~201页。砺波护用这一概念来讨论贵族对科举制度和中央朝廷的双重依赖，而非特指维护声望。另可参考渡边孝《中唐期における「門閥」貴族官僚の動向——中央枢要官職の人の構成を中心に》。

　　其先自宋戴公之子充石字皇父，为宋司徒。生仲。仲　　62
生发。发以王父字为族。汉兴，改父为甫，因氏焉。至武
帝（前156～前87）初，雍州牧鸾，始自鲁国徙茂陵，故
起鸾为始祖。鸾生衰，举至孝，为彭城相，北徙安定，家
三水。衰生偶，东汉复为安定都尉。偶生棱，渡辽将军，
以永平（58～75）初徙居安定朝那，为郡著姓。棱有八
子，为八祖，坟墓皆在安定郡城之西石虎谷口。……公即
渡辽第六子旗之后也。旗生节，为雁门太守。节生嵩，为
太尉，谥元。嵩曾孙谧，字士安，晋（265～316）中庶
子，后累征不起，号玄晏先生。公即玄晏十七世孙。六代
祖德参，隋监察御史。

　　对这一遥远家世的书写有一定的准则。首先是关于家族在　　63
何时以及如何得到姓氏。[①] 随后，向前跨过六百年，直接到西
汉时期，这位被认定为家族之“始祖”（first ancestor）的人，
为单个家庭中所保存之全部世系中最早的祖先。[②] 虽然通常是
“始祖”将家族定居于族源地，但在皇甫氏的例子中，却是他

[①]　一些墓志从更早的祖先开始写起，甚至追溯到远古的神话人物五帝。但
　　大部分唐代的家世认同姓氏最初起源于西周时代。

[②]　虽然唐代的大族谱牒并未留存到现在，但这些“遥远世系”为我们了解
　　世系的潜在准则提供了一些线索。这类似于明清时期家谱中的基本格式。
　　帝制时代晚期的世系表包括两部分：（1）一串关于祖先的单线列表，从
　　远古开始，直到这一家族的始祖为止（比如在二十世纪早期的家谱中，
　　始祖往往是一位约一千年前生活于宋代的人）；（2）从这位始祖开始的各
　　种分支和再分支的后裔。皇甫鈇的“遥远世系”似乎正好揭示了九世纪
　　的皇甫氏家族所拥有的类似家谱，即追溯到家族最远的祖先，再通过单
　　线的男性世系一直往下，直到将近一千年的西汉时期生活的渡辽将军，
　　随后才是从渡辽将军的八个儿子传下来的更为详细的各个分支和再分支
　　的后裔列表。

的儿子最初移居日后作为家族郡望的安定郡。随后，遥远的世系又将志主本人所属的特定的安定皇甫氏某支包含在内。从具名的六世祖开始，志文转换到了就近家世，随即罗列接下来五位祖先的名字和官职，包括志主本人的父亲。皇甫鉟的墓志除了包含所有遥远世系的特定叙事元素，也因其重复强调家族的仕宦传统而显得特别。几乎所有具名的祖先都有官职，其中许多在帝国中身居高位。由此可见，遥远世系的首要功能是为家族深厚的天资和政治成就提供例证。

64

将声望建立于先祖们的成就之上，存在一个明显的问题。在九世纪，有大量的人自称是渡辽将军第六个儿子（也就是皇甫鉟二十二世祖）的后裔；更多的人自称是最初将家族定居于安定郡的皇甫衷的后裔。虽然安定皇甫氏是一个有声誉的姓氏，但经过一代代的传承，其价值已经淡化。解决这一问题的一个方法，即将声望之源聚焦于更近的仕宦传统。卢峴（720~774）＊的墓志颇能代表当时最负盛名家族后裔的一般情况。作为禁婚家子孙，卢峴毫无疑问属于旧时大族成员。但他的墓志并未详述其遥远的世系，而仅仅提到："自魏已降，官婚人物，为天下清甲，大略书于国史，详言在乎家牒。"相反，墓志中提到了距卢峴最近的三位祖先，都是地方大员。在帝国范围内分布着大量范阳卢氏成员，但仅有少数人能够在数代之后依然声称具有连续的仕宦声望。相比于作为范阳卢氏成员，距其较近的世系中所记载的仕宦传统，更能给他带来荣耀和声望。

年轻的世族子弟在仕宦之路上总是面临巨大的压力。在这一过程中，某一代人的挫折，通常会给这一支的声望带来长久的创伤，使其后代在未来的官场中更难出头。卢广（约

65

738～约775）＊的墓志恰好明确地阐述了对一个家庭社会地位下降的顾虑。卢广曾被许多京城要人推荐为官，几乎能够保证其仕途的长久和显耀。起初，作为一名道教信徒，他曾考虑不仕，避免"得虚名以自饰"。但最后，基于家庭因素，他不顾自己不欲出仕的考虑，应中国东南某藩镇之辟署以自"饰"。正如他所解释的，部分是因为他需要一份俸禄来赡养其年事已高的父母。更重要的是，他认为必须维持其家系的声望，故曰："某幸为山东望族，纔有班序，则为不坠家声。"

　　虽然声望主要来自志主本人所属的支系，但在一些墓志中偶尔也会提及志主家族中其他重要的旁系亲属。大的仕宦家族成员很少将有名有姓的侄子、叔伯或祖叔伯囊括在内，除非其中出现一位非常重要的官员，特别是宰相。但一些不知名的地方家族——正如我们将在下一章看到的，他们连续数代皆未能出仕——却会感到烦恼，因为在他们的旁系亲属中，一个出仕的人也没有。但基于对良好联姻的强调，重要的婚姻关系也会出现在碑刻中。总之，如果岳父或外祖父拥有受人尊敬的官职，便会被明确地提到。当然，总体上看，墓志中经常提到的依然仅为最著名的远房族人或姻亲。① 关于提及各种姻亲的特别详细的例子，可举来自大族陇西李氏的李氏（813～863）＊墓志。除了她本人的父亲、祖父和曾祖父，在她的墓志中，还记载了几位她母亲的直系祖先，其中两人曾为宰相。另外也提到一位女婿的父亲和另一位女婿的祖父，这两人都曾是宰相。

66

────────────

　　① 在姻亲的例子中，除了与宰相有联系的，其他与皇帝或地方大员有联系的也常常被提及。

要之，在李氏的墓志中，并未局限其身份为七大禁婚家后裔，而是将其置于同时看重出身和婚姻的密集的亲属网络之中。

除了墓志中的世系部分之外，另有材料可以表明，在九世纪，出仕已经超过郡望和家族早期历史，成为决定社会身份的首要因素。即九世纪墓志中存在一种趋势，撰者和书者以他们当下的官衔表明自己的身份，而非郡望。后者似乎主要在某人没有官职时才会提及。根据统计，长安、洛阳出土的墓志中，80%（1063/1321）的署名独写官衔，只有8%（111/1321）的以郡望署名，5%（62/1321）的同时署上郡望和官衔。① 鉴于几乎所有这些居住于京城的撰者都是大族成员，可见官衔被认为比郡望更能让人印象深刻。② 类似的现象在墓志提及女婿时，也能被观察到。他们只有在没有出仕时，才会通过郡望和姓氏加以区分。③

小　结

67　　　毫无疑问，基于郡望和姓氏予以界定的世家大族，在唐代拥有巨大的声望。大量的例子表明郡望是姓氏的从属。墓志中的"遥远世系"则为一个家族的早期背景提供了众多细节性说明。留存至今的各种唐代——甚至遥远的西部小城敦煌——

① 仅有6%（85/1321）的墓志郡望或官衔都没有署上。参见数据库中的"Fig1 note89 author chor vs surname"。撰者和书者对郡望或官衔的标识提示我们，一个姓名如果没有冠以值得称赞的头衔，就会显得单薄。

② 从现存唐代文书中对于郡望的署名可以看出，单独使用郡望更多在私人文件如书信中，而完整的官衔则被用于更为正式的场合。

③ 比如在盖巨源（811~873）的墓志中，有两位女婿皆署官衔而不署郡望，第三位女婿仅署郡望而无官衔。类似现象还可以参见郑秀实（784~856）（女）的墓志，四位女婿中唯一一位不署郡望的女婿，其署衔为沂州刺史。

的郡望表或氏族志表明，在整个帝国之中，人们需要一种区分门阀世族的工具书。当然很明显，长时间积累起来的大族身份，是由各种要素形塑起来的。

尽管普遍认为郡望对于一个家族的名声很重要，但在九世纪，这种观念早已不像从前那样显著。大族子孙人口非凡的膨胀现象，因妾室所生子女的纳入统计而得到加强，从而不可避免地淡化了郡望的社会效用。日渐重要的则是：1. 距一个人最近的亲属中的仕宦履历；2. 一个人在包含一定数量重要人物的亲属网络中的地位。正因此，许多世族子孙的墓志中，往往强调"就近世系"而非"遥远世系"。

本章也试图揭示世家大族在数个世纪中，远离祖居地，从而分散到各地的程度。虽然前辈史家已经了解到，许多世族在中唐时期移居京城地区；通过对大量地方出土墓志的研究，我们依然能看到那些族人是否依然居住于祖居地，保持有本地精英的地位。正如其所揭示的，在九世纪，除了两京附近地区，唯一能够看到本地家族集中于他们祖居地的，要数长江下游大区的边缘地带。同时，本地精英向边缘地带的移动模式，也能为我们理解晚唐的权力地理提供相关材料，关于这一话题的深入探讨将在下一章进行。

有两个重点内容需要强调。首先，虽然最终是由出仕与否决定身份，但这并不表明声望仅仅依靠个人的成功。相反，观念上的典范可称为"世族化的"（aristocratic），墓志中长长的世系记载表明，系出官宦之家才是自我界定身份的关键。在宋朝，聪明人不管出身是什么，都可以生活得很好，白手起家的故事所在多有。但唐朝不一样，家世依然是社会

68

声望最重要的决定性因素。① 当然，一个家族能够靠一代代的积累建立起声望，也为裙带关系的存在提供了合理性。从今天的角度来看，"荫"——即身居高位者有权为近亲得到一个官职——的权力经常被当代学者描述为一种需要通过法律来制裁的腐败行为。但在唐代，当一方墓志称颂志主的亲属时，即相当于使这一家族特权产生效用，因为对"荫"的使用本身即标志着一种荣誉，反映了近亲之中有人身居高位。他们会因"追先帝旧臣子孙以答功绩"② 而被赞扬，并被记住。

其次，虽然九世纪最重要的家族源于他们对朝廷的贡献，但这些门阀大族并不仅仅是唐廷的朝臣。事实上，他们在唐朝建立以前很久即拥有仕宦传统。在欧洲，一位拥有土地的贵族有能力在他土地所积累的财富之上，保持与政权和君主之间的距离。唐代的官僚世族并非土地贵族，但其一代代的仕宦所积累起来的荣誉，非常有助于其经历政治动荡之后依然存续。一旦其核心成员安稳度过改朝换代，并且新的政治秩序接纳了世族的理念，这些家族便能够通过其他家族所没有的累积起来的声望，将自己和依然在社会上攀爬的家族区分开来。

接下来的两章主要会将郡望问题搁置一边，以便探索界定晚唐上层社会的其他方法。在第二章，笔者将就地理如何决定权力结构进行相当细致的考察，包括梳理精英的地理分布和探

---

① 对于宋朝缺乏血统论的好评，可以参考柏文莉的讨论，参见 *Beverly J. Bossler*（柏文莉），*Powerful Relations: Kinship, Status, and the State in Sung China, 960 – 1279*, pp. 17 – 18。

② 引自张噩（747~813）的墓志。

讨地域流动与社会流动之间的关系。在第三章，笔者将基于重新建构的网络，提出一种新的家族研究法。通过研究精英的社会网络这一视角，来审视旧时大族如何在唐代成功地适应政治动荡，并持续垄断朝廷的高层官职直至王朝末年。以下两章的分析同样有助于阐明旧时大族为何会在王朝灭亡后的十世纪如此完全地消失。

第二章　权力的地理

　　在山东滕州东南的山上，一方竖于 1193 年的金朝晚期石碑明确标记了此即初唐名将、政治家李勣（594～669）的墓。[1] 此碑由一位声称为李勣十九世孙的人所立，据碑中所述，李勣最初陪葬于唐都长安附近的唐太宗（597～649）昭陵。然而，当武则天开始篡夺帝国权力后，李勣的孙子徐敬业于 684 年起兵，李勣本人的墓葬与棺椁也因此遭到破坏。在武则天倒台的 705 年，李勣的后代将他的遗骸迁葬到了 1193 年所立的这方石碑处。

　　这一叙述的细节似是而非。根据其他史料证实，李勣确实陪葬于昭陵，其墓曾遭破坏，他的家族随后于 705 年恢复了名誉。然而这方 1193 年的石碑仍在一些重要内容上与已有记载存在分歧。据正史，徐敬业在试图乘船渡越渤海逃往朝鲜半岛时被抓获，随后与其诸多亲属一同被处死。相反，这方石碑却声称他和他妻儿逃脱了，并在今天的滕州附近重新定居。更成问题的是，正史记载唐中宗于 705 年修复了李

勣墓并恢复其此前所有荣誉，这也就排除了将其遗骸迁葬他

---

①　关于此墓在地图上的地点以及对该墓和碑文的描述，参见《中国文物地图集：山东分册》第一册，第 179 页；第二册，第 204 页。该碑文的抄本，参见王政等纂（道光）《滕县志》卷 14，第 17a～18b 页。笔者能够找到的关于此碑最早的记载，来自一部十六世纪晚期的方志，见杨承父等纂（万历）《滕县志》卷五，第 17a 页。

处的任何必要。①

事实证明，考古发掘已经大体确认了正史记载。1971 年，陪葬于昭陵的第二座墓被发掘，墓主即被认定为这位名将。这座墓葬规模巨大，有一条长长的墓道通向三个坟丘之下的一间墓室，每个坟丘的高度均超过了 12 米。墓室中用以描绘乐舞场景的红色和黑色碎片表明，此墓曾装饰奢华。而且，虽然该墓曾经在此后几个世纪被盗，但仍然保留了超过三十件陪葬品，包括有唐一代的彩色陶瓷，一项工艺复杂的头盔，一件插入了一把礼仪用木剑的鎏金铜鞘，以及一方记载李勣生平和仕宦的七世纪巨型墓志。② 这使我们难以相信李勣后代会在八世纪早期将他们祖先的遗骸从如此豪华的墓中迁移出来，尤其是在没有移动陪葬品的情况下。况且，一项对 1193 年石碑文本的详细研究表明，此文写作基于十一世纪时的一份唐史文本，而非任何可能由该家族私家保存的谱牒材料。③

但是，还有一个原因使得笔者质疑这方金代石碑的记载。

① 《旧唐书》卷 67，第 2490～2492 页；《新唐书》卷 93，第 3820、3822～3824 页。

② 关于此墓的描述，见《中国文物地图集：陕西分册》第二册，第 377 页；李昊阳等编《昭陵文史宝典》，第 111 页；《昭陵唐墓壁画》，第 145 页。李勣墓的这三个坟丘也印证了相关史料，代表了遥远土地上的三座山，李勣正是在这三座山【译按：即阴山、铁山、乌德鞬山】之间击败了突厥大军。参见《资治通鉴》卷 201，第 6361 页。

③ 特别是，此碑引用了《新唐书·李勣传》中的赞语。碑文云："公之孙敬业，因民不忍，起兵覆宗，至掘公之冢而暴其骨"（第 17b 页）；《新唐书》云："及其孙，因民不忍，举兵覆宗，至掘冢而暴其骨"（卷 93，第 3824 页）。《新唐书》的赞语来源于早期编纂时的评论，而碑文不可能有更早的史源，所以这句话基本可以肯定是摘自《新唐书》。此外，无论是此碑（第 17b 页）还是《新唐书·李勣传》（卷 93，第 3820 页），都错误记载了李勣卒年八十六。相反，从墓中出土的七世纪墓志铭更为可靠，指出其卒年七十六。

在本章中，笔者将探讨唐代精英的地方化，以此为另一种理解财富、身份和权力之间关系的方式。虽然富户（即那些死后能负担墓志铭制作费的家族）和大族成员遍及整个帝国，但占主导权的政治精英多集中于长安、洛阳二都及两京走廊地带。因此，李勣在八世纪的后裔通过将其遗骸迁葬到山东这样一个远离京城的地方，势必会降低其声望，这是极不可能的。① 尽管如此，这方石碑中的记载在后世环境下确有其意义。正如韩明士（Robert Hymes）和其他学者所揭示，在宋朝及随后的几个世纪中，帝国的权力经历了一次彻底的重构，主要的政治精英更多地定居于地方，而不是京城。② 到 1193 年，社会观念已然转变，李勣八世纪的后裔对其遗骸的迁葬这一虚构出来的事件，被认为是合理的。无论如何，当今的历史学家不必将我们对晚期帝国的了解投射到唐代社会模式中去。在唐代，同时存在权势与影响力不逾地方舞台的地方精英，以及与之迥异的终唐一代垄断整个帝国上层社会的京城精英。

定位精英

欲探究晚唐政治权力的地理分布，必须首先处理好单个

---

① 在唐代，能够陪葬帝陵对个人而言是一项特殊权利，但不包括其家庭。遗憾的是，笔者并未在长安—洛阳地区发现其先祖或后代的墓志，因此无法证明李氏家族扎根于此。确实存在有 688 年（在该家族被肃清的四年后）葬于洛阳附近的李勣孙子的墓志。这位孙子武钦载（665～679）因武则天的忠诚而被赐 "武" 姓，成为武氏分支。另有一方 717 年下葬的李勣孙女李氏（654～716）的墓志，同样葬于洛阳附近。

② Robert P. Hymes（韩明士），*Statesmen and Gentlemen*：*The Elite of Fu-chou*，*Chiang-hsi*，*in Northern and Southern Sung*. 有关帝国晚期本土精英的概述，参见 Joseph W. Esherick，and Mary Backus Rankin，"Introduction"，pp. 1－24。

人的居住地这一棘手问题。唐代官员为了他们的事业频繁迁转于帝国各处。孙说（809～868）＊就是一个典型例子，他曾在长安、河南、河北北部以及四川等多地为官。尽管有如此显著的地域流动，但若以此得出孙说没有家却是不恰当的。因为对一个官职的任命通常不超过三年任期，像孙说这样的人往往需要消耗很长时间待选。即使在任期间，他们并不总是将家室带在身边。[1]他们还需要在任期结束后回到某地。问题就在于，墓志和其他传统史传很少明确记载某人的居住地。当他们记载某人的"祖籍"（place of origin）时，通常只列一个类似于家族郡望的先唐郡名。[2] 然而正如我们所见，郡望所指并非他们本身的居住地，而往往是数世纪前他们祖先生活的地方。

究竟如何确定一个家族的居住地呢？柏文莉（Beverly Bossler）在她关于宋代精英的研究中假设：中国精英"主要的地理归属地"，大体不会远离其家族墓地。[3] 事实上，这一假设适合用墓志材料来印证，因为墓志通常详列志主葬地的准确位置。即便一些墓志铭中并未明确葬地，也能通过墓志已知的出土地点来推断。在第一章中，笔者大致同意大族在地方上的后裔居住于所葬之地。然而，由于将居住地与葬地等同起来对于本章的分析来说十分关键，故有必要检验柏文莉的理论假设

73

---

① 尽管官员们似乎经常携带家室，但若被派到非常远的地方，他们不太可能这么做。正如韩愈在韩翬（808～819）的墓志中指出的，只有当一位官员因罪贬谪远方时，他才会被允许携带家属上路。

② 有关墓志和唐代史传中所载祖籍的对比，参见竹田龙儿《唐代士人の郡望について》，第 466～493 页。

③ Beverly J. Bossler（柏文莉），*Powerful relations*：*Kinship*，*Status*，*and the State in Sung China*，*960 - 1279*，pp. 42 - 43.

对唐代的情况是否有效。

　　大量史料表明，在九世纪，家庭关系在人死后仍被认为一直持续。人们普遍相信去世的亲属与家族墓地中的其他人会有交流。因此，在一篇某位父亲于818年为其四岁亡女撰写的墓志铭中，这位父亲表达了希望女儿在已故亲人中得到慰藉：74　"土接亡叔之墓，风接西茔之松，冀尔孩魂，不怕幽壤。"在一篇类似的由一位父亲为其四岁亡子所撰写的墓志铭中，这位作者幻想自己的亡父在九泉之下能因见到孙子来陪他而喜悦："越翌日，合祔上先府君之茔，是用归尔骨于大墓之侧，尔其有知，当为弄孙，代吾左右，承颜泉隧，其乐如何！"① 即使家庭生活中最平凡的要素都要胜过死亡，但故去的亲人仍会互相慰藉，以摆脱无聊、恐惧与孤独。

　　在世的亲人与死者之间的联系同样重要。在三年丧期内，子女需要守在父母坟茔之侧，以便于日常奉祀。据此，葬于洛阳北面山上的翟氏（去世于819年）（女）＊的墓志铭记载，其子韩公武（去世于822年）"委节去位，奉丧以居东都"。② 柏文莉还强调日常奉祀在丧期结束后被更好地执行。可能正是这一原因，使得族居住于洛阳的卢从雅（767～834）＊"不忍远违坟墓，恳求分职洛下"。同样地，赵君旨（776～834）在卸任连州刺史这一地方官后，"浩然有归故乡奉坟墓之志"。另一个例子中，十年前葬于山东的一对夫妇的"今次孙揩，75　常怀罔极之心，每轸人子之思，痛先祖坟域漂泊时久"，在得到距离葬地不远的地方官任命时，抓住时机，将他们的遗骸迁

---

① 分别引自李德孙（815～818）和郑行者（805～808）的墓志。
② 其他相关例子，参见何抚（783～823）和崔备（754～805）的墓志。其中前者在辞官丁忧之后的整整七年都居住在洛阳。

葬于洛阳以北孟州的族茔中。①

更不必说的是，人们坚持要与其族人长眠于一地。在一些例子中，当人们病重时，会赶紧回家以便葬礼顺利进行。例如在长江中游的江陵担任监军的宦官彭公（约780～约831）＊生病时，他及时返回了长安，最终死于永兴坊的私宅里。又如两京走廊地带的陕州某县令侯绩（770～835）＊，在其健康状况开始下滑时，返回洛阳家中等待死亡。许多类似的例子记载于墓志铭。② 当不能及时返家时，临死之人会向家人提出死后护送其遗体归葬的特殊请求。事实上，在那些客死异乡之人的墓志铭中，这几乎成了尽现临终场面的一种修辞，用以突出死者的最后请求。比如苑咸（710～758）＊与他的妻子在安史之乱中死于南方，半个世纪后，在重葬洛阳时所刻墓志中，引述了其妻子的临终之言："归祔乡园。"

然而，正如上文最后一例所述，将遗体运回家乡并不能马上成行。有些时候，因为代价高昂，故而首先得攒钱；另一些时候，迁葬需要等待一个吉时。③ 故而，家属们往往选择"权葬"死者于卒地附近。因为精英们通常死于远离家乡的官任上，或跟随某人任职于他乡之时，故许多族人的遗体可能会在帝国各地官僚机构的一些地点集中临时安葬。少数族人可能会在某一后代在朝廷获得一个高薪的职位时，全部被运回原籍，

76

---

① 参见颜元贞（约去世于745年）的墓志。另一类似的例子，参见封随（778～835）的墓志。

② 关于生病后返归长安或洛阳的人，参见郑氏（去世于871年）（女）、崔苣（788～851）、王训（727～767）和王适（771～814）的墓志。

③ 移动遗体不仅危险而且昂贵，因为存在可能导致灵魂出窍的风险。

一次性重新安葬。比如在江西观察使府担任重要官职的杨彤，就曾于826年和828年分别组织了其三位兄弟和其父的迁葬。这四人曾被临时安葬于包括长安和杭州等地，但最终都长眠于杨彤祖父及其两位叔祖父在洛阳的墓侧。[①]

根据前文提及的死后信仰和对故去先人的责任，对于一个家庭来说，理想状态是生活于祖茔附近。尽管如此，出于各种理由，人们有时还是会长期移居他处。在这种情况下，可能的话，某一家族也许会继续将去世的第一代移民运回族茔安葬。无论如何，可以明确，这一家族终将不再返归以前的居住地，并艰难地决定在新的居住地建一个墓地。在这种情况下，似乎最开始就有一种倾向，即将一些族人集中安葬或者迁葬于一处，大概以此避免故去的亲人独自安息于这片土地上。[②] 或者，有一位葬在附近的亲人——哪怕是一位姻亲——也能为刚刚去世的故人做伴。一个有趣的例子来自陈宣鲁（808~840）*，其祖父母葬于淮南扬州，而其两位兄弟亦生活于此。晚唐时期像这种迁居京城的例子颇为少见，陈宣鲁的父亲在洛阳附近购置了地产，陈宣鲁本人便葬于此。尽管陈宣鲁独自一人葬于这块新墓地，但其铭文撰者却写道："外祖……松槚在缑氏县北原……今君之独墓于此，与外族茔域远若相望，不为无素矣。"虽然兴建一座远离老家的新墓地是一件大事，但这种做法却是唯一能够确保日常奉祀的实用之选。

除了确定祭祀动机外，同样能通过实证分析来考察柏文莉

① 参见杨彤为一位忠诚的家仆王绾（死于797年）所撰写的墓志。
② 恰当的例子，参见下文关于支氏家族迁居洛阳的论述。

的假说。墓志中很少记载志主原本的居住地，但确实会写到卒地，大多数情况下是在志主的私宅。表 2 - 1 在排除权葬的情况下，将葬地和卒地做了对比。据此，在京城以外的大部分地区，人们倾向于去世并安葬于同一州或藩镇。通常，这些葬地会被明确认定为族茔（或先茔）。由此可以推测，生活在地方上的大多数人确实居住在祖茔附近。

表 2 - 1　个人死于所葬之州或藩镇（分区域）的
比例统计表（800 ~ 880）

葬　　地	死于同一州	死于同一藩镇
长　　安	75.8（391 / 516）	75.8（391 / 516）
洛　　阳	47.1（410 / 870）	47.1（410 / 870）
两京走廊	52.6（51 / 97）	53.6（52 / 97）
河　　朔	81.8（72 / 88）	96.6（85 / 88）
其　　他	85.5（247 / 289）	89.6（259 / 289）

说明：本表包括 800 ~ 880 年间所有卒地和葬地所在州都明确的墓志。藩镇的范围大体根据元和（806 ~ 820）时期的分界线。卒地与葬地所在州通常在墓志中有明确体现，虽然在一些地方墓志的例子中，仅仅指出志主死于"私宅"，但能够通过上下文来推定去世时所在的州（基本上根据志主来自某州，且这一地方并非族源地所示郡望）。

　　鉴于卒地与葬地相距甚远的人物占据了相对大的比重，他们被埋葬在京城区域——包括长安、两京走廊，尤其是洛阳——是不寻常的。然而事实证明，大多数远离京城的死亡发生于旅途中，或在地方任职期间。表 2 - 2 完善了表 2 - 1 的数据，精确了去世地点——当墓志铭中有详细说明时——并划分为私第、官舍（或职位上）和客栈（或其他旅途中的临时住所）。如表 2 - 2 所示，在京城地区，去世于葬地附近的人中有83% 至 88% 都是在私第内离世，这些私第经常是该家族数十年来

79

78   表 2 - 2   葬于两京地区的个人去世地点统计表（800～880）

(a) 葬于两京走廊地带

死亡地点	死亡地区			
	同一地区	长安	洛阳	其他
私第	33(87%)	2(100%)		6(21%)
官舍/职位上	3(8%)			21(72%)
客栈/旅途中	2(5%)			2(7%)
总计	38(100%)	2(100%)	0	29(100%)

(b) 葬于长安

死亡地点	死亡地区			
	长安	洛阳	两京走廊	其他
私第	215(88%)	3(50%)	7(23%)	9(13%)
官舍/职位上	9(4%)	1(17%)	17(57%)	48(72%)
客栈/旅途中	2(1%)	1(17%)	5(17%)	5(7%)
其他	17(7%)	1(17%)	1(3%)	5(7%)
总计	243(100%)	6(100%)	30(100%)	67(100%)

(c) 葬于洛阳

死亡地点	死亡地区			
	长安	洛阳	两京走廊	其他
私第	212(83%)	35(58%)	33(50%)	52(21%)
官舍/职位上	15(6%)	11(18%)	25(38%)	159(63%)
客栈/旅途中	4(2%)	9(15%)	4(6%)	27(11%)
其他	23(9%)	5(8%)	4(6%)	15(6%)
总计	254(100%)	60(100%)	66(100%)	253(100%)

说明：私第（private residence）通常根据"私第"、"私舍"、"别业"和"别墅"等词加以辨别。官舍（official residence）通常根据"官舍"、"公馆"、"廨宅"和"郡舍"等词加以辨别；也包括那些卒于"位"（place of office）上，或卒于他们的丈夫、父亲及其他亲戚就任之职位上者，即没有进一步关于去世地点的详细信息。其他（other）地点包括寺院、宫殿（在长安）、赁舍及其他临时住所。权葬的例子被排除在统计之外，同样被排除的还有去世地点不明确的，包括去世于"第"、"宅"、"舍"但是公是私无法辨别者。

居住的地方。① 相反，去世于京城以外地区的京城精英中有 79
75% 到 85% 的人死在临时住所，如官舍、客栈或者寺院。各
个家族都强烈地倾向于在京城地区而非其他地方拥有房产并葬
在京城，表明京城地区是他们居住的地方，且值得他们挥洒光
阴和金钱以获得永久住所。

　　对此，另有无意间提及的史料予以证实。虽然墓志除了确
定志主卒地外，就其土地和财产基本很少提及，但是少部分墓 80
志确曾稍稍揭示家族房产。譬如韦祥（去世于 812 年）＊卒
于——可能是其任职的——陈州，其墓志记录了其妻已于十四
年前卒于洛阳私第，而他们俩均葬于洛阳。② 还有很多例子显

---

① 正如他们的墓志铭所证实的那样，数位家族成员或夫妻俩在数年或数十
年间死于长安或洛阳同一里坊的私宅内是很普遍的，由此可以推断一个
家族持续居住于某宅院数十年之久。举例来说，陈士栋（786～839）及
其夫人死于长安修德坊的同一"第"（residence）中，且相隔 23 年。另
有大量家庭成员间隔更长时间死于京城同一坊的例子。魏仲偊（782～
825）、其兄魏仲连（780～848）以及仲连孙魏俦（819～865）在 40 年
的时间内先后死于洛阳清化坊私第。刘弘规（775～826）与其孙刘遵礼
（816～868）相隔 42 年死于长安来庭坊私第。崔镇（819～875）及其堂
兄崔銖（801～820）相隔 55 年死于长安通义坊私第。卢直（771～823）
与其子卢宗和（789～832）、堂兄卢方（768～830）以及卢方孙女卢乐
娘（858～878）在 55 年的时间里先后死于洛阳康俗坊私第。杨宁
（744～817）及其孙杨思立（死于 875 年）、曾孙杨皓（840～858）先
后 58 年间都死于长安靖恭坊私第。赵藤（756～810）及其子赵途
（811～870）相隔 60 年死于鄠县乡间别墅。孙嘉之（657～739）及其孙
孙婴（745～801）相隔 62 年死于洛阳集贤坊私第。崔泳（746～788）
及其侄孙崔行规（817～867）相隔 79 年死于洛阳毓德坊"世第"
（multigenerational residence）内。最后，姚侑（747～802）的墓志明确指
出他致仕（并随后辞世）于洛阳慈惠坊一座其曾祖父于一个世纪前修建
的私第。
② 类似的例子，参见卢季方（782～848）及其夫人郑氏（808～864）的合
袝墓志，以及崔亮（772～828）、李怀（730～801）、刘浍（727～799）
和卢氏（795～860）等人墓志。

示，一些人下葬之前被带回京城私第养病。① 刘谈经（748~804）＊死于宁州官舍，而其墓志顺带记载其"家在东洛"。另一个例子是关于卢子献（842~869）＊的，他死于其父任职的鄂州的一次动乱，而墓志显示其出生于洛阳私第。最后，一部分墓志明确地记录了京城精英们在他们返回京城私第的途中，不幸去世于地方。某位范氏（821~875）＊准备"返洛中"，却出乎意料地在扬州探望其女儿时去世，当时其女婿正在扬州任职。如果她最终"返回"洛阳，那么可以推测，其家即在洛阳。韦都师（去世于856年）（女）＊的例子也很类似。虽然她在南方卒于舟中，但她当时正陪同其卸任庐州刺史的叔舅返回洛阳。②

总之，由于族人之间无论生死的牵绊，人们通常归葬居住地附近，即他们家族生活时间最长的地方。京城精英被证实是一个例外，这在很大程度上是因为他们似乎相对于地方精英而言更具流动性。无论如何，虽然他们游历于帝国其他地方，有时也被任命到远地任职，但是他们会回到京城地区，投靠某位生病的亲戚③，特别是在守选期间④

81

---

① 参见王志同（787~837）、郑氏（784~833）、崔锷（804~822）、梁承政（807~870）和王公（780~829）等人的墓志。

② 关于其他同样在守选期间返回洛阳并葬于此的精英，参见孙筥（788~860）和张留客（842~871）（女）的墓志。

③ 根据崔氏（812~857）及其丈夫卢缄（804~861）的墓志，卢缄弃官回到洛阳后投奔其兄长，后者不久即生病了。

④ 在葬于洛阳的人中，有一位叫李评（787~831），据其墓志，他死于遥远的北方某地官任上，但在此之前却"凡廿年优游郑洛之间"；还有一位卢盘（去世于879年），据其墓志，他一直半退休式地生活于洛阳以南龙门的乡间别墅，直至赴任申州并死在那里；另有一位李钊（826~879），据其墓志，他死于西部某官任上，但在此之前他曾"罢职归洛"。

或者致仕以后①。

　　理论上来说，这意味着由于中国家庭的父系结构，一个家族的居住地会被认定为是男性族人及其夫人或在室女安息的地方。最常见的例外包括——通常在铭文中得到确认的——"权"（temporary）葬，并能因此了解志主在一段时间后会被迁葬至其他地方。一个不太常见的例外则是长久地迁居某地，这一现象将在下文详加论述。在许多例子中，权葬包括那些离家远游或任职的人，和无法及时归葬的人。② 因为这些墓葬无法用来甄别某人的居住地（home base），故他们被排除在本章许多数据统计之外。

京城精英

　　根据一项关于晚唐墓志资料的分析，扎根于京城和其他地区的精英之间存在明显区别。在本章前文中，"京城精英"（capital elite）指的是西京长安或东都洛阳的精英。鉴于如下所述一系列共同特征，这一群体也包括许多扎根于两京之间区域——笔者所谓"两京走廊"（capital corridor）——的仕宦家

①　比如，据李群（778～826）墓志记载，其致仕后"归闲于洛阳"；此年稍晚去世并葬于洛阳"先茔"。关于致仕后返归洛阳的其他例子，参见陈师上（779～839）、孙景裕（去世于870年）、陶英（737～801）、孙谠（809～868）、上官政（765～829）和姚侑（747～802）的墓志。关于居住于长安的精英返归长安的例子，参见韦文度（789～844）、王瑾（826～847）和韦方（800～830）的墓志。

②　在下文将要讨论的其他例子中，权葬是迁徙他处的体现；移居新地点的第一代人可能计划返回祖居地，但是之后的数代将会在新的居住地扎根。最后，在某些情况下，权葬是指那些因为丧葬费用或下葬程序无法体现得葬仪所需的要素，而在祖坟附近临时下葬。后一种现象的相关例子，参见崔植（791～856）、张观（803～863）、崔氏（784～858）、于汝锡（791～847）和李氏（771～822）的墓志铭。

族。这一区域交通便利，来回于两京之间只需花费十天或者更短的时间。[①] 相反，从长江以南的湖南或者江西返回京城，可能要耗费四个月或者更长时间。[②] 因此，这些定居京城地区的家族占据着较有利的入仕朝廷的条件。

有一种比较京城与地方精英的有效方式是评估他们各自墓志的大小和质地，这是一项与财富水平挂钩的可信指标。[③] 表 2 - 3 比较了不同地区出土的墓志文本之方格总数，这一数

83

---

① 利用墓志来讨论路途用时的一个方法，即看从帝国其他地方运送遗体回京城所需时间，且墓志中有时会提供相关数据。据王太真（840～862）（女）的墓志记载，她死于两京之间的河中镇，她的遗体在其死后十天内到达长安。据韦冰（774～827）的墓志记载，他夫人的遗体初葬河中镇，并在权厝开棺后十八天内便被运到了长安。还有郑子章（831～853）（女）的例子，将她的遗体从长安迁到洛阳花费了十一天。在以上三个例子中，还要消耗一些时间进行必要的仪式。此外，可以想象那些不与其他亲属一起迁葬的遗体速度会稍微快一些。然而，似乎并不着急离开中国的日本僧人圆仁，在他返回日本的途中花了十五天的时间游走于两京之间。参见 Edwin O. Reischauer（赖世和），trans. *Ennin's Diary: The Record of a Pilgrimage to China in Search of the Law*, pp. 368 - 369。

② 据于氏（840～871）的墓志记载，将她的遗体从其卒地洪州（今江西省会南昌）运回洛阳花费了她丈夫差不多四个月的时间。而郑氏（784～833）的丈夫则花费了更长时间，即六个月才将其遗体从南方的湖南运回洛阳。最后，将李璞（811～855）的遗体从柳州（遥远的南方）运回洛阳花费了一年多的时间，其中包括了在家族所有的汉水边别墅停留的时间。

③ 墓志大小当然不是关于财富水平的确切指标。一些考古学家认为，总体资源消耗比任何单一墓葬的随葬品多寡和墓室结构尽心与否，更能决定垂直的社会身份。参见 Christopher Carr, "Mortuary Practices: Their Social, Philosophical-Religious, Circumstantial, and Physical Determinant", pp. 178 - 181。其他考古学家则反对将总体资源消耗与垂直的社会身份加以联系。比如，在维多利亚时期的英格兰，不太富裕的阶层往往会修建更为花哨的墓碑，而富裕家庭则将修建格外朴素的墓碑视为他们的荣誉。参见 Aubrey Cannon, "The Historical Dimension in Mortuary Expressions of Status and Sentiment"。

据与铭文总体字数大致成正比。① 若如绪论所示，墓志根据总体字数来定价，那么这一数据为评估制碑所需花费提供了参照。据表2-3，京城地区和河朔三镇的出土墓志比帝国其他地区的出土墓志更大。而且，尽管并非毫无例外，出土于京城地区的墓碑，其书篆水平更为精美。②

表2-3 中国不同地区墓志文本长度统计表

地区	墓志数量	大小指标	
长安	314	649	
洛阳	470	645	
河朔三镇	101	583	
承德	15	637	
幽州	46	599	
魏博	40	545	
两京走廊	70	573	
长江下游	91	311	
其他	225	425	

说明：用黑色柱状标识的大小指标，由墓志文本的方格总数决定。大体上，这一指标相当于总字数。

或许，在京城与地方精英之间更为显著的差别涉及他们在政治等级中的相应地位。通过对累世仕宦模式的梳理，能够在两个重要方面揭示京城与地方精英的本质差别。首先，京城精英更有机会累世为官。表2-4根据家族的仕宦传统，将已出土的墓志进行了分类。其中79%的京城精英和超过半数的两京走廊地带精英显示出"强大的"（strong）传统，这就意味

84

---

① 为了方便起见，表中仅统计方格数量，而非总体字数。

② 通过查阅大量墓志拓本，会发现这一差距显而易见。比如，我们可以比较《西安碑林博物馆新藏墓志汇编》中收录的出土于长安和潞州的墓志。

着至少五分之三以上的精英家族最近几代都有人出仕为官。出
土于长安和洛阳的由族人所撰写的墓志中，仅有4%没有任何
任官记载。相反，在大部分地区，尤其是河北南部的魏博镇与
河东南部的昭义镇，以及长江下游和浙江北部的精英家族，确
有大量成员无缘仕宦。即使这些边远地区家族中的某人确实任
过官，他们也往往是家族中唯一可知的出仕者。后一种现象中
最显著的例外来自河朔三镇中的幽州镇，其不寻常处就在于，
它在许多方面的机能，类似于一个高度集权的唐廷之微缩版。①

85　　**表 2 - 4　精英之间家族仕宦传统（分区域）统计表（800 ~ 880）**

葬　地	强大的传统	弱小的传统	无仕宦传统
洛　　阳	82%（772 / 936）	14%（130 / 936）	4%（34 / 936）
长　　安	72%（395 / 546）	24%（130 / 546）	4%（21 / 546）
两京走廊	57%（60 / 105）	22%（23 / 105）	21%（22 / 105）
河朔三镇	46%（61 / 133）	26%（34 / 133）	29%（38 / 133）
幽　州	72%（43 / 60）	27%（16 / 60）	2%（1 / 60）
成　德	40%（10 / 25）	28%（7 / 25）	32%（8 / 25）
魏　博	17%（8 / 48）	23%（11 / 48）	60%（29 / 48）
长江下游	13%（19 / 142）	23%（32 / 142）	64%（91 / 142）
昭　　义	11%（14 / 129）	46%（59 / 129）	43%（56 / 129）
浙江北部	10%（2 / 21）	24%（5 / 21）	67%（14 / 21）
其　　他	45%（88 /195）	35%（69 / 195）	19%（38 / 195）

说明：除了篇幅很短或残渤的之外，本表统计了所有墓志，包括身为妾室和
奴仆之人。出于保持样本随机性的目的，也将仅存于传世文献（特别是来自作
者文集者）的墓志纳入统计范围。仕宦方面，"强大的传统"（strong tradition）表
示三代或更多代（包括曾祖父、祖父、父亲、志主本人或其丈夫，以及儿子）以
内拥有官职；"弱小的传统"（weak tradition）表示至少提及一位出仕的亲属；"无
仕宦"（no officeholding）传统表示在亲近者（包括曾祖父以及更早的祖先）中并
无出仕者。

———————

①　关于河朔三镇的更多内容，参见第四章。

王照乘（795～856）（女）＊的家族为京城精英的入仕模 84
式提供了一个很好的例子。她的墓志记载了八代在朝为官的祖
先，并追溯到了三百年前出仕北齐（550～577）的一位黄门
侍郎。虽然大多数唐代墓志仅记载父亲、祖父和曾祖父，但通
过结合墓志和其他谱牒数据（参见第三章），可知王照乘的例
子并不罕见。一大部分晚唐京城精英会将出仕的祖先追根溯源
到本朝开国之前。

　　其次，在居官者之间，那些来自京城的人更有可能得到显
赫的官职，而同样在朝为官的地方精英则通常在各自家乡附近
任职（参见表2－5）。换言之，扎根京城的精英在京城身居中
央要职，有助于其做出能影响整个帝国的决定。或接受两到三 85
年任期短暂的任命，分别任职于北至今内蒙古，南及今越南河
内的整个帝国境内之地方官府。一些例子中，他们从普通的京
官外放为州县官；另一些例子中，他们被藩帅辟召至与州县系

表2－5　中央与地方精英仕宦程度（分区域）统计表（800～880） 86

地　区	仅仕中央	仅仕地方	兼仕	"国家精英"
洛　阳	85%（720／850）	3%（24／850）	15%（130／850）	77%（657／850）
长　安	94%（453／481）	1%（3／481）	6%（28／481）	74%（354／481）
两京走廊	64%（46／72）	14%（10／72）	36%（26／72）	53%（38／72）
长江下游	50%（18／36）	22%（8／36）	50%（18／36）	14%（5／36）
河朔三镇	11%（10／88）	72%（63／88）	89%（78／88）	5%（4／88）
其　他	12%（25／204）	55%（113／204）	88%（179／204）	3%（7／204）

　　说明：本表包括表2－4中统计的所有墓志，但排除了那些并不清楚家族成员
具体所居何官的墓志（主要是因为墓志中仅提及并不真实的荣衔）。"仅仕中央"
（exclusively national）表示志主家族成员中的居官者仅出仕于中央或自身葬地之外
的地方藩镇。在少数例子中，若地方官职仅作为全国性仕宦经历的一部分，则略
去。"仅仕地方"（exclusively local）表示志主家庭成员中的居官者一段时间内一
度仅仅出仕地方。"兼仕"（mixed）表示居官者一直出仕地方或同时出仕中央和
地方。"国家精英"（national elite）表示那些同时拥有强大的仕宦传统（参见表
2－4）且仅仅出仕国家的家族。

85 统并行的幕府系统出任僚佐（对这一系统的详细描述参见第四章）。少量的——其中6%来自长安，15%来自洛阳——京城精英出任京畿地区许多让人艳羡的州县官。无论如何，对他们的地方官任命通常远离家乡。在几乎所有这些例子中，京城精英代表了中央朝廷，而非地方精英。

孙公义（772～851）＊家族就是一个很好的例子。其祖
86 父在一支禁军中出任文职。其父历任遥远的湖南、浙江、安徽和江苏等地区州刺史。虽然孙公义本人曾任河南尹——其家族所在地洛阳一个刺史级别的职位——但这一颇有声望的官职只是其在各种不同职位上历练的一环。他曾担任中央朝廷多个官职，包括宪台主簿（censorate recorder）、金部员外郎（vice director of the Treasury Bureau）和祠部正郎（director of the Bureau of Sacrifices）。他也曾在地方任职，包括天长县尉（sheriff）、江阳主簿（assistant magistrate）、婺州录事参军（administrative supervisor）以及此后一连串南方州刺史。要之，孙公义是一位具有全国性任职经历的官员。

相反，当地方精英出仕后，通常局限于当地。大多数京城以外的地区——长江下游是一个显著的例外——近十分之九的仕宦家族最终仅出仕地方。这些家族大概分为两类。一类由外地人构成，他们因官徙居该地。这类人拥有全国知名的祖先，
87 他们自己则由朝廷任命至州或县级职位，或在藩镇使府出任上层僚佐。关于这类精英的迁徙路径，将在下文详述。

第二类由——大约数代扎根于此的——本地家族构成，他们在藩镇军队任职，或在藩镇使府出任下层僚佐。[1] 朱赡

---

[1] 关于如何区分藩镇使府中的上层僚佐与下层僚佐，详见第四章。

（809～865）﹡即可归入此类。他的家族居住于陈州，他本人是最早可知出仕之人。其职业生涯始于一名普通士兵，反映出其家族既不富有，亦非名门。但他却发迹于以陈州为治所州的忠武军，其三个儿子也在那里服役。葬于西部陇州的元昇进（770～845）﹡与其父亲一样，在当地军队中出任中级职务。其祖父及以前祖先的信息已"失"，可以假定因为这些人未曾出仕。这样的家族在河朔三镇以及其他藩镇军队强势的地区，比如河东东南部的潞州以及山东的青州，都很普遍。他们只在自己家乡任职，也很难进入中央职官体系中。后一点将在第四章详加讨论。

总之，京城精英与地方精英之间的差异值得注意。京城精英倾向于在朝廷重要职务上累世为官；相应的地方精英只能间或在地方谋职。事实上，将二者放在一起观察会有惊人的发现。至少98.5%（1018／1033）的——任职于朝廷重要机构，且具有"强大"家族仕宦传统的——"国家精英"（national elite）墓志出土于洛阳、长安或两京之间。

有必要思考，这种情况为何与中华帝国晚期（Late Imperial Period）的状况有差别。尽管与唐代地方精英相关的材料有限，但似乎他们在许多方面可能与南宋及以后的"地方主义"（localist）精英类似，韩明士（Robert Hymes）曾就后者予以详述。其中一些人是地主，一些人成为商人，一些人遁入僧道，偶有个别入仕为官。① 帝国晚期的地方主义精英与

---

① Nicolas Tackett（谭凯），"Great Clansmen, Bureaucrats, and Local Magnates：The Structure and Circulation of the Elite in Late-Tang China"，p. 111；Robert P. Hymes（韩明士），*Statesmen and Gentlemen：The Elite of Fu-chou，Chiang-hsi，in Northern and Southern Sung*.

这些唐代家族之间关键的区别就在于，唐代地方精英几乎未曾身居高位。更进一步说，他们很少担任显职并不是由于文人、受教育人口规模的扩张以及科举考试高度竞争性，而是因为晚唐京城精英成功垄断了各种官职。对于这些占据主导地位政治精英的惊人成就，将在第三章予以讨论。

地方上的国家精英

尽管国家精英很少葬于远离京城的地区，且这些扎根京城的精英通常不会在地方上拥有私宅，表2-2和表2-5却揭示出此规则下的例外。第一章已经为解释这些例外情况提供了一条线索，即九世纪时地方精英的墓志中频频声称，某位祖先在任职于家族现在居住地之后，便开始定居于此。一项关于这些墓志材料的审慎研究表明，这一条重要的精英迁徙路径由通常来自京城的官员开辟，他们在担任地方官时于此重建家园。[①]

虽然表2-2（b）和表2-2（c）已证明，大多数长安和洛阳精英的私第都坐落于两京近郊，但又如何解释将近五分之一（102/565）的私第坐落于其他地区呢？图2-1（a）标记了这些住宅的地点。无须惊讶，几乎五分之二（41/109）的私第坐落在两京走廊，几天时间便能抵达两京。由此可以推断，大多数情况下，两京走廊地带的望族应当等同于京城精英。这种情况同样反映于江陵（10/109）和扬州（11/109）。[②]对相关个案更为细致的考察，揭示出一种有趣的现象。裴兼

---

① 唐代这一现象出现于中国东南的泉州，相关材料参见 Hugh Roberts Clark, "Consolidation of the South China Frontier: The Development of Ch'üan-Chou, 699-1126" pp. 110-111。

② 参见数据库中的 "Fig 2 note34 provincial priv res"。

89

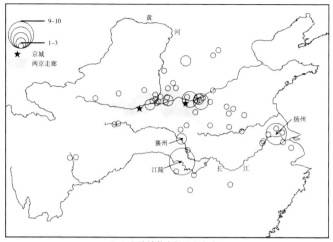

（a）京城精英全部地方私宅

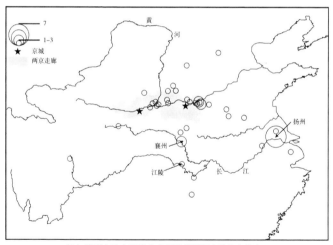

（b）并不在地方任职的京城精英所拥有的地方私宅

图 2 - 1　洛阳或长安精英在地方的住宅分布图

说明：本图仅分析志主去世地点有私第的情况；对于私第的定义，
参见表 2 - 2。"地方"（provincial）表示长安和洛阳两京以外所有地方。

（763 ~ 810）＊似乎只担任过宋州参军。据其墓志记载，"因　90
官而家焉"。他确实卒于宋州一座私第内，但他在之后一年被迁葬于北邙山的祖茔。元氏（770～804）＊的情况与此类似，她卒于同州夏阳县的一座私宅，当时她丈夫在此担任县令。换言之，出任地方的官员确会在其为官之地拥有长期或短期的宅第。

根据一些例子中，在任期结束前，他们会保存好这些住宅。崔立方（787～855）＊卒于下邑县（在宋州）私第，多年前他曾在该县担任县丞。他的夫人李氏（804～833）＊二十年前在同一座宅子辞世。然而，他们俩都被迁回洛阳安葬。类似地，李愻（去世于788年）卒于洪州（今南昌）高安县，他曾在此担任县令。他本人卒于官舍，十二年后他夫人死于同县。虽然可以由此推测，他们已经在此定居。但夫妻二人及他们的长子，此后都"权窆"于高安县北某地。虽然三十年后他的次子将他们三人归葬洛阳——据墓志记载，洛阳即为二人故乡（hometown）——但很明显，这个家庭在洪州生活了很多年。举例而言，他们的女儿嫁给了高安县尉。后者作为朝廷任命的官员，在不用返回京城的情况下，为自己家族得到了与国家精英联姻的难得机会。

在相当少量由京城精英拥有的地方私第中，这样的例子似乎并不少见。京城精英建于两京和两京走廊地区以外的私宅，有过半数（36／68）位于志主或某位至亲（往往是父亲或者配偶）任职或曾经任职的地方。① 剩下的大部分，不是位于扬州，就是位于汉水中游之畔的襄州（图2-1（b））。但要确定曾经居官之地却并不总是那么容易。例如，郑琯（791～854）＊和她的儿子李述（814～857）＊都死于汝州郏城县私

91

---

① 参见数据库中的"Fig 2 note35 Prov res at site of office"。

第，但两人墓志仅揭示郑瑄丈夫李公度（784～852）＊职业生涯末期曾在颍州当官。有幸的是，李公度本人的墓志也留存于世。根据墓志，可知他先在郏城任职，并在待选期间居住于郏城私宅。又如裴道生（780～784）＊，他卒于长江以南洪州的私第，但其墓志仅提及其父裴札（728～784）＊曾出任韶州刺史。然而，根据裴札本人墓志，在他最后被任命到更南面的地方去之前，他是在洪州为官的。在这两种情况下，若非偶然存世的第二方墓志，将不可能以此断言该家族在任职地拥有财产。

相比于前文提及的例子中涉及了安葬于京城的家族，一些在地方上获得财富的京城精英则似乎已经永久定居于地方。图2-2（a）描绘了拥有"国家祖先"（national ancestry）——即祖先为国家精英，且至少三代身居高位[1]——的人物在地方上的葬地。绝大多数拥有国家祖先的人都生活、死亡、安葬于长安或者洛阳，故并未反映在这幅地图上。两京以外的地区中，两京走廊地带最具代表性（138座墓葬中有64座）。在汉水中游的襄州（5/138），以及在扬州（7/138），同样各有一小群这样的家族。[2]

在关于地方住宅的例子中，大多数国家精英葬于地方，都伴随着一次派向该地的官职任命。薛赞（762～840）＊的情况即提供了一个很好的例子。他那些全国知名的先祖们在整个帝国境内都当过官。其曾祖父曾任临近长安的富平县丞；其祖父曾任东南地区的明州刺史；其父则在洛阳东北面的滑州任酸

93

---

① 值得注意的是，这一群体比表2-5中所显示的扎根地方的"国家精英"还要多。因为在表2-5中只包括了仍然自身为高官的个体。

② 参见数据库中的"Fig 2 note37 National elites in provinces"。

92

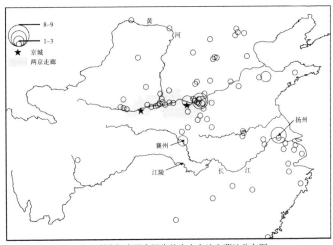

（a）所有拥有国家祖先的个人在地方葬地分布图

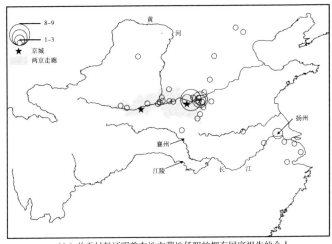

（b）并无材料证明曾在地方葬地任职的拥有国家祖先的个人

图 2 - 2　拥有国家祖先的个人在地方葬地分布图

说明：参见图 2 - 1 对"地方"（provincial）的定义。图 2 - 2（b）是在图 2 - 1 （a）的数据基础上，抛开那些曾在地方葬地任官的人后，所得到的单独数据。

93　　枣县令。薛赞本人也曾在绛州（河东道南部）和苏州两地任官。他的祖先安葬于两京之一，但他本人最终并未选择葬于先茔，"盖旧里绵远，未遂归葬，从遗命也"。故此，薛赞被葬于他曾任县令的淮水之畔下蔡县。

这样的例子在中国大部分地区都颇具典型性。排除颇为特殊的两京走廊和长江下游地区，四分之三（43／60）拥有国家祖先的人在地方上的非临时性安葬，都在志主或某位至亲曾任职的地点。[①] 就京城精英在地方上的私第来说，这些图可能低估了这一现象的范围，因其不能经常确定某人丈夫或父亲的所有任命。[②] 在例外的长江下游和两京走廊地带，未曾任职当地的墓葬数量［图2－2（b）］表明，晚唐时期，仅在这些区域可能存在少量精英移民，他们在没有实际居住于京城的情况下，维持了数代之久的显宦。

那么，如何解释精英移民从京城向任命地持续而缓慢的迁徙呢？其主要原因可能关乎经济，包括在京城生活的开支。在长安和洛阳，权势之家的富裕子孙抬高了房产价格，以至于京师中一座独立宅院可能值钱300万。[③] 同时，长安是一个粮食严重匮乏的地区，输粮成本可能会推高食品价格。因此，当魏邈（760～814）＊无望于"四海之内"出仕后，带家人回到长安时，他所面临的是这样一种惨状：

> 无投足之地，贾居于万年县之胜业里，显然无托。食

---

① 参见数据库中的 "Fig 2 note38 Natl elites in prov served locally"。

② 比如，杜琼（767～831）（女）的墓志记载，她在襄州去世并下葬，其未具名的丈夫仅知姓李，是绛州长史。但通过墓志中一则逸事，可知杜琼因随其丈夫任官襄州而来到此地。这仅是一个偶然现象，因为在妻室的墓志中基本上不会记载这些内容。

③ 参见沈传师的行状。【译按：即杜牧《唐故尚书吏部侍郎赠吏部尚书沈公行状》。】

于亲知者，首尾五祀。出无车舆，坐寡粮糇。

有一种解决办法是，在两京走廊地带购置房产。此地紧邻京城，仍可维持一个家族的政治影响力，且该地房产更能负担得起。因此，潘克俭（782～842）＊致仕后，"买田庐于华之西，居岁余"。像潘克俭这样的情况，部分解释了国家精英多居住于两京走廊广阔地带。

第二种解决办法是置地——通常是通过法外手段——从而在家族成员的任职地重新安家。① 郑鲁（约768～约824）＊的情况就是一个生动的例子。在两位兄长死后，郑鲁承担起了待侄子如亲子般养育的职责。然而，他发现在京城很难担此重任。

95

> 谓京城艰食，终不能衣食孼幼。往岁工部佐戎于荆，尝植不毛之田数百亩，芜废于兹，亦一纪矣。府君乃喟然南来，复垦于是，疏卑为溉，陪高为亩。及今三岁，而岁入千斛。是岁，分命迓二嫂氏洎诸孤于二京。春三月，绛州夫人卢氏从四子至自京师。秋八月，工部夫人卢氏至自

---

① 对于在地方上的官员利用职务之便获取利益，并无疑问。关于地方长官"非法取得"（unlawful acquisition）土地的长篇讨论，参见 Charles A. Peterson, "Corruption Unmasked: Yüan Chen's Investigations in Szechwan"; Charles A. Peterson, "Court and Province in Mid – and Late T'ang", pp. 521 – 522. 关于北方大族子孙如何因潜在经济利益而出刺泉州的探讨，参见 Hugh Roberts Clark, "Consolidation of the South China Frontier: The Development of Ch'üan-Chou, 699 – 1126", pp. 89 – 97. 南海贸易收入是一个特殊问题。为了赞扬其诚信，在孔戣（751～824）的墓志中，作者不厌其烦地详述其在没有任何额外财富的情况下卸任岭南（在南方海岸线上）节度使。

洛阳。噫！府君遇疾于七月，工部夫人之至盖巫矣。诸子
以闻，则轩然而作，曰："二嫂至矣，吾家毕集矣。吾于
今而暝，庶无愧矣。"是月十七日，终于江陵县之东郊别
业。

尽管至少一个世纪以来，他家族中的逝者都被葬于洛阳郊
外一个普通的地方，但郑鲁并非家族中唯一死于江陵私第中
者。包括其子女、妻子郑氏（去世于 808 年）＊和郑绲（796～
820）＊在内的家族成员，都在二十年间死于那里。

杜诠（约 791～约 850）＊的例子也很类似，他家世代居
住于长安，其祖父为八世纪晚期和九世纪早期的名相杜佑
（735～812）＊。在卸任今武汉附近江夏县令后，他在汉江边
上建了一座宅子。据其侄杜牧所撰墓志，此人：

> 烈日笠首，自督耕夫，而一年食足，二年衣食两余　96
> 三年而室屋完新，六畜肥繁，器用皆具。凡十五年，起于
> 垦荒，不假人一毫之助，至成富家翁。常曰："忍耻入
> 仕，不缘妻子衣食者，举世几人？彼忍耻，我劳力，等衣
> 食尔，顾我何如？"

杜牧本人在铭文中回答了最后这句设问，从而总结此志：
"等衣食尔，劳力者贤。"毫无疑问，作者此处主要想表达一
种田园牧歌式的愿景，这是杜牧与众多晚唐诗人都有过的想
法。此一愿景走得太远，以至于将出仕视之为"耻"
（humiliation）。不过，隐藏在这一理想主义背后的是一种类似
于郑氏家族所采用的策略。一位在任职地周边获得土地的官

员——很有可能是利用职务之便才得到这份财产——随即会发觉，作为地方上的土地所有者，他们的生活要比在高度竞争的京城为官的人生活更加稳定，也更能盈利。

郑鲁和杜诠的例子即提供了一种模式，来理解何以居住于京城的家族有时会选择迁居地方。然而，在这两例中，以上两个虽然都去世于地方上的私宅，但他们不久还是被带回祖茔安葬，郑鲁被带回洛阳，杜诠则是长安。但不难想象，他们中的一些后代可能在接下来数年里继续经营这些房产；且其中至少一位乃至更多的后代可能会在此永久居住，也许还会在附近新建族葬地。在短期内，这些京城精英家族的分支得到了从大片房产中获利的能力。从长远看来，他们失去了与朝廷的联系——这将在下一章详论——若要维持国家层面上的身份与声望，这一点至关重要。

换句话说，徙居地方，是社会向下流动的一种表现。向下的流动可以解释如令狐怀斌（834～858）＊和颜幼明（785～866）＊这类地方精英的背景。葬于河北南部独立藩镇魏博治下博州的令狐怀斌声称自己具有京城某一权势之家的血统，其族人包括两位九世纪的宰相。其四世祖为颇有声望的武将令狐彰（去世于773年）＊，此人在平定安史之乱时曾任后来演变为魏博镇的藩镇节度使；令狐怀斌的曾祖父也留在当地官府任职。此后，无论是令狐怀斌本人，还是其祖父或父亲，都没有担任过一官半职。

相反，颜幼明葬于南方长江三角洲的常熟县。其四世祖颜谋道（642～721）＊是一位典型的京城精英，祖先世代为官至少一个半世纪。颜谋道在世时游宦于整个帝国境内，最终葬在洛阳。虽然并不清楚一些族人何时、为何迁移到了南方，但很明显，这一支移居到南方的家族很快脱离了官场。虽然父子二人都曾应试科举，可见他们试图出仕，但不论颜幼明还是其父亲抑或儿子们，都未能如愿。这种与徙居地方有关的向下的社会流动，也能解释大量仅有少数甚或没有仕宦传统的精英家族的一些叙述。他们都声称过去曾有一位不具名的祖先因宦徙居此地。即使某些声称是虚构的，事实上这些声称须被视为可信，因他们对此的一再重复表明，他们在被当时人认可的精英迁徙模式中已成典型。

总之，到晚唐，最具全国声望的精英都定居于长安和洛阳两京周边。其中大部分不住在城的人都住在两京走廊，即两京郊区及两京之间的地带。一部分国家精英的徙居地可能集中于两京地区之外的有限几处地点，尤其是扬州和长江下游地区，他们中有些人会在此处长期定居。还有江陵和襄州，一些京城精英会在此处持有一处私第。除了这些较小的徙居地以外，大部分迁移到地方的京城精英的后代——往往占有家族在同一地区为官所累积的财富——可能明白，一旦失去与在朝为官的亲戚们的联系，他们自己的后代要想重返政治生活，将会非常困难。

其他精英迁徙路径

京城精英的向任职地迁徙，还有其他一些重要的迁徙路径。一大部分精英在安史之乱带来的动荡时期，迁居南方。比如唐朝皇室远亲李萼（？～762）*，在叛军征服了中国北方之后放弃了他在河南的官职。他和他的夫人都在"江淮"之地被安葬，那里，即长江与淮河之间，包括扬州和长江下游的扬州。叛乱被平息，随之而来十年的动荡局面，也

98

似乎成了这一家族及时返回北方的障碍。据九世纪早期学者韩愈（768～824）记载，在760年代晚期，"中国新去乱，士多避处江淮间"。① 事实上，直到770年代及780年代早期，因为"顷以国步尚艰，阻兵河洛"，卢沇（712～774）＊家族都未能将卢氏族人的遗体从扬州返葬洛阳。

99　　无论如何，这些移民不应该被视为从八世纪持续到十三世纪的大量人口南移的一部分。直至灭亡，唐朝都城对精英们来说依然具有吸引力。许多在750年代和760年代逃往南方的仕宦家族都在该世纪末陆续返回北方。比如崔千里（736～797）＊"因逆胡之乱，流散江淮"，但之后回到了洛阳，在那里同时拥有一座乡间庄园和一座私宅，并在死后长眠于此。刘伦（去世于782年）＊在乱中同样逃到了南方，定居扬州。虽然在他有生之年未能再回北方，但最终归葬洛阳，重建家园，其夫人此后亦追随于地下。柳默然（773～840）＊（女）的祖父"避燕寇江南，因自绝禄仕"，但最终葬于洛阳附近，柳默然也死于此地一座道观内，她和他的儿子们都葬在这里。②

　　大量例子，尤其是留在南方数年甚至数十年的家族，他们返归北方涉及一些家族成员的迁葬。郑高（745～805）＊的墓志开篇即谓众多精英寓居南方："自天宝已来，四方多故，权窆旅殡，飘寓江淮，未克归葬，十有七八。"但郑高随后即试图将其已故亲属返葬北方，所谓"罄禄俸之资，举两代家事"。在刚刚完成这一任务的805年，当他回到洛阳住所时，与世长辞。他被葬于洛阳，距一百年前曾祖父郑进思（626～

---

① 参见卢东美（734～787）的墓志。
② 柳默然的两个儿子为赵珪（806～847）和赵璜（804～862），都有墓志出土。

675）＊墓地不远的地方。① 一个更引人注目的例子是伊沛霞（Patricia Ebrey）所描述的博陵崔氏某支。逾一百位族人在叛军猛攻之下集体南逃，但许多幸存者早在 769 年即返回京城地区。778 年四月八日是甲申日，也是佛诞吉日，少数定居江淮时即已故去的亲属被集中返葬于北邙山的一处新茔。②

以这种方式回到京城相当普遍，从而能够解释大部分九世纪早期官宦家族徙居长安或洛阳的现象。类似例子还有很多。崔备（747～816）＊的父亲是清河崔氏某一房支的子孙，他在叛乱期间逃往南方，在一位远亲的淮南节度使府中谋得职位。半个世纪后，当崔备弥留于长安私第时，他请求将先人遗体返葬京城地区。他儿子为此组织了一次大型迁葬，终于 816 年某天实现了他的遗愿。③

又如张士陵（763～816）＊家族。在安史之乱后五十多年间，他的许多族人都葬在了长江三角洲地区。他的夫人死于扬州，说明这一家族晚至九世纪都活跃于南方。但在张士陵临终之时，却坚持要他儿子和弟弟将所有葬于南方的族人返葬北

① 包括郑高的墓志，还可参见其妻崔氏（770～806）的墓志。

② Patricia Buckley Ebrey（伊沛霞），*The Aristocratic Families of Early Imperial China：A Case Study of the Po-ling Ts'ui Family*，pp. 97–98。这是一处新建起来的墓地，早先的家族墓地坐落于两京走廊另一端的长安。甚至 778 年以后，仍有少数人逗留南方。据崔倚（约去世于 812 年）的墓志记载，因"虏尘犯于两京"，他很小即"飘寓江淮"，出仕于一位南方的藩帅。但去世后，遗体由他的侄子带回了京城地区，"归于旧国"。

③ 除了崔备的墓志，还可参见其祖母李氏（约去世于 765 年）及兄崔黄左（743～797）的墓志。要证实这一家族成员在安史之乱前即以洛阳为葬地，可参见崔备祖父崔泰之（667～723）、叔祖父崔孝昌（669～711）和崔锷之（671～719）的墓志。淮南节度使崔圆同样来自清河崔氏，尽管他们共同的祖先生活并死于唐王朝建立以前。关于崔圆在扬州的任期，参见郁贤皓《唐刺史考全编》第三册，第 1675 页。

101 方洛阳，他们也完成了这一壮举。在北邙山上有许多八世纪早期该家族的墓葬，这表明张士陵确实"回家"了。①

晚唐著名文学家权德舆（759～818）＊家族即另一个类似的例子。权德舆的祖母在安史之乱爆发后带着她的孩子们逃离了京城。在一艘"扁舟"上漂流了一段时间后，她最终在757 年去世于杭州，并葬在那里。权德舆的父母也葬在南方润州地界。其父在767 年去世于该地。数十年后的817 年，权德舆将这三位先人归葬于洛阳南面的一处墓地，此处距安史之乱前已知家族成员墓地不远。② 由此可知权德舆直系祖先的经历，他们在750 年代逃往南方，又于八世纪晚期或九世纪早期的某个时候回到北方。

所有这些迁回京城的人都包含背井离乡的京城精英。毫无疑问，这些家族在动荡时期依然维系着与朝廷和朝廷官员之间的关系；并可推测，他们在八世纪晚期为能返回北方，又动用了这些关系。仅有少数九世纪迁往京城的官僚精英没有明显的京城关系，支氏家族就是一个很好的例子。支竦是这一家族的102 成员，据称该家族在四世纪时随南渡的晋廷迁往南方。在八世纪末和九世纪早期，这一家族仍将故去者葬在南方。然而，当

---

① 关于其他葬于洛阳的族人，参见张齐丘（656～691）、张时誉（688～733）、张翃（709～778）、张翔（724～779）及其夫人源氏（735～796）、张婵（816～840）（女）、张婴（834～855）（女）等人的墓志。有可能朝廷鼓励这种官僚精英重新回到京城。据陈宣鲁（808～840）的墓志记载，其祖父母死后，其父试图著籍扬州，但遭到唐德宗的拒绝。最后，虽然陈宣鲁的兄弟们继续生活在南方，但是陈本人则被葬在洛阳一处似为此而购置的新茔。

② 参见收录于权德舆文集中的其祖母杨氏（去世于757 年）的墓志及其父权皋（723～768）的灵表（spirit marker）。关于安史之乱前该家族墓地位于洛阳的证明，参见其五世祖权均（720～751）的墓志。

支竦于洛阳弥留之际，他告知其诸子曰："我乐于斯，死当葬我。"即他也坚持要长眠于其先人墓侧。因此，他的子孙将六代已故先人的二十四具遗体运至东都以北的北邙山安葬。[1] 根据他一个儿子和另一个儿子的夫人这两方墓志，都能证实该家族成员在二十年后的 870 年代仍居住于洛阳行修坊。因涉及六代族人，故支氏家族并非安史之乱时期的南逃家族。虽然如此，支氏家族作为国家精英之一，仍在朝廷要职累世为官。类似例子还有一些。[2] 这些家族很可能属于移居长江下游地区，却具有全国性威望的小规模精英群体。

虽然出土墓志中所载多为文官家族——大概因为他们是主导着社会上层的社会经济阶层（socioeconomic strata）——但也能重构武人和其他精英的迁徙路径。譬如关于非仕宦者从地方移居京城的少量例子。李弘（754～816）* 为了能够在洛阳龙门寺"奉释氏"而从河东迁来。通常活动于河北和扬州的商业精英，偶尔也会移民两京。[3] 比如马倩（743～812）*，他的家族最初徙居徐州——坐落于大运河（Grand Canal）畔关键位置上重要的一个州——最终定居长安。毫无疑问，商人中会有一定数量的外国人。[4] 移民中同样有宦官，这些人如何被

---

[1] Nicolas Tackett（谭凯），"Great Clansmen, Bureaucrats, and Local Magnates: The Structure and Circulation of the Elite in Late-Tang China"，pp. 118 – 119。

[2] 比如根据骆暹（737～785）和谢观（793～865）的墓志，可知这两人及他们的家族都在洛阳重新定居。

[3] 关于河北与扬州商人的讨论，参见 Nicolas Tackett（谭凯），"The Transformation of Medieval Chinese Elites, 850 – 1000 C. E."，pp. 126 – 127。

[4] 众所周知，在长安有外国人。至于九世纪时长期定居洛阳的粟特人，参见毛阳光《新见四方唐代洛阳粟特人墓志考》。【译按：此文为毛阳光所撰，此处不误，然原书参考文献中误系于毛汉光名下，今正之。】

103 召入宫仍不知其详，相信有一部分是在遥远的南方被俘获的战俘或儿童。[①] 他们可能被迫徙居京城，但却给他们提供了向上爬的机会。虽然大多数宦官从未获得显职，但其中少部分人会极其富有。[②]

比这些群体更为普遍的可能是受命从地方入卫京城的军人。陈楚（763～823）和张茂昭（762～811）的后代颇可证明之。他们都在河北北部的义武军中任职，他们两家也在这里结成姻家。此后，在陈楚受命为河阳节度使时，两家成员一起南迁至洛阳以北的孟州。[③] 另有因家人任职于东都留守府而举家迁往洛阳者。[④] 而像符璘（734～798）*和张良辅（754～814）*等其他人，则是从地方调入神策军，从而来到长安。[⑤]

最后，还有随某位藩帅或军队指挥使的迁转而移居其他地方的军人。虽然在这些藩帅的僚佐中，京城精英大量垄断了上层文职，但本地人依然能获得军职和其他下层职位，协助上级

104 完成职责。比如王逆修（约773～约823）*的军旅生涯始于

---

① Michael T. Dalby, "Court Politics in Late T'ang Times", p. 571。事实上，宦官墓志（尤其明确为唐朝前期的墓志）往往指明了某位宦官来自南方，参见陈弱水《唐代长安的宦官社群》，第 177～180 页，比如根据张叔遵（810～871）的墓志，可知其来自交趾，也就是今天的越南河内。有证据表明，他在遥远的南方被俘获。少数其他宦官声称他们的直系祖先曾在遥远的南方担任"刺史"，这些祖先很有可能是部落酋长。

② 关于在九世纪早期在政坛上获得显职的宦官，参见 Lu Yang（陆扬），"Dynastic Revival and Political Transformation in Late T'ang China: A Study of Emperor Hsien-Tsung (805 – 820) and His Reign", pp. 279 – 307。

③ Nicolas Tackett（谭凯），"Great Clansmen, Bureaucrats, and Local Magnates: The Structure and Circulation of the Elite in Late-Tang China", pp. 126 – 127。

④ 参见周氏（764～839）的墓志，她丈夫在洛阳为官，她儿子随后迁葬数人于此地；另参见同样任职于东都留守府的张季戎（790～851）的墓志。

⑤ 朝廷似乎非常希望将这些军将迁居京城，比如朝廷赐给符璘一座位于长安靖恭坊的宅第，以及位于蓝田县附近超过 10 顷的一块土地。

河东太原。而当这里的一位军将李景略（732～786）受命出戍远在北方的戈壁沙漠时，王逆修追随其到该地任职。三十年后，他在那里去世，并长眠彼处。[1] 同样，据刘自政（782～851）＊的墓志记载，其父随朱忠亮（去世于813年）从邠州迁往更西面的泾州，父子俩此后都葬在那里。[2] 还有最初在陈州的藩镇军服役的卫国华（777～830）＊，跟随某位节度使移镇潞州，并终老于彼处。[3]

　　杨孝直（751～835）＊及其子杨赡（789～826）＊的例子也是如此。杨孝直在河北成德镇开始从戎。由于该地的政治独立性，几乎可以确定这一家族当时正居住于成德。事实上，杨孝直已故夫人即葬于成德。当杨孝直去世时，他的另一个儿子仍然生活在那里，故未能参加其葬礼。无论如何，当成德节度使王承元于820年入朝唐廷时，父子俩都随新任义成军节度使王承元前往洛阳以东的滑州。随后，杨孝直遇到了从成德来的旧僚，并随此人前往更南的襄州。杨赡则仍旧跟随王承元，并随其移镇长安以西的凤翔镇。父子俩都死于各自所在地的私第，并就近安葬，杨孝直葬襄州，杨赡葬凤翔。[4]

---

① 类似此例，参见仇志诚（775～839）的墓志。

② 关于刘自政的墓志，参见郁贤皓《唐刺史考全编》，第一册，第283页。

③ 类似的例子包括程安（761～829）。据其墓志，他最初在宋州的军队中服役，这里也是其家族数代生活的地方。在得到一名宦官的垂青后，他在潞州结束其军旅生涯，最终去世于该地。

④ 若欲详细了解杨氏家族及牵涉到的王承元，参见 Nicolas Tackett（谭凯），"Great Clansmen, Bureaucrats, and Local Magnates: The Structure and Circulation of the Elite in Late-Tang China", pp. 136 – 137。类似的例子还有刘逸（776～834）。据墓志记载，他在王承元为义成军节度使时入其幕中，之后随王承元到了凤翔镇，接着又去平卢镇（今山东）。在王承元死后，刘逸于834年在平卢镇辞世，葬于平卢镇治所青州。

结　语

105　　　九世纪著名作家和诗人白居易（772～846）曾曰："自天宝以还，山东士人皆改葬两京，利于便近。"[1] 同时代的杜牧（803～852）则谓："有西京、东京，西京有天子，公卿士人眭居两京间。"[2] 本章首要任务是爬梳九世纪社会这些令人印象深刻的记载，证实主流政治精英绝大多数都集中于两京附近。通过这种方式，为理解唐代精英提供一种新途径。由于先唐时期大族后裔所构成的身份集团太过庞大，故不可能所有人都是政治精英。事实上，主流政治精英仅占一小部分，他们居住于长安、洛阳及两京走廊地带。

　　这一权力地理首先意味着，社会流动性与人口迁徙联系紧密。因此，许多迁往地方的移民都是京城要人子弟，他们无法适应京城高度竞争的环境，故而利用外任机会，在远离京城的地方新建家园。他们在地方社会可能会维持其重要性，但随着在全国范围内知名度的下降，他们很快会从历史记载中消失。随后几个世纪中，当根深蒂固的"地方式"（localist）精英有能力抵制朝廷势力时，这种从中央向地方转移的选择亦将不复存在。[3] 但在晚唐时期，中央朝廷尚能通过代理人或族人取得在任命地的土地和身份，以此主导当地社会。

106　　　原则上，晚唐时期这一形势也意味着，通过亲自迁徙从而渗透京城社会，可能是一个家族发展其权势的一种方式。然

---

[1]　引自白居易为崔玄亮（768～833）撰写的墓志。

[2]　《杜牧集系年校注》第三册，第767页。

[3]　因此，在女真人入侵后，包括政治望族在内的北方难民，很难融入南方本土社会。参见 Peter Bol（包弼德），*Neo-Confucianism in History*, p. 38。

而，这种流动类型成功的例子很少。大多数被甄选或强制迁移
到京城的宦官、士兵、宫廷奴仆以及宫女，可能从未在社会上
成功取得有声望的地位。我们也很难从任何现存资料中了解这
一群体。葬于京城的墓志偶尔确实会指出近期内官僚精英向内
地的迁徙。但这些例子中许多都不会涉及"新兴"（new）精
英，后者往往是那些在安史之乱期间向南迁徙的京城精英子
孙。

　　唐代权力地理的第二层含义为，既解释了某些家族何以维
系如此长时间，同时又解释了他们在十世纪为何突然消失。下
一章将聚焦于京城精英的长期存续，并认为他们集中于一个相
对有限的空间，这比其他任何事情都有助于加强社交网络，从
而确保他们在九世纪末之前的存续。正如第五章中将要论述
的，一旦京城被黄巢叛军于 880 年洗劫，这一地理集中会导致
他们的迅速消亡。从而不仅在肉体上消灭了大量居住于京城的
精英，也瓦解了维持其权力的社交网络。

第三章　京城精英的婚姻网络

　　韦沨（735～810）＊曾身兼洛阳令和华州司马，这两个官职因地处京畿而炙手可热，这明显得益于其优良的社会关系。他的数位亲戚在各自一生中，曾任重要的地方官，包括其父亲、两位兄弟、岳父以及一个儿子，都在帝国境内不同地方出任刺史。他另一个儿子是杨汉公（785～861）＊的岳父，杨汉公日后出任河南东部的天平节度使以及长江中游地区的荆南节度使。韦沨与强势的京朝官员也有姻亲关系，祖父韦安石（651～714）曾在武则天期间出任宰相，侄婿李巽（747～809）＊和叔父韦陟（696～760）都担任至关重要的吏部尚书一职，另一位叔父是太宗朝宰相王珪（571～639）某位四世孙的岳父，一位侄孙是晚唐宰相高璩（死于865年）的岳父，孙女则嫁给了八世纪中期的宰相白敏中（792～861）＊，从而使韦氏通过联姻成为晚唐大诗人白居易的远亲。①

　　在前一章，笔者通过运用墓志铭中所包含的葬地信息，分
　析了相关地理资料，从而揭示出京城精英在本质上有别于地方精英的程度。本章将就此现象详加阐述，探讨京城精英家族何以能够世代垄断国家显要官职数个世纪之久。虽然一些旧时贵

---

① 除了韦沨的墓志，还可参见其父韦斌（约去世于793年）的神道碑；杨汉公、李巽、王谭（813～864）、韦承素（788～847）和白敏中的墓志铭；以及《新唐书·宰相世系表》中的相关记载。

族家庭的声望无疑有助于他们紧握权力，但本章焦点在于——因晚唐精英地理分布的集中而得以巩固的——社会网络如何扮演了一个更加重要的角色。类似韦泂的例子并不少见。最重要的官僚与许多最负盛名的诗人和其他文人都因身处京城地区密集的婚姻网络而彼此互相关联，对于精英们的长期存续而言，这一网络至关重要。

重构父子链

本书第一章聚焦于传统意义上的门阀世族，这指向一个很大的群体，其中的人通过明确的郡望加姓氏组合来甄别自己特殊的血统。正如前文所论，这种方法的问题在于，对这些世族血统的声称在社会各阶层精英中普遍存在。这样能很好地巩固个人在地方社会的地位，但他们很难被历史学家确定为晚唐政治权力精英。出于分析的目的，有必要在一个更加实证的基础上定位大族群体。在本章中，分析的基本单元是"父子链"（patriline），这是我所定义的最大的血缘关系群，能够通过有记录的父子（或父女）关系而得以重构。[1] 除非主要的先祖都能够得到确证，否则自称是古代某位著名人物后裔的声明都将被忽略。

通过分析数千方现存晚唐墓志和其他丧葬文本，并结合额外的谱牒资料，可以得到这样的重构。在墓志中，通常能确定志主的三代祖先，以及其儿子或女婿。其中也往往写明志主的岳父或者其他姻亲，比如舅舅。[2] 依据这些资料，有时候可以

109

---

[1]　为了方便起见，在本章语境中，"家庭"（family）一词将与"父子链"（patriline）一词交替使用。

[2]　显然，通过对这位舅父的了解，可以推断其父亲即志主父亲的岳父。

重构包含数百名成员的父系世系；在另一些情况下，一张父子链示意图仅包括少数单独在某方墓志中提及的族人。[①] 大部分包含了第一章中已予论述的"大族"（great clan）中的分支。

根据十一世纪编纂的宗室、宰相及最重要的方镇表所得到的唐代精英群体，能够通过墓碑得到大幅度扩展。这些表——参见《新唐书》卷70至卷75【译按：据《新唐书》，卷61至卷64为宰相表，卷65至卷69为方镇表，卷70至卷75为宗室世系表，揆诸文意，此处当指卷61至卷75】——包含17500人，其中绝大多数生活在唐代。尽管这些表存在矛盾之处，整体而言，似乎都基于相当严谨的考据。《新唐书》两位纂修人之一、北宋学者及政治家欧阳修（1007～1072）尤其通晓谱牒之学。有一次，在偶然看到一方将数个世纪以来的族人一一列明的唐代石碑后，他转而批评与其同时代的人几乎不了解自己的哪怕是一两代祖先："其所以异于禽兽者仅能识其父祖尔。"[②] 欧阳修对唐代谱系的造诣在《新唐书》各表中得到了最好的体现，这在一定程度上由其本人的信念所驱使，即对一个人而言，最关键的是了解自己祖先精确的世代。从某种意义上来说，具备这种知识，才使得人类有别于动物。

在编纂《新唐书》各表时，欧阳修与历史学家吕夏卿（1042年进士）有广泛合作。吕夏卿因"通谱学"而为人所知，其所熟谙的大部分谱牒在唐代编撰而成，并有幸保存至十一世纪。[③] 南宋学者洪迈（1123～1202）已经注意到："《新唐

---

① 因为通常很难论证女婿的出身，所以女婿们经常作为他们父系的唯一成员出现在数据库中。

② 引自《欧阳修全集》卷136，第2146页。

③ 《宋史》卷331，第10658页。

（书）·宰相世系表》皆承用逐家谱牒。"[1] 但同时，两位编纂者也查阅了其他的原始资料。在一则关于其本人某位八世纪祖先——欧阳琟（697～761）——墓碑的题跋中，欧阳修揭示了他与吕夏卿是如何展开工作的。即以"家所传旧谱"为切入点，两人将家谱与其他信息进行核对，包括正史《陈书》、九世纪早期的官修谱牒《元和姓纂》、欧阳琟墓碑以及另外一位祖先欧阳谌的墓志。[2] 鉴于他们所用方法的严密程度以及欧阳修本人对谱牒研究的责任意识，我们有充分的理由相信《新唐书》各表大体可信。

当代考古学者赵超在其重要著作中，通过核对数千方唐代碑志，验证了这些表的准确性。[3] 虽然赵超鉴别出一定数量的错讹，但总体而言，其研究强有力地确证了这些表中的信息。在为本项研究编集人物传记数据库时，笔者得出了相同的结论，即出土墓志中的记载与《新唐书》中的世系表几乎总能保持一致。[4] 即便有误差，也通常很小，譬如将某人生前最后　111

---

[1] 洪迈：《容斋随笔》卷6，第83页。虽然洪迈也嘲讽《新唐书》表中的一些错讹，但他认定的错讹关乎遥远的帝制时代以前，他似乎并不质疑距其更近的唐代谱牒信息。

[2] 《欧阳修全集》卷140，第2250页。不仅吕夏卿和欧阳修采用墓志资料进行谱牒研究，据说在十一世纪，韩琦（1008～1075）的父亲也搜集墓志，用以重构家族家谱。参见 Patricia Buckley Ebrey（伊沛霞），"The Early Stages in the Development of Descent Group Organization", p. 25。

[3] 赵超：《新唐书宰相世系表集校》。在该书中，作者汇集了由若干学者所撰的世系表札记，并附上自己的论述。赵超对碑刻资料的运用尤其值得关注，因为他曾汇编三册墓志。【译按：即《唐代墓志汇编》上、下册和《唐代墓志汇编续集》。】

[4] 八世纪宰相吕諲（715～765）家族是少数例外之一。他的兄长吕德俊（697～762）和父亲吕藏元（669～736）的墓志很难与宰相世系表保持一致。无论如何，任何系谱信息皆显示，其属于一个自唐朝开国以前便在朝为官的京城家族。

一任官与死后赠官弄错，或将某人表字与本名弄混等。① 基于收养侄子的普遍性——比如当人们没有自己的男性继承人时——有时也会出现将叔父误作父亲。②

从其他一些史料中也能提取额外的谱牒资料。两《唐书》的列传中会不时记载世系表中未曾提及的父、祖信息。记载唐代历史最重要的编年史书《资治通鉴》及元代学者胡三省（1230～1302）的注文有时也会提及某人的父亲或儿子。③ 宋代的墓志汇编，特别是陈思（约1225～1264）的《宝刻丛编》，因编目了已亡佚的碑刻，同样可以加以利用。陈思所编并不包含铭文内容，但却指明了这些碑刻的发现地，这有助于定位一些家族的居住地点。最后，在过去的几个世纪里，学者们成功地复原了唐代官修谱牒《元和姓纂》的大部分内容。该书调查了大量姓氏，包括那些非汉人家族，比如吐蕃论（Blon）氏家族。编纂者林宝（约九世纪）在他撰写的《序》

① 关于当时人名字的另一种常见问题是，双名中的第一个字经常省略，或混淆某人一生中可能用过的多个名字。就双名而言，辈字通常被选择性忽略。比如，支丕坚（812～861）的墓志列出了他的十二个兄弟，虽然在其中几位兄弟的墓志中他们的名字是"叔某"模式，但在这方墓志中，"叔"字皆被删去。至于人们名字的变动，最能体现于青少年时期。即便不管幼儿小名（nickname）如何，某个小孩的名字在他父母各自墓志中也经常不同。比如，对照唐董之（804～858）及其妻王氏（824～870）的墓志，我们就会发现，与祖先的名字相比，他们儿子的名字更可能与《新唐书》中所给出的名字存在差距。

② 在收养侄子的众多例子中，有一例可参见韦挺（770～825）的墓志。另一个格外有趣的例子来自苗弘本（797～855）的墓志，明确记载了其父亲曾被其叔祖父收养，而其两位兄弟的墓志与《宰相世系表》仅简要记述了其父为其叔祖父之子，并未提及过继一事。除了将叔父误作父亲，《新唐书》中的表有时也会跳过一代，将某人的祖父误作父亲。

③ 虽然正史列传很少记载传主配偶，但公主们的传记例外，其中会记载她们的联姻对象。关于公主们的传记，参见《新唐书》卷83。

中明确指出了其个人研究范围："诸家图牒，无不参详。"① 虽然现存版本仍有残缺，但其中包含了大量其他文献没有涉及的九世纪以前的个人系谱信息。②

将所有这些数据编入一个单独的数据库时，笔者特别留心不同史料中多次出现的人。当然，同名并不表明其为同一个人，需要额外证明材料——比如相同的字——才能确定这样的推测。③ 由于女婿们经常仅有姓名为人所知，并无更多信息，所以通常不太可能将其与同名的其他人视为一人。④ 在筛查了重名情况后，由父子关系联系起来的每个族群，都各有一独特的家族编号。最终，数据库中约三万个唐人可归入约四千条父子链，其中包括八十个拥有超过五十名已知成员的家族和四十六个拥有超过一百名已知成员的家族。⑤ 这一数据库提供了一个比仅仅依靠自述家世远为翔实和准确的形式，来界定血缘关系。

113

---

① 林宝撰《元和姓纂（附四校记）》"林宝序"，岑仲勉校，第1页。关于论氏家族，参见该书卷9，第1280～1282页。论氏家族初姓噶尔（mGar），在某个时候，其族人开始使用吐蕃官名"论"（blon）作为他们的姓氏。对论氏家族的讨论，参见 Nicolas Tackett（谭凯），"The Transformation of Medieval Chinese Elites, 850 – 1000 C. E.", pp. 60 – 61；陈康：《从论博言墓志谈吐蕃噶尔氏家族的兴衰》。

② 该书大部分内容在南宋时即已亡佚，故十八世纪时，《四库全书》的编纂者不得不依靠《永乐大典》重新辑佚。在四库辑本基础上，十九至二十世纪的学者又据其他吉光片羽的史料校补佚文。

③ 其他证明材料大体包括：（a）同名的两人是否拥有相同的末任官，且这一末任官相对少见；（b）两人父亲名字是否也相同；（c）两人姓、名是否都很生僻。

④ 有一个问题是，当女婿们的名字出现在他们岳父的墓志铭中时，他们通常尚在仕宦生涯早期阶段。故此时女婿所任官职不太可能是他们的末任实职，即《新唐书》各表或其后代墓志中见载的官职。

⑤ 此外，尚有226个明确拥有15名以上成员的家族，参见数据库中的"Fig 3 note18 Top clans in number of known members"。

定位父子链

一旦若干相关亲属关系得到认定，即有可能确定晚唐时期各条父子链成员的居住地。事实上，鉴于每个家族都希望归葬一处以便于族茔内葬仪的展示，通过一个人的墓志能够揭示大部分族人的葬地，也能通过数量相对有限的墓志缩小全部族人的居住范围。基于谱牒所记载的众多证据，本研究的前提是每一位父子链成员都居住并被安葬在相同地区，比如政治精英几乎都居住于有限的两京及毗邻的两京走廊地带。

事实上，通过系统性梳理最庞大的精英世系，为这一假说提供了强有力的实证。图 3－1 和图 3－2 重构了几个最大的唐代政治精英家族的谱系，所依据的是有明确葬地记载的相关族人或其配偶的墓志或墓碑。正如第二章所述，权葬不在考虑之列，除非墓志中指明权葬地点在先茔附近。除了现存墓志，立于墓穴之外记述死者生平的神道碑之发现地，也在这些图的统计范围之内，大多见载于南宋碑文集《宝刻丛编》。[1] 图中区分了三个地区：洛阳及其近郊、长安及其近郊以及两京走廊地带。除了仅有的一例，任何这些家族在唐代都没有发现于两京地区以外的墓志。[2]

通过研究大部分最大的经重构之父子链家族树，能揭示出少量共性。大部分情况下，墓志充分证明了家族成员全部（图 3－

---

[1] 虽然这些——会指明是权葬还是葬于先茔——的碑刻并未存留于世，但不大可能在权葬地竖立一块如此昂贵的石碑。反而，《宝刻丛编》记载的相对于神道碑的墓志会被严格剔除，因为无法肯定这一墓葬是否为权葬。

[2] 仅有的例外发现于范阳（今北京）某位范阳卢氏之妻的墓志，其时间可追溯至唐代最初的十年。

1a，b，c）或主要（图 3 - 1d，e）葬在某一单独区域。也有同一
父子链下各支分别在两京，或至少有一支在两京走廊地带（图
3 - 1f,g，h）的例子。河东薛氏西祖第四房（图 3 - 1h）可能是八
至九世纪时期的典型家族，似乎仍处于从两京走廊地带迁往长安
或洛阳定居的进程中。河东薛氏和河东裴氏中，在安史之乱以前
的大多数已知墓葬分别位于各自家族的起源地：河中府和绛州
（皆属河东地区）。① 相反，及至晚唐时期，两大家族大多数成员
都安葬于两京。在这些例子中，即便家族的地理范围并未限定
于某京，他们的墓葬也都位于两京及其走廊地带。

　　关于扎根洛阳的范阳卢氏北祖大房（greater northern）和北祖
第二房（second northern）两个特殊家族的葬地，图 3 - 2 提供了
更为精确的细节。就前者而言，可以辨认出几个重要的家族房支，
包括仅安葬于洛阳北面北邙山上的一支，和洛阳南面万安山附近
的一支。前图显示出一些房支本身会再细分，并在其他地方修建
新的墓地，包括偃师县和缑氏县，以及汝州和郑州。但是，所有
这些地方都在东都洛阳周围 50 公里范围内。在北祖第二房的图
中，同样可以识别出几个分支：墓地在北邙山一带的金谷乡和平
阴乡的两支；洛阳北面数公里处的孟州一支；第四支在洛阳以南
的龙门；以及在新安县及缑氏县附近的两支。无疑，这两大父子
链的分支的确在新的居住地下葬——也许旧有墓地已经满员——
但是新的地点总是在距离家族驻地相对较近的区域内。② 通过

117

118

---

① 参见数据库中的 "Fig 1 note54 Pei clan home base over time" 和 "Fig 3
note21 Xue clan home base over time"。

② 可以想象，某个洛阳家族中已经迁离洛阳的某一分支，会将分支中第一
至二代的移民继续埋葬在洛阳。很难相信，出于任何情况决定修建新墓
地于旧墓地不远处的某一家族，会将新墓地选址于距日后成员定居地很
远的地方。

图 3 - 2 所描绘的安葬模式，可以更好地理解为何许多哪怕
是那些最庞大的父子链之分支，他们的葬地仍不清楚。欲鉴
别图 3 - 2 中的各种祖茔，需要依靠每个分散地点中某座坟
茔的发现。在图中地点首座坟茔被发现之后，考古学者乃至

114

a. 父子链6091：陇西李氏（姑臧房）

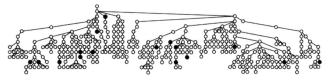

b. 父子链5791：乐安孙氏

c. 父子链5782：京兆韦氏（郧公房）

d. 父子链6035：清河崔氏（小房）

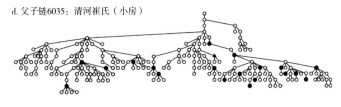

e. 父子链8196：河南于氏

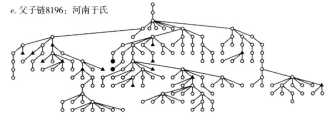

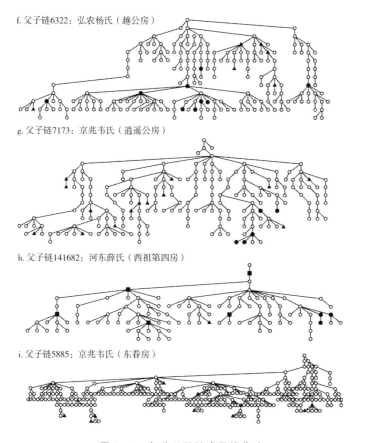

f. 父子链6322：弘农杨氏（越公房）

g. 父子链7173：京兆韦氏（逍遥公房）

h. 父子链141682：河东薛氏（西祖第四房）

i. 父子链5885：京兆韦氏（东眷房）

图 3－1　部分父子链成员的葬地

说明：所有家族树皆通过杉山算法（Sugiyama algorithm）用 NodeXL 软件绘制。所有父子链不仅能以（数据库所记录的）编号区别，也能以大族（及其分支）姓氏区别。● = 葬于洛阳或邻近之孟州和郑州的人（或夫人）；▲ = 葬于长安或邻近之华州的人；■ = 葬于两京走廊地带其他地方的人；○ = 葬地不明者。此处不包括权葬现象，除非清楚表明其为邻近祖茔的权葬。此外，为避免杂乱无章，一小部分人被排除于家族树外。

盗墓贼通常会进一步发掘（盗掘）其周边墓葬，从而导致　118
一些关系较近的族人墓志出土。但是，如果没有最初那个坟

117

a. 父子链5485：范阳卢氏（北祖大房）

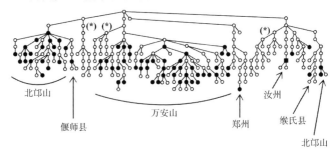

b. 父子链6027：范阳卢氏（北祖第二房）

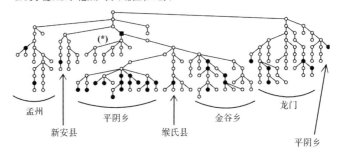

图 3 - 2　两支洛阳父子链的郊区葬地

说明：此图制法同于图 3 - 1。（ * ）　＝没有葬地信息的父子链分支。

118　茔的发现，那么这一家族整个分支的葬地依然不得而知。事
实上，在范阳卢氏的例子中，就有几个分支的墓葬情况并不
知晓，这些分支在图 3 - 2 中已用星号标出。这些标注星号
的分支毫无疑问表示埋葬于迄今未知之墓地的那些族人。
尽管如此，这些墓地分布于洛阳地区任何可能的地方。
图 3 - 1i 所描绘的是另一个墓葬资料不完整的父子链。虽然
这一家族墓志仅在长安地区出土，但大部分房支的墓葬资
料却无迹可寻。然而，正如范阳卢氏例子所示，家族所有

房支都将故去的族人极有可能葬于长安，且至今尚未发现各房墓址。

最后，还要考虑到那些仅存一至两位成员墓葬资料的家族。通常，这些资料并非来自墓葬的发现，而是来自文集中的墓志铭或保存于《宝刻丛编》的记载。与考古发掘所得成果不同，这两种史料通常并不包含大量亲属的墓志。不管怎样，鉴于图3－1中所显示的氏族墓葬模式，我认为可以假定，即使只有一方墓志，也足以确定某一父子链中大多数成员的大概墓址。

晚唐政治精英的地理分布与规模

为较精确地确定晚唐政权主体政治精英的地理分布及其整体规模，上文所述方法提供了强有力的工具。表3－1展示了已知输出官员最多的七十五支父子链的下葬地。这些家族包括宗室，以及许多禁婚家的房支，特别是博陵崔氏的五房，以及清河崔氏、赵郡李氏、范阳卢氏的各四房。来自这七十五个家族的数千人，都在九世纪时身居高官。[1] 此外，因其庞大的规模，这些家族构成了一份特别有价值的样本，帮助我们更好地分析唐代精英的地理分布。[2] 事实上，这七十五个家族中，除了两个以外，其他都能得到定位。

119

---

[1] 根据对所有族人卒日的统计（运用下文所述技术），可以得出这些家族中的约5000名成员皆生活于九世纪。参见数据库中的"Fig 3 note23 Top 75 clans death dates by half century"。通过快速检阅关于这些族人的例证，可知多数人都曾身居高官。

[2] 对于一个较小的家族而言，没有墓志传世不足为奇。更多的情况是大一些的家族中至少有一名成员的墓葬资料得以留存。

120

表 3 - 1　七十五支仕宦父子链的葬地分布

葬地	家族 数量
京城地区（包括两京走廊）	71
主要在洛阳	35
主要在长安	10
其他地区	2
数据不详	2

　　说明：方法细节可参考正文。如果已知葬于洛阳、长安或两京走廊的数量，比已知葬于任何其他地方的数量，差值大于四，即可将此支父子链确认为定居于京城地区。"主要在洛阳"（Luoyang predominantly）和"主要在长安"（Chang'an predominantly），是指葬地在洛阳或长安的例子，分别比京城地区其他地方多，且差值大于四。"数据不详"（No data）即并无任何家族成员墓葬材料。本表排除了所有权葬的情况。

119　　　　表 3 - 1 为第二章结论的坐实提供了另一种观察，即晚唐政权居主导地位的政治精英都聚集于帝国的政治中心。在有墓葬资料的家族中，97%（71 / 73）都定居于两京地区。另外两个家族表面上扎根于地方——其中一个即来自遥远南方之韶州的八世纪前叶宰相张九龄（678 ~ 740）家族——但在九世纪时，这一家族也已处于迁往京城的过程中。事实上，在 837 年，张九龄的一名后代就葬在了洛阳。

　　　　虽说长安和洛阳都高度集中了累世身居朝廷显职的上层家族，这两座城市在精英人口结构上依然有重要差异。现有资料

120　表明，对于那些规模最大的仕宦家族来说，东都洛阳是一个更为重要的定居点。上表 71 支定居京城的父子链中，有 48%（35 / 71）【译按：原文作"34/71"，据表 3 - 1 改】主要扎根在洛阳，14%（10 / 71）主要在长安，余下的则分散在长安和洛阳或两京走廊。如表 3 - 2 所示，绝大多数葬在洛阳的人都是文臣，仅有极少数是在军队履职，后者主要服役于东都留

守（Eastern Capital Command）帐下或河南地方州军。相反，长安精英则更为多样化。他们之中有较大比例是武人（24%），这或许说明军队更加集中于西京。在长安也出土大量宦官（20%）墓志，他们效仿当时的文官，娶妻养子。在这些更有势力的数代宦官家族之中——其父子链依靠收养而非亲生来传递——可以找到刘弘规（775～826）＊和玄宗朝宦官高力士（690～762）的后代。

表 3－2　京城（长安 VS 洛阳）精英的主要类型　　　　121

精英类型	洛阳	长安
文　　臣	405（91%）	172（56%）
武　　人	42（9%）	72（24%）
宦　　官	0（0%）	61（20%）
总　　数	447（100%）	305（100%）

说明：此表仅包括出土墓志中居官者，不包括京城地区出土墓志中很少出现的精英类型（比如皇子、宗教人士）。

就成功产生宰相这样一种中国官僚机构中最具权势和荣誉　　120
的官职而言，洛阳和长安的精英亦各有不同。正如表 3－3 所汇总，多达 41% 的洛阳墓志是书写这些宰相家族子孙的。相反，在长安、两京走廊和其他地方的墓志中，宣称为宰相之后的分别仅占 20%、21% 和 1%。考虑到其中许多父子链仅产生过一位宰相，我们应将它们视为代表了有影响力的政治家系中的一个特殊群体。因此，在这些通常居住于京城地区，尤其是洛阳的富裕阶层中，很大比例来自最具权势的唐代官僚家族。类似此种家族在帝国境内其他地方的社会环境中几乎无处可觅。

121

表 3 - 3 宰相家族子女葬地比例（分区域）

区 域	宰相族人墓志比例
长 安	20%（110/539）
洛 阳	41%（388/950）
两京走廊	21%（7/33）
其 他	1%（6/586）

说明：此表所统计者为有唐一代任一时候出过一位宰相的父子链中之宰相"族人"（kin）。此表仅统计出土墓志；权葬的例子被排除在外，除非清楚表明其为邻近祖茔的权葬。

最后，谱牒记载的异常翔实，使我们能够估算唐末京城精英的总人口。计算的细节稍显复杂（参见附录 B 中的完整解释）。既然我们知道在 800～880 年（1）宰相及其子孙、（2）这一群体的已出土碑志和（3）所有京城精英的已出土碑志这三项总数，即可推断在这八十年间京城成年男性精英（15 岁以上）的总数，已达到了 37510 人。由此，根据我们所知的预期寿命，可得这一时期任何时间点，在世精英总数似乎都可能在 19700 人左右。需要强调的是，

122 这只是一个粗略的统计。尽管如此，值得注意的是，它与唐代常规官僚机构中的带品官员总数需求相一致。[1]不幸的是，要用相同方法来评估地方精英的规模却资料不足。无论如何，很明显京城精英代表了相对小部分人群。尽管在官僚职位上占有优势，它还是只构成了唐代中国总人口中

---

[1] 尤其是，像在 737 年，就有 18805 名一至九品的官员。参见 Peter Bol（包弼德），"*This Culture of Ours*"：*Intellectual Transitions in T'ang and Sung China*，p. 41。

不到千分之一的很小一部分，而唐代总人口估计大概超过5000万人。①

京城社会景观

晚唐时期占主导的政治家族不仅集中于两京及其走廊地带，也通过亲属关系相联结。图3-3呈现了唐代精英家族间的婚姻关系网。每一个结点代表一支单独的父子链；连接各结点的线表示婚姻关系，线越粗，表明两支父子链之间有更多已知的联结。每个结点不同的形状和阴影分别表示家族的居住地（长安、洛阳、两京走廊或其他地区）和仕宦时间长短。图中所反映的都是翁婿关系，这些关系记载于九世纪墓志、八世纪部分相关墓志，以及其他历史文本中。② 大多数婚姻缔结于750～850年，尽管有些可以追溯到更早时候。可惜无法明确认定墓志铭中涉及的大多数配偶及女婿的出身家系，故此类婚姻关系被排除在外。此外，为避免图表杂乱，已知成员人数少于15人，以及与网中任何家族都无联系的家系，同样被排除在外。③

123

---

① 一份具列八世纪中期各种人口数据的表格显示，人口徘徊在5000万左右，参见杨子慧《中国历代人口统计资料研究》，第537页。因为这些属于官方人口普查数据，其中没有包括未登记人口，故真实人口可能更高。安史之乱后，中央朝廷在开展准确的人口普查方面能力大幅下降，故九世纪人口资料并不可靠。不过，这一时期总人口也不可能在八世纪中叶的水平上大幅下降。

② 笔者特别将正史列传，包括公主传中提及的晚唐诸人之婚姻关系，以及《资治通鉴》涉及婚姻关系的部分内容，都考虑在内了。虽然尚未系统地在数据库输入800年以前的墓志资料，但笔者确实将图3-3中一定数量的这些早期墓志资料包括在内了。

③ 请注意，许多很小的父子链（patriline）在墓志中被建构，而与大族并无确凿的血缘关系。尽管如此，那些基于自我宣称和葬地的人，很有可能确实是大族后裔。随着更多墓志重见天日，数据库中的一些小族将会与更大的家族连接上。

123

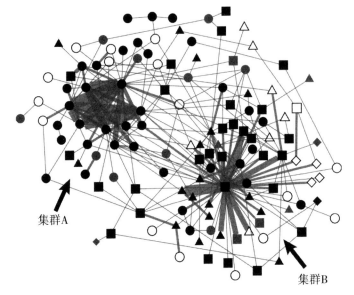

集群A

集群B

图 3 - 3　晚唐精英家族婚姻网

说明：此图每个形状代表一支单独的父子链，后者在本章中有定义。更粗的线代表大量已知的婚姻关系。不同形状代表不同居住地：圆形 = 主要居住于洛阳的父子链；三角形 = 主要居住于长安的父子链；正方形 = 主要居住于两京走廊地带，或同时居住于洛阳和长安的父子链；大菱形 = 京城地区以外的父子链，小菱形 = 居住地无法识别的父子链。不同颜色代表家族仕宦传统长短的不同：黑色 = 自隋朝建立之前即世代仕宦的父子链；灰色 = 自隋代以来世代仕宦的父系；白色 = 没有文本材料表明成员出仕隋朝及更早朝代的父子链。

　　虽然由于现存材料的局限而并不全面，图 3 - 3 所示的婚姻网络，依然能视为晚唐主体政权精英的图示。除了仅有 124 的六个例外（图 3 - 3 右边的大菱形），网络中所有家族都扎根于京城地区。大部分家族自隋朝（灰色联结）或隋以前（黑色联结）即已累世为官。许多其他家族（白色联结）可能也长期具有类似的仕宦传统，但这无法从现存资料中得到证实。这个婚姻网络包含了拥有最大数量已知官员的 75

个家族中的65个。① 这一婚姻网络包含了5450位互相有关联的九世纪时定居京城之人，代表了超过五分之三（5450/8746）的已知京城精英。② 其中有皇室成员、部分武将家族以及九世纪时杰出的作家和诗人杜牧、白居易、柳宗元、韩愈、元稹等家族。此外，在800～880年，身居宰相的104人中有72人的家族见于此图。③ 政治权力精英中，唯一没有体现于此图的是宦官。

鉴于所有联姻中仅有一小部分能得到确认，这一婚姻网络的密度更值得关注。举一个例子，我们从李氏（去世于874年）的墓志得知，她母亲、祖母以及曾祖母皆来自荥阳郑氏北祖第二房，而通过名字却仅有其外祖父能对上号，故仅有这一层联系被包含在该图中。这样的情况很普遍。因此，当新的碑志出土时，将有可能证实许多图3-3中反映的联姻，且比现在所描绘的更为紧密。亦时有明显的证据表明，高度近亲繁殖所产生的影响。比如，据卢知宗（816～874）＊的墓志记载，其先后两任妻子来自同一家族，而他本人的家族已与这一家族有多次联姻。其发妻所生四子皆"器貌特异"，并且早逝。只有两个"别子"完全健康。事实上，尽管具有如此密集的联姻，但纳妾的广泛存在以及对别子合法继承的承认，能够确保相当多样化的基因群。

根据一项针对婚姻网络更加细致的考察，能得到环绕得更加有序的两个集群（集群A和集群B）。图3-4即聚焦于这两大集群，但排除了图3-3中那些与集群中核心家庭联系不

125

---

① 参见数据库中的 "Fig 3 note29 Top 75 in marriage network"。
② 参见数据库中的 "Fig 3 note30 Marriage net total capital membership"。
③ 参见数据库中的 "Fig 3 note31 Chief ministers in marriage net"。

紧密的家族。[1] 这两个家族集群之间具有几点关键性的差别。集群 A 中没有单一的起主导作用的父子链，而集群 B 则有序地围绕在皇室周围。集群 A 与武人鲜有关联，而集群 B 包含了几个武将家族。其中包括曾帮助镇压安史之乱的名将郭子仪（697～781）的后裔，以及三位河北武人藩帅的后裔，分别是来自东北蕃落的义武节度使张孝忠（730～791）、自立的魏博节度使田承嗣（704～778）、自立的成德节度使契丹人王武俊（735～801）（图 3－4a）。更为惊人的是，尽管集群 B 已包含许多重要家族，但据唐代谱系学家柳芳认定，其中大多数是"西北"大族的房支［图 3－4（b）］。集群 B 几乎没有包括禁婚家中的"山东"（East of Mountains）望族。相反，集群 A 的核心几乎全部是这些最显赫家族房支［图 3－4（c）］。

就地理分布而言，两大集群的差别颇为显著。集群 B 更多样，包括少数定居洛阳的家族，部分定居长安的家族，以及少数定居两京走廊地带多个地点的其他家族。相反，集群 A 所含几乎都是定居洛阳的家族。其中虽有两个例外，但这两个家族都至少有几名家族成员葬于东都附近。鉴于这样一个集群的存在，毫不奇怪，晚唐某位来自洛阳的男性精英有七倍的可能性与同样来自洛阳的精英家族联姻，而非与长安精英家族联姻（177∶24）。[2]

127　　因为西京长安是朝廷所在，故居住于洛阳的精英也会定期前往长安，或任职政府，或准备科举，或陪伴亲友。由于他们有时客死他乡，故可以通过他们墓志所载卒地了解到究竟是生

---

① 很明显，随着更多墓志出土，被排除的家族也能通过某些途径与某一个或两个集群取得联系。

② 参见数据库中的"Fig 3 note33 Marriage ties of Luoyang males"。

126

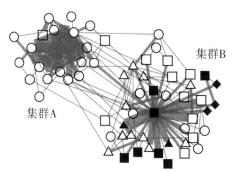

（a）武将家族：黑色形状=家族成员中有许多武将的父子链

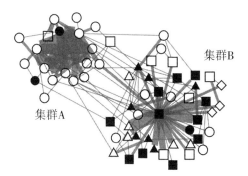

（b）西北世族：黑色形状=柳芳所定义的关中和代北父子链

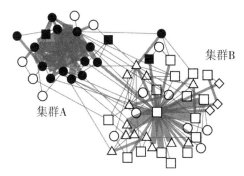

（c）禁婚家族：黑色形状=七个禁婚家的再分支

图 3 - 4　京城家族婚姻集群之构成

127 活于旅舍抑或私宅。洛阳精英在长安各坊的分布表明，住宅距离与婚姻关系相关。图3-5描绘了四类群体的居住模式，分别是聚居长安家族中的文官、宦官、集群A成员和集群B成员。总体而言，定居长安的文官散居于京城各坊。但一些家族群体集中于相当限定的小区之中。① 宦官聚居于长安城北面的里坊，围绕皇宫。相反，高度通婚的两个集群都倾向于居住在同一片里坊，例如在皇城南面和东市南面。②

总之，世族的地理分布与联姻模式之间存在相当大的关联。陈弱水在其最近有关唐代宦官的研究中得出了类似的结论，他不仅发现宦官与某些武将家族通婚，还指出这一军事社群（community）成员与宦官家族生活于长安相同里坊。③ 类似地，由主导唐朝政治生活的权势家族所组成的紧密结合的联姻网，他们也大量聚集于长安与洛阳这两京周边某个单独地区，且往返两京只需几天时间。我们还注意到，两大联姻集群中的一个有更为集中的生活空间。集群A中的大部分家族，

129 多源自最为显赫的门阀世族，且都扎根于洛阳。当他们因出任官职而旅居长安时，会在城市中心的一小片里坊内集中居住。

虽然今存唐人书写中没有反映地理与婚姻之间紧密联系的例子，但这种关联并非不可求。可以想象，人们会选择住在他们亲戚家附近，同时也会为他们的孩子从日常往来的人群中挑选结婚对象。在任何一种情况下，生活空间的接近，可起到巩

---

① 对长安社会环境翔实到位的描述，参见妹尾达彦《长安の都市计划》，第175~226页。

② 现存文学史材料证实了七、八世纪许多唐代杰出人物确实家住城市东部中心区域。参见 Victor Xiong（熊存瑞），*Sui-Tang Chang'an: A Study in the Urban History of Medieval China*, pp. 219-224。

③ 陈弱水：《唐代长安的宦官社群》，第171~198页。

（a）定居于长安的文官

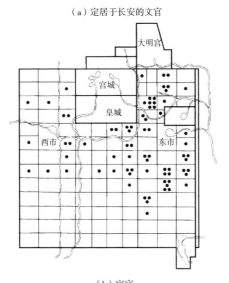

129

（b）宦官

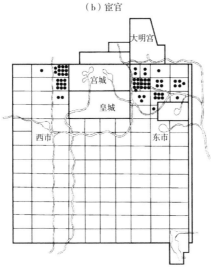

129

（c）集群A成员

（d）集群B成员

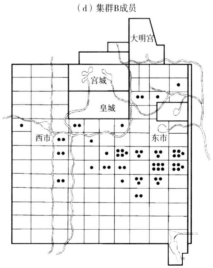

图 3-5　长安城内精英居住模式

　　说明：图中黑点代表每个人的卒地。本图的底图来自《增订唐两京城坊考》（徐松撰，李健超增订），第 17 页；Victor Xiong, *Sui-Tang Chang'an: A Study in the Urban History of Medieval China*，图 8.1。地图格式灵感来自妹尾达彦《长安の都市计划》，第 196、198 页；荣新江主编《唐研究》，第十五卷。

固婚姻关系的作用。正是主导政治的精英家族这种地理集中，进一步确保了这一强大的族群内联姻模式。正如我们现在所见，群体内部联姻也有助于解释唐代政治精英的长盛不衰，尽管向上层社会流动的途径可能在其他方面威胁到他们对政治权力的垄断。

婚姻网络与社会资本

家庭关系——包括代际与联姻——总是以各种方式在唐代中国扮演着重要角色。精英家庭的孤儿通常由他们的叔伯抚养长大，后者也会安排好他们的婚姻。① 没有男性嗣子的人往往过继一个侄子或其他近亲的宗子。② 当丈夫死后，寡妇们可能会返回本来的家族，与父母或兄弟、叔伯一起生活。③ 当战争或叛乱爆发时，族人之间会互助逃生，乃至汇集资源赎回身陷敌营的亲人。④ 最后，正如墓志频繁提及，人们通常承担礼葬族人的责任。因此，当李端友（811～851）*死于延州州府任上时，他的兄弟护送其遗体回到洛阳，他的一个叔父资助了葬礼，而其侄子则出面主持葬礼。当卫景弘（812～855）*去世时，他的长兄从四川寄了200贯钱资助葬礼，并委托一个

① 参见独孤郁（776～815）、韩复（783～851）、李氏（830～855）和裴氏（792～821）的墓志。

② 过继现象十分普遍，崔绍（834～877）的墓志提供了一个例子。有些情况下，当某人死后没有男性子嗣主祀时，会从他的侄子中选择一人作为奉祀之子。

③ 参见裴氏（792～821）和卢氏（811～858）的墓志。

④ 参见 Patricia Buckley Ebrey（伊沛霞），*The Aristocratic Families of Early Imperial China：A Case Study of the Po-ling Ts'ui Family*, pp. 97 – 98；崔夷甫（704～756）的墓志。有关赎回族人的例子，参见毕垧（751～811）的墓志。

堂兄弟撰写墓志铭。无数墓志皆由兄弟、儿子或堂兄弟撰写。①

但并非每次有需要时，都只能向父系亲族寻求帮助。许多精英家庭的孩子在他们父亲死后（或者像某个例子一样，在其父亲出走之后），会与外祖父母或母亲的兄弟姐妹共同生活。② 在一些例子中，某个人可能会正式抚养其姐妹的孩子。③还有一个例子，某个年轻人娶了抚养他长大的舅舅的女儿。④另有一位妇人将其妹妹留下的孤儿养大，其墓志中明确表达了一种普遍的看法："子如甥焉，甥如子矣。"⑤ 而没有族亲的寡妇，则可能求庇于其姻亲，或其姑姑的家族⑥，更经常的是与其女儿和女婿一起生活。⑦ 通常来说，这类寡妇没有成年儿子，但这在某些例子中，仅仅是因为这些儿子逃避他们的赡养

131 责任。比如来自长安的李氏（740～815）＊的例子，她与在

---

① 由族人撰写的墓志由于太过普遍而不在此具列。由兄弟、儿子、堂兄弟撰写墓志的例子，分别参见卢衢（815～857）、李氏（788～843）、卢厚德（去世于844年）的墓志。

② 参见皇甫映（793～864）、路全交（约797～约854）、马琬（女，835～858）、卢绮（女，792～850）和李举（750～814）等人的墓志。在李弘（754～816）的墓志中，其妹夫"游不归"（ran off），因此李弘带大了他妹妹的儿子。其他亲人也扮演着类似的角色。根据卢氏（767～818）的墓志，她是由姐姐带大的。还有李荆（749～821）的墓志，他由母亲的姻亲，可能是姑姥姥养大的。

③ 参见袁惟承（753～814）的墓志。

④ 参见韦行素（793～827）的墓志。

⑤ 参见陶英（737～801）的墓志。还有一个类似的例子，参见郑氏（762～803）的墓志。撰者即郑氏的表兄（弟），很可能是郑氏姑姑的儿子，他解释道："景亮生长外家，终无昆弟，姊妹视犹同气，睦异常情。"

⑥ 参见韦氏（802～857）的墓志。

⑦ 参见郑鲂（777～834）、柏苕（女，去世于839年）、李氏（720～800）、李氏（771～822）、卢广（约738～约775）等人的墓志。

四川的女儿和女婿一起生活了很多年，她的葬礼最终也由外孙女主持。在她的墓志中，记载了对自己这种情形的愤慨："吾不幸有子三人，皆不由王训，游荡异土，邈如他人。"而当一个男人出门在外，或穷困潦倒、无家可归时，同样可能在其妻子的亲人那里度日。①

　　像血亲一样，姻亲也可能参与葬礼事宜。数百方九世纪墓志即由这些姻亲，往往是女婿撰写，葬礼亦由他们主持。李虞仲（772～836）的例子很有趣，他唯一的儿子三岁时夭折了。故当他与自己女儿的那些追求者面谈时，首先强调要保证当他寿终正寝时，会负责葬礼。当他在吏部侍郎任上死于长安时，他的女婿忠实地履行了诺言，将李虞仲及其妻子的遗体运回洛阳安葬。这个女婿及其妻子后来抚养并教育了一名失去双亲的小女孩，之后安排她与一位受人尊敬的官员结婚。② 这样的例子并不少见。③ 在范弈（739～795）＊的例子中，就是其第二任妻子的舅舅在范弈死后十年负责将其迁葬洛阳。④ 姻亲也可能会资助丧葬费，如张氏（761～817）＊的葬礼，由其女儿和兄弟操办，她的女婿慷慨地支付了 300 贯钱抵销部分丧葬费。此外，当不方便或不吉利将死者遗体祔葬本家族茔时，有些孩子就被埋在了他们母亲的族茔中。⑤ 类似的包括韩愈的弟

¹³²

① 据卢衢（815～857）的墓志记载，他死于其妻族在洛阳的宅邸；卢涀（714～801）的墓志记载，其八十八岁高龄时死于妻族的宅院；张绍方（768～809）的墓志记载，他与其妹妹和妹夫一起生活，随后去世。
② 参见李虞仲女儿李氏（814～862）的墓志。
③ 关于晚辈牵头主持岳父葬礼的其他例子，参见郑居中（784～837）和张氏（751～824）的墓志。
④ 类似的例子，参见王氏（约771～约804）和郑绚（女，772～786）的墓志。
⑤ 参见郑三清（女，844～852）、傅鉴（748～813）、王金婆（女，829～862）三人的墓志。

妹韦氏（771~802）＊与她女婿的族人葬于一处，还俗僧人
王元贞（781~860）＊长眠于他舅舅的墓旁，武将青陟霞
（760~852）＊葬于其岳母家族的土地上。

鉴于亲戚在不同场合中为个人提供支持的重要性，可以
预料他们在帮助年轻人仕途高升方面也发挥着作用。在官僚
机构中取得品级通常分两步。首先，该人需要获得一个出
身，即获得终生入朝为官的资格。获得出身的一个重要途径
为"荫"（hereditary），即给予高品官员选择特定数量子孙
入仕的权利。但还有其他入仕途径，包括长时间担任低级吏
职，或考取某一科，尤其是下文将要描述的"进士"（civil
service）科。[1]

然而，即便取得出身资格，也不保证某人能得到一个有俸
禄的官职。实际的任免取决于一套独立的选拔程序。在整个一
至九品官职序列中，对于五品及以上的官员，由宰相决定，或
多或少他们认为合适即可，没有人监督。相反，由吏部主持的
"铨选"（assessment and selection）主要针对五品以下官员，
这是为大部分的官员，特别是所有刚刚入仕的青年人设计的。
这一选拔——与进士科不能混淆——在洛阳和长安举行，贯穿
整个王朝。其内容为对身、言、书、判进行考察，且具有高度
竞争性。据八世纪中叶史料记载，仅有 1/8 或 1/9 的人能够胜

133

---

[1] 参见 Huang Ch'ing-lien（黄清连），"The Recruitment and Assessment of Civil Officials under the T'ang Dynasty"，pp. 21 – 34；P. A. Herbert（何汉心），*Examine the Honest*，*Appraise the Able*；*Contemporary Assessments of Civil Service Selection in Early Tang China*，pp. 20 – 26。此外，还有几种较少利用的入仕途径，包括继承爵位，或借由与帝王、皇后、太后的亲属关系，又或者当政府筹措公共资金时及时进奉。

出，从而出任有品级的官员。①

　　在这一系统中，京城精英比地方精英更占优势。这种优势部分依赖于文化因素。通过他们的教养及社会背景，他们总是能够掌握微妙的清流言谈，以及具备在京城这种谄上欺下的社会环境下，如何自我保护的潜能。比如，某位来自东南地区的倒霉青年在公共场合向一名路遇的宦官致以问候，但他没有意识到此举可能导致其葬送良好仕途。② 此外，铨选中的语言评估环节更有可能青睐带特定的京城口音之人。总之，无论如何，京城精英受益于他们的社会关系。表 3 - 4 梳理了九世纪各位宰相和吏部尚书的安家之处，他们对官员的晋升有最大的影响力。这些人几乎都来自京城家庭，其中定居于洛阳的人所占比重最大。九世纪时两位最著名的宰相牛僧孺（780 ~ 848）和李德裕（787 ~ 849）可能分别来自在长安和洛阳长期定居的家族。产生吏部尚书最多的三个家族的分支，荥阳郑氏、兰陵萧氏和清河崔氏，皆定居于洛阳。③ 表 3 - 4 也指出，大部分高官与图 3 - 3 中所描绘的集中于京城的大型社会网络有显而易见的关联。④ 在官员选拔过程中，这些重臣的亲戚们总是处于有利位置。关于宰相干预其某位族人、女婿或外甥升迁的

134

---

① P. A. Herbert（何汉心）, *Examine the Honest, Appraise the Able: Contemporary Assessments of Civil Service Selection in Early Tang China*, pp. 27 - 34, 67, 69。大多数应选人都被要求到两京之一参加铨选。只有"南选"（southern selection）系统是个例外，它是为岭南地区的人设计的；同上引，pp. 189 - 190。
② 参见《资治通鉴》卷 250，第 8093 ~ 8094 页。
③ 在九世纪，这三个家族中的每一个，都产生了三名吏部尚书。
④ 由于谱牒资料日益稀少，许多 850 年以后数十年间任职的高官与这个婚姻网络的关系尚未可知。虽然没有现存谱牒资料，但其中大部分人毫无疑问都与这一婚姻网络有关联。

例子数不胜数。譬如权德舆（759～818）拜相后，就任命其女婿独孤郁（776～815）＊为考功员外郎这一"清要"之职，使独孤郁能够迅速升迁至更高的官职。

135　　　低品官员的选拔程序更为程式化，但政治关系仍旧重要。

134　　　　　表 3 - 4　基于父子链定居地与婚姻关系统计的九世纪高官

	宰相	知贡举	吏部尚书
父子链、居住地			
京城地区	83	64	41
主要在洛阳	39	38	26
主要在长安	17	12	8
其他	0	0	0
不详	21	11	5
总数	104	75	46
婚姻网络			
与京城网络相联系者	79	61	37
集群 A	23	24	14
集群 B	17	11	7
集群 B（除去皇室）	11	7	5
没有已知联系者	25	14	9
总数	104	75	46

说明："与京城网络相联系者"（Ties to capital network）指代图 3 - 3 中提及的父子链，以及与这些家族有婚姻关系的父子链（后者被排除于图 3 - 3，因为他们成员数量少于十五）。宰相身份根据《新唐书·宰相世系表》（卷 71～75）和《宰相表》（卷 62～63）来判定。知贡举的认定利用了徐松撰、孟二冬补正的《登科记考补正》，但不包括徐松根据后世地方志认定的两位知贡举。吏部尚书的认定利用了严耕望《唐仆尚丞郎表》第二册，第 514～533 页，但基于近年新出一方墓志增加了一个人。需要指出的是，许多史料"不详"（no data）的人也是京城婚姻网络的一部分。比如，根据渡边孝的考证，李德裕的属官刘三复应该就是那位给自己的洛阳女性亲属撰写墓志的刘三复（参见第四章的讨论），如果这一结论成立，那么刘三复之子，曾任唐末两位皇帝之宰相的刘邺（去世于 880 年），也是婚姻网络中的成员，虽然本表尚未将其列入此类人。

甚至五品以下官员的任免，都需要首先获得五名京官的举 135
荐。① 这一要求对于出身名门的京城精英来说轻而易举。虽然
无法系统评估选拔中的个人关系，但当时的各种记载证实了提
携者的重要意义。② 在提拔人才和官员升迁上，吏部尚书比其
他任何人更具话语权，导致他们的影响力盖过了其他文官。毋
庸置疑，正是这一原因使得玄宗朝晚期权相李林甫（683 ~
752）兼掌吏部，从 739 年起直至去世。③ 基于类似原因，像
宰相李绛（764 ~ 830）的侄子李璩（814 ~ 871）＊这样的人，
都能平步青云。据其出土墓志显示，他曾出任一系列政府要
职，包括令人垂涎的长安府万年县和河南府河南县。但事实
上，人人都说，他似乎有些痴呆，不可能在科举中具有竞争
力。当时人嘲笑他是"纨绔"（profligate descendant）子弟，
仅会糟糕的语言和书写能力。④ 由此可以推测，其成功的职业
生涯最初凭借的是其叔父的干预。

　　除了常规的正式任命程序，还有非正式的选拔途径，包
括直接举荐。相关逸事表明，家族关系在这里也发挥着重要
作用。譬如，担任冀州某县的县尉（county sheriff）的李少安

---

① P. A. Herbert（何汉心），*Examine the Honest, Appraise the Able：Contemporary Assessments of Civil Service Selection in Early Tang China*，pp. 29 – 30。

② P. A. Herbert（何汉心），*Examine the Honest, Appraise the Able：Contemporary Assessments of Civil Service Selection in Early Tang China*，pp. 127 – 132。

③ 李林甫的吏部尚书职位由下任宰相杨国忠（去世于 756 年）接替。参见严耕望《唐仆尚丞郎表》第二册，第 508 页。

④ 除了他的墓志铭，还可参见 Yang Jidong（杨继东），"The Making, Writing, and Testing of Decisions in the Tang Government：A Study of the Role of the 'Pan' in the Literary Bureaucracy of Medieval China."，pp. 148 – 1149；李昉：《太平广记》卷 261，第 2038 页。虽然《太平广记》所载之名并非同一个字，但明显指向同一人，因为不管是这则故事还是墓志铭，都记载李璩早年出任河南府渑池县丞。

136　(759～808）＊即"为所亲者荐"。同样，崔茂藻（836～875）
成为太原附近交城县尉，也源于其"再从昆仲"崔彦昭（去
世于879年）的推荐。支谟（829～879）＊即使在获得了明
经头衔后，也需要其"外叔祖"代他向皇帝请求，才能获得
"内作史判官"一职。

　　通过非正规渠道帮助亲戚，对那些不幸身陷地方官职的
京城家族子孙来说至为重要。李公（764～820）＊来自一个
居住于洛阳的家族，其祖父葬于东都以北的北邙山上。但他
父亲大概在安史之乱期间迁居到河北北部。李公在那里长
大，并最终在河北自立藩镇中担任了一个小官。他能够回到
京城出仕唐廷，仅仅因为"诸舅皆在清显"。卢绶（751～
810）成长于长安西北部的邠州，他父亲或在那里任官时获
得了一定的财产。父亲去世后，卢绶丧失了门荫入仕的机
会，故先求职于当地使府。他入朝为官的最后希望寄托于他
兄长，一位成功的官僚，最终成功帮他找到了一个正式的文
职。

　　由于政治压力阻碍了公开袒护自己族人，因此并不容易
鉴别所有此类任免行为，在传世史料中难以发现。在一些情
况下，此类关系可通过不同来源的谱牒进行重构。譬如，通
过卢湘（去世于787年）＊的墓志可以知道，一个叫裴腆的
人利用自身影响力，让卢湘主管四川地区的税收与运输。然
而，通过查阅卢湘族人卢处约（780～834）＊的墓志，并结
合《新唐书·宰相世系表》，我们就会发现，卢湘的侄子卢
士瑛娶了裴腆的族兄裴谞的女儿。类似的例子还有卢溥
137　（786～850），他的墓志仅显示其在湖州刺史张文规府中任

职。但据其他资料，张文规是卢溥父亲堂兄的女婿。① 有理由相信，在这两个例子中，传世文献并未记载将他们联系到一起的其他婚姻关系。如果能有更多此类记载存世，那么在家族和婚姻关系影响下的类似网络，几乎将要贯穿于整个唐代社会上层。

虽然上述选官制度很大程度上加剧了政治独断，但中唐时期的一些制度变革，通过提供新的上升渠道，威胁到了旧世族对权力的把持。其中一种渠道即藩镇节度使绕过正式选官程序而采取的辟署制，详见第四章。而被史家最为普遍提及的变革却是科举考试的滥觞。武则天在此中被认为扮演了一个特别重要的角色，这也许是她削弱世家大族权力并提拔"新兴阶级"（newly risen class）的深谋远虑之一。② 武则天退位后的唐朝200 年统治期间，越来越多的人通过科举入仕，以替代"荫"。虽然朝廷中大部分官僚从未取得功名，但在最高层的官员中确实有很大比例的科举出身者。甚至那些已经通过门荫入仕的官员，也经常参加科举，并将其作为资格象征，增加成功概率。③

确实，到了晚唐，科举已经成为精英文化的重要一环。早在九世纪的文本中，就已经涌现出在中华帝国晚期将变得十分普遍的从白衣至卿相的故事。韩愈曾在一篇墓志中描述过这种人生："公始以进士，孤身旅长安，致官九卿，为大家，七子　138

---

① 参见其父的堂兄卢士玨（745～821）的墓志及《新唐书·宰相世系表》中的相关记载。

② 陈寅恪：《唐代政治史述论稿》，第20～24 页。

③ Karl A. Wittfogel（魏特夫），"Public Office in the Liao Dynasty and the Chinese Examination System"，pp. 25 –30；毛汉光：《唐代大士族的进士第》，《中国中古社会史论》，第347 页。

皆有学守，女嫁名人。"[1] 当然，晚唐时期也有一些多次应举却仍然名落孙山的悲剧故事。卢彖（815～857）*的父亲六举进士不第，最后将希望寄托于儿子们身上。他对儿子们说："兴吾宗者，当在汝辈。"十世纪时，科举构成了精英文化中如此重要的因素，以至于很难设想没有科举的时代将会如何。有一则笔记即虚构了一次唐太宗（627～649）时进士中第后游行之事，而太宗对唐代中国的数十年统治，还要在这一惯例出现之前。[2]

关于科举促进社会向上流动的观点，尚且存在两个问题。第一，正如我们所见，这些考试仅能保证任官资格；随后的任命程序，包括单独的铨选，对于决定某人在官僚机构中的实际职位更为重要。第二，正如砺波护所指出的，科举很大程度上被旧时大族所把持，并未如在以后的世纪所呈现出来的那样发挥全部效用。[3] 对此，有多种因素。在十一世纪印刷业普及之前，只有富裕及出身名门的人才能接触到手写版书籍。如果一名应举者想要取得功名，就得将这些书籍的内容内化为自己的东西。譬如，九世纪时宰相牛僧孺在隋朝的祖先，曾获皇恩得到长安城南数顷土地以及千卷藏书。这些财富在该家族手中保存了三个世纪，且据牛僧孺的墓志记载，在他年轻时的学业中起了关键作用。[4] 此外，在这些当权者的影响下，科举制度被

---

[1] 引自胡珦（740～808）的墓志。结合这些类似的晚期帝国故事，有理由怀疑胡珦的出身是否真如铭文中所说的那样不具优势。

[2] Oliver Moore, *Rituals of Recruitment in Tang China*, p. 174.

[3] 砺波护：《中世纪贵族的崩坏と辟召制》，第 250～254 页；砺波护：《宋代士大夫の成立》，第 197～201 页。

[4] 关于旧时精英藏书及藏书楼的更多例子，参见孙国栋《唐宋之际社会门第之消融：唐宋之际社会转变研究之一》，第 221～224 页。

调整为更有利于京城精英。因此，在京兆府解（Chang'an prefectural exam）中取得前十名的应试者，会取得"等第"（degree worthy）的身份，这往往能确保其在全国性考试的及第名单中占有一席之地。另一种策略谓之"拔解"（freeing the dispatch），即允许住在长安或洛阳的人，完全通过外地州府解送礼部应试。①

但是，在科举中有优势并不仅限于居住在京城这一条件，一个人的社交网络起着同样重要的作用。荐请关系（Patron-client bonds）在科举过程中的所有阶段都很重要。应举之前，应举人需将诗文散章呈递给荐举人以及知贡举，希求获得权贵的荐举。而后，及第考生会私下以"谢恩"礼拜谢座主。这一仪式的展现揭示了他们的成功更多取决于政治关系，而非一次公正的考试。② 关于最后中榜名单内定的传言，导致对科举公平性的持续质疑。③ 特别而言，也能很好理解与知贡举者保持紧密关系，具有特殊的优势。因此，当836～838年的知贡举高锴之子在拥有这些优势却再三落榜时，这位公子却被其他考生用一句俗语责备为："一百二十个蜣螂，推一个屎块不上。"④

高锴并非唯一一位与科举机构有家族联系的人。表3-4显示，所有能确认为世族出身的知贡举，都居住在京城地区，其中居住于洛阳的人比居住于长安的多三倍；而且，其中

①　Oliver Moore, *Rituals of Recruitment in Tang China*, pp. 82 – 83.
②　Oliver Moore, *Rituals of Recruitment in Tang China*, pp. 141 – 152、186 – 190、204.
③　Oliver Moore, *Rituals of Recruitment in Tang China*, p. 160.
④　Oliver Moore, *Rituals of Recruitment in Tang China*, p. 353；王定保：《唐摭言》，第307页。这一俗语的夸张语词增加了嘲讽意味。

139

84% (61/75) 在京城精英的婚姻网络中。① 事实上，在长安
140 和洛阳的出土墓志中，有 818 年和 819 年知贡举庾承宣的从兄
弟和侄子，827 年和 828 年知贡举崔郾的父亲和孙女，840 年
知贡举李景让的叔父和侄女，856 年和 859 年知贡举郑颢的妹
妹等人。②

因此，虽然来自全国各州的应举人要赶赴长安参加科举，
但成功之人基本被生活于京城的人所垄断。③ 根据晚唐时期出
身居住于洛阳某个家族的孙棨（约生活于 889 年前后）的观
察，即使在 850 年代科举范围扩大之后，依然少有留给新人的
晋身空间："自大中皇帝（唐宣宗）好儒术，特重科第……故
进士自此尤盛，旷古无俦，然率多膏粱子弟，平进岁不及三数
人。"④ 沈既济（约生活于 870 年代前后）在其著名的《枕中
记》中，突出描述了京城家族对进士科的垄断。在这个故事
中，一位来自河北道南部地区邯郸的有钱的富家子弟，将其伟
大的政治抱负告诉了一位道士，后者送给他一个瓷枕。当这
位年轻人枕上它后，以另一种人生苏醒。在此中，他娶了著名
141 的清河崔氏家族女性，并在妻族的帮助下，于来年进士及第。

---

① 许多不知家族住地的知贡举大部分都是唐末时人，故很难找到史料证
实他们的谱系和家族居住。然而，其中一部分人可能确实来京城以
外的地区，比如在 800 年和 801 年知贡举的高郢。

② 分别参见庾承欢（767~820）和庾游方（约818~约859）的墓志，崔陲
（727~791）和李道因（女，去世于876年）的墓志，李宁（774~856）
和李氏（去世于874年）的墓志，郑氏（827~858）的墓志。对知贡举
身份的认定，参见徐松撰、孟二冬补正的《登科记考补正》中的相关内
容。

③ 关于科举及第者被京城人士主导的观点，参见 Oliver Moore, *Rituals of
Recruitment in Tang China*, pp. 68 – 69、80、82、89。

④ 孙棨：《北里志》，第 22 页。孙棨本人是图 3 – 1b 所示居住于洛阳的乐安
孙氏家族（父系5791）成员。

随后，他长期居官，并操办所有儿子的姻媾，其中还包括"天下望族"。直到临死，他才从梦中醒来。所有进士及第、长期居官以及令人难忘的姻缘，都只是这位地方精英子弟的南柯梦。①

总而言之，京城精英在保持其仕宦影响力方面取得了显著成功。他们是门荫特权和科举考试两者的主要受益人，使他们能够主导官员出身资格。一旦他们获得了任官身份，比那些努力获得任官资格的局外人，在铨选上更具优势，任命至更好的职位。在某些情况下，京城精英所享有的这种优势会被制度化，正如"等第"身份的出现。然而更重要的是，他们具有广泛的宗亲和姻亲网络。这些血缘和婚姻关系，在多种背景下互为支持。在这样一种环境下，对于藩帅、卿相和知贡举考官主动成为他们年轻亲戚的举荐人，就不足为奇了。

结　语

在前一章，笔者论证了居住于长安—洛阳地区的精英与居住于地方的精英之间存在的明显差异，包括地理视角下的政治影响力、家族仕宦传统的长短，以及他们与官僚权力结构之间的关系等方面。本章更为详尽地探讨了京城精英的组成，以及长期保有权力的原因。为回答这一问题，笔者通过特定的父子链分析了京城精英，这些父子链的构成，并非根据对特定名人祖先的声称，而建立在由显见的父子关系所重构的亲属网络之上。利用这一方法，能够认定相对有限的具有强大政治势力的家族数量，这些父子链构成了第一章所描述的大族中的小分支。

142

---

① 《文苑英华》卷833，第4395～4397页。

这些家族不仅仅是居住于长安、洛阳或更小范围的两京走廊地区，他们也通过一个密集的婚姻网络联系在一起。毫无疑问，地理上的邻近在维持这一错综复杂的网络中起到了至关重要的作用。事实上，有一个特殊的婚姻集群几乎全部居住于洛阳；且当在中央朝廷某部或机构任职时，其成员会客居长安中心地带的一小片邻近的里坊中。毋庸置疑，新出土墓志将使以后的学者能够将图3－3中所呈现的社交网络复杂化，也能进一步探讨那些将上层社会关联到一起的婚姻或朋友之谊。无论如何，概括来说，图3－3可以被认为是晚唐政治权力精英的展现。

我们可以观察到，唐朝出现了两种新的制度，为那些京城以外的世族提供了向上流动的途径，即科举制和藩镇辟署制。这些制度被认为促进了一系列的发展，并在那些根深蒂固的旧时精英之凋零中达至高峰。本章论述了科举的作用，下一章将更详细地探究藩镇幕府。正如所见，相同的大族房支自唐朝开国前以来便累世为官，相同的精英群体聚集在京城地区并通过婚姻网络得以巩固。他们很容易适应新制度的发展，并同时利用这两种渠道服务于自身在权力上的占优势和永存不朽。

诚然，并非所有旧时贵族子孙都能成功。但正如第一章所论，确实有很多这样的例子。不管是进入官场还是任命官职，都有激烈的竞争过程。大量的大族子孙争夺有限的进士头衔，众多的族兄弟则为获得有权力的叔伯之举荐而互相竞争。在这种环境下，天赋、德行和能力普遍被认为可以决定一个人政治生涯的成功。① 因此，对于进士科和铨选，人们经常抱怨其缺

---

① 在铨选中将天赋、德行和能力作为主要考核标准的相关讨论，参见 P. A. Herbert（何汉心），*Examine the Honest, Appraise the Able: Contemporary Assessments of Civil Service Selection in Early Tang China*, pp. 91 – 97。

乏公正。对于非正式的任命程序，如宰相任命高品级官职以及节度使辟署僚佐，都必须确保由聪明人来负责，才有能力识别真正的人才。①

但是，这样一种人才提拔方式并不见于宋代。② 唐代精英保持着他们对"贵族"气质的信念，即仕宦大族更具有才赋，也更能积累历代祖先的能力。这样一种意识，合法化了一系列官僚选拔和任命的程序，包括门荫特权和"等第"身份。虽然笔者在第一章已经揭示，从近代标准来看，门荫特权完全是一种裙带关系。但是，九世纪的墓志赞颂了他们通过举荐获得官职的行为，因为这反映了他们仕宦祖先的荣誉与声望。③ 因此，对唐代精英来说，配合着他们通过权力社会网络的地理集中所取得的主导权，一种关于天赋的论述听起来并不刺耳。

皮埃尔·布迪厄（Pierre Bourdieu）有关社会资本（social capital）的观点有助于解释这些家族持续的主导地 144

---

① 譬如，墓志中经常记载，志主因某节度使赏识其才能而被辟署到该藩镇。关于这种才能被认可的有趣比喻，普遍存在于特别是九世纪的文本中，即所谓伯乐方知千里马。参见 Madeline K. Spring（司马德琳），"Fabulous Horses and Worthy Scholars in Ninth-Century China"。

② 关于宋代科考，参见 John Chaffee（贾志扬），*Thorny Gates of Learning in Sung China：A Social History of Examinations*。

③ 对门荫特权的辩护同样指出，朝廷官员之子的成长环境为他们未来有责任感的官僚生涯奠定了更为坚实的基础。比如九世纪中叶的宰相李德裕即在 844 年指出："然朝廷显官，须是公卿子弟。何者？自小便习举业，自熟朝廷间事，台阁仪范，班行准则，不教而自成。寒士纵有出人之才，登第之后，始得一班一级，固不能熟习也。"参见 Karl A. Wittfogel（魏特夫），"Public Office in the Liao Dynasty and the Chinese Examination System"，p. 29。【译按：作者此处所引李德裕之语，全据魏特夫之文的英译，其原文见《旧唐书》卷 18 上《武宗纪》，然实在会昌四年（844）所说，非魏特夫所谓 840 年，作者沿误，今正之。】

位。①京城精英的社会关系是一种可交换资源，其本身即有价值，并可用来交换政府中的清职。这种社会资本渗透在居住于长安和洛阳的精英婚姻网络中，保障了旧时大族中的特定房支在人才竞争中的特殊优势。这种社会资本在不同环境中起着不同的作用。京城婚姻网络基本由两个婚姻集群组成，反映出使精英们与政治体制和权力结构相联系的两种截然不同的方式。集群 B 在地理分布上更为多元，其中的家族居住于长安或洛阳；其构成也更加多样，包括军事家族和文官家族两者。集群 B 中的家族大多与皇室高度通婚，故而代表了与唐政权紧密相关的家族，包括曾在安史之乱中帮助政权渡过危机的名将家族。从皇室的角度来看，一种更为多样化的婚姻网络可能有助于其在更为广泛的层面发挥影响力。同时，可能正是与集群 B 中成员的通婚，而非科举考试或藩镇辟署，为局外人进入政治精英行列提供了难得的机会。

集群 A 则更加均质化，由最著名的旧时家族的支系组成，几乎都居住于洛阳。这些家族通过尤为密集的婚姻网络彼此联系。在官僚及其产生方面，同样发挥着特别的影响力。集群 A 中的成员比集群 B（排除皇室本身）中的成员更有可能占据文官机构中的首要职位，包括宰相、知贡举和吏部尚书（参见表 3 - 4）。若比较居住于洛阳——其中许多通过联姻与集群 A 中的家族相联系——和长安的精英，那么他们之间的差距还会更大。虽然不应该夸大两个婚姻集群之间的差异，但集群 A 确实好像更少依赖李氏皇族和唐朝政权，而更多与中国政治体

145

---

① 关于社会资本的简述，参见 Pierre Bourdieu，"Le capital social"。渡边孝是最先将布迪厄的理论运用于九世纪中国的唐史学家之一，参见渡边孝《唐后半期の藩镇辟召制について》，第 59 ~ 60 页。

系本身相关。有证据表明，集群 A 中的家族早在唐朝开国之前便相互通婚。① 假使安禄山在八世纪中叶成功推翻了唐王朝，集群 A 也将幸存下来，这并非不可能。但是在讨论唐王朝最后灭亡之前，有必要回到晚唐藩镇这一问题上来。笔者认为，藩镇被错误地当成了唐王朝覆灭和中古中国大族凋亡的原因。

---

① 虽然全面考察唐以前这些家族的婚姻关系远远超出了本项研究的范围，但是确有证据表明，赵郡李氏的东房确实早在六世纪即与博陵崔氏的大房和二房通婚。参见李希礼（511～556）、李宪（约 480～约 537）和崔昂（508～565）等人的墓志。一些旧时家族可能为加入社会网络而移居洛阳，从而为他们提供资源，并作为一个集体来对抗其他早期唐代精英。

第四章 晚唐藩镇

　　大量关注晚唐政治、经济、社会史的学者已经揭示出安史之乱的深远影响。安禄山（约703年～757年）从边境军将序列中一步步升迁，直至成为唐朝八世纪中期最重要的武将。①740年代晚期，在长安待了一段时间后，安禄山成为唐玄宗（712～756年在位）宠臣，同时与权相李林甫保持着良好的关系。很大程度上，由于其在朝廷的各种关系，安禄山被任命为三个边境藩镇的节度使，并得到数次连任的许可。然而，在李林甫死后，安禄山与唐廷的关系开始恶化。最终，755年末，随着与李林甫的继任者之矛盾进一步升级，安禄山造反了，带领15万军队穿过河北，并在不到一个月后占领东都。身为帝国高官，安禄山深谙中国政治文化，并意识到自己可以正式谋求称帝。②叛乱开始之后仅仅数周，安禄山即自称为新王朝大燕之皇帝。数月之后，他占领了长安，逼迫唐玄宗向西南方向逃亡四川。在安禄山及其继任者统治下，燕国维持了整整七年的统治，直至最终被忠于唐朝的军队消灭。

　　叛乱所产生的最直接的影响，也许是领土的真正丧失。当

---

①　关于安史之乱的充分描述，参见 Charles A. Peterson（毕德森），"Court and Province in Mid- and Late T'ang"，pp. 468 – 484。

②　根据传统中国的政治理论，成功的叛乱本身即可证明上天对叛乱者的支持。

保卫中亚商路的唐朝军队被召回内地，用以对付叛军后，导致西北地区大片领土被吐蕃和回鹘所控制。[①] 与此同时，东北方向的河北道也沦于自立的武人藩帅之手。而且，还产生了其他引人注目的长远影响。动乱期间税收制度的破坏，深深打击了乱后的国家财政，以及土地分配制度的衰败，后者曾一度限制过个人拥有土地的大小。[②] 同时松弛的还有对商业的严格限制——特别是政府对城市中市场控制的瓦解——无意间推动了晚唐商业活动的多元化发展。[③] 最后，随着与一般官僚体系平行的新型藩镇体制的建立，叛乱也带动了机构的改革。

许多唐史学者认为，这一系列现象是导致大族消亡的重要原因。他们指出，对商业和财产权的弛禁，引发了新型商人和土地精英的出现。[④] 同时，藩镇节度使创立的非正式的官吏任命方法，最终成为向上流动的新渠道。由此，那些出自"叛乱前在文官中默默无闻的门第"的人开始参与朝政，从而威胁到旧时家族对权力的垄断，成为"遍布于所有品级的一般

① Charles A. Peterson（毕德森），"Court and Province in Mid- and Late T'ang"，p. 486；Christopher I. Beckwith，*The Tibetan Empire in Central Asia*，pp. 143 – 156。

② Denis Twitchett（杜希德），"Introduction"，pp. 24 – 28。

③ Denis Twitchett（杜希德），"Merchant, Trade, and Government in Late Tang"；Denis Twitchett（杜希德），"The T'ang Market System"。

④ 关于当时北方土地所有者积累财富的个案，参见 Nicolas Tackett（谭凯），"The Transformation of Medieval Chinese Elites，850 – 1000 C. E."，pp. 37 – 38、51。这种土地占有和经济现象的进一步发展，同时带动了个人生活的"弛禁"。随着朝廷支持的学术项目日渐下移，使得学问和文学日渐独立于国家。参见 David McMullen，*State and Scholars in T'ang China*。

148　官僚"。① 前两章已揭示，居住于长安和洛阳的精英，很大程度上通过紧密的联姻网络以及由之而来的社会资本，主导了晚唐的朝政机构。那么，藩镇幕府又是如何呢？如果居住于京城的门阀大族所拥有的独断政治影响力，未能延伸至藩镇，那么地方上的官僚机构，最终也会成为日渐强大的新型精英的摇篮。

　　本章即从政治和社会两个方面，重新考察晚唐藩镇发展的影响。首先，笔者将使用新材料，用以支持一些学者对九世纪政治上中央与地方对立的修正意见。虽然一千年来的历史学家一直将安史之乱以后的唐朝描绘为一个王朝逐渐崩溃的过程，但是笔者认为，九世纪的唐王朝直至最后依然保持着相对的稳定。② 随后，利用前一章所描述的方法，笔者将展示京城精英如何很好地适应制度变革。即便大多数时候通过科举制度取得成功，他们也直接受益于晚唐藩镇体系。虽然安史之乱也许是中国经济史的重要转折点，但它对中国大族的影响相对较小。正如我们会在第五章中看到的那样，是九世纪最后二十年的灾难性叛乱，才最终突然摧毁了中古世家大族和唐王朝自身。

---

① Denis Twitchett（杜希德），"Introduction"，p. 21；Denis Twitchett（杜希德），"The Composition of the T'ang Ruling Class：New Evidence from Tunhuang"，p. 79。【译按：前者译文参考了《剑桥中国隋唐史》译文】

② 根据宋代史家何去非（约 1082～1090 年前后在世）的观点，安史之乱后，"天下之权已分于下"；因此，唐朝"其亡，不在乎僖昭之世，而在乎天宝之载焉"。数世纪后，清代著名史家赵翼（1727～1814）将晚唐藩镇制度描述为"祸"，是一个由"骄兵"统治的时代，并认为从八世纪中期到十世纪最终灭亡，藩镇割据一直困扰着唐朝。参见何去非《何博士备论》，第 64a～65a 页；赵翼：《廿二史札记》卷 20，第 7a～8a、9a～10a 页。直到今天，仍然有很多唐史学者认为安史之乱后，唐朝由盛转衰。

晚唐藩镇体系和河北独立藩镇

晚唐藩镇体系根植于八世纪早期的两种由来已久的变革。[1]　149
其一是针对中国领土的地方三级行政区划的形成。唐朝统治的
第一个世纪里，帝国政区仅分两级：州和下属的县。706 年，
由于考虑到地方政府治理水平的下降，朝廷开始任命特殊的使
节，最初名为"按察使"。他们负责按察新设的十个"道"，
及其所属州县。随后数十年间，这些人继续要求提升他们按察
范围内更基层行政单位的监察权。734 年，即出现新的监察体
系，按察使们——如今已经改为"采访处置使"（或简称"采
访使"）——开始监察所有十五个道。

其二则涉及边防的根本性重组。唐初，武装力量被编排入
府兵系统，即没有大规模的常备军。当需要组织重要战役时，
临时任命的将领将负责由动员起来的府兵和其他募兵所组成的
行军。[2]　在 710 年代，边防压力的加重迫使朝廷建立起十个军
镇，长期在北方和西南边疆地区驻扎，每个军镇都任命一名
"节度使"。虽然这些节度使最初由文官担任，但朝廷渐渐用
职业军将来取代。一段时间后，武人节度使被赋予极大的自主
权，包括地方行政、经济和后勤供应，给予他们对治下领土的

---

[1]　下文关于安史之乱期间藩镇发展的叙述，参考了 Charles A. Peterson （毕
德森），"The Autonomy of the Northeastern Provinces in the Period Following
the An Lu-shan Rebellion", pp. 2 – 8；Denis Twitchett （杜希德），"Hsüan-
tsung", pp. 366 – 370、402 – 404；Charles A. Peterson （毕德森），"Court
and Province in Mid- and Late T'ang", pp. 465 – 467、476、486 – 489；张国
刚：《唐代藩镇研究》，第 9～20 页。

[2]　关于早期的府兵制，参见 Howard J. Wechsler，"T'ai-tsung the Consolidator"，
pp. 207 – 208。

150　至高权力。同时，他们要求更多的军队，并因此于 730 年代时，已有 85% 的唐朝军队为他们所控制。①

　　安禄山就是这些节度使之一，在得到皇帝的信任后，他被不明智地任命为相邻三个藩镇的节度使。故当他于 755 年发动叛乱时，最初竟然没有能够与之抗衡的军队。叛乱期间，为了对帝国忠顺地区提供军事支持，朝廷允许内地十五道仿照边疆节度区的方法，均可建立一支长期的军队。内地藩镇的新任节度使也被赋予此前采访使所有的权力。在叛乱结束后二十年间，帝国境内所有的州都附属于某个藩镇，而每个藩镇也都有了自己的常年镇兵。

　　由于晚唐藩镇体系呈现出零散状态，并未完全合理化，安史之乱以后的藩帅拥有一系列不同的头衔。这些头衔的不同称呼有时也令历史学者感到困惑，部分人认为在武帅和文帅之间有明确的界限。② 事实上，藩帅们兼具武职和文职，经常同时拥有文职头衔"观察使"和武职头衔"节度使"或"都团练使"。没有例子表明，在一个藩镇中，同时分设武帅和文帅。更为复杂的是，一些藩镇的观察使、节度使，拥有各自不同的名号。比如，"鄂岳观察使"同时拥有"武昌军节度使"的头衔，"浙西观察使"同时拥有"镇海军节度使"的头衔。最后，驻守于洛阳的东畿防御使，也经常被冠以"留守"（regent）的头衔。但是，不管头衔和名号

151　如何变换，依然能恰如其分地将晚唐视为各个藩镇的组合，每个藩镇拥有单独的藩帅（governor）。

　　安史之乱结束后的十年内，唐朝中央政府初期很难重新控制所

①　Denis Twitchett（杜希德），"Hsüan-tsung"，pp. 415–416。

②　这样的观点参见 Charles O. Hucker（贺凯），*A Dictionary of Official Titles in Imperial China*，p. 33；Denis Twitchett（杜希德），"Varied Patterns of Provincial Autonomy in the T'ang Dynasty"，pp. 100–101。

有藩镇。最终，河北地区的三个藩镇——幽州、成德和魏博——成功地维持了他们的自立直至唐亡。① 所有这三个藩镇皆由前叛乱将领所建，在 760 年代至 770 年代分别出任三镇藩帅的李怀仙（去世于 768 年）、李宝臣（去世于 781 年）和田承嗣（704～778），此前皆为安禄山帐下的军事将领。为尽快结束安史之乱，他们在名义上向唐朝献土之后，被允许继续以藩帅的身份统治其所占领的土地。②

　　然而，接下来的一个半世纪中，这三个藩镇维持了强烈的割据传统。由此，在整个九世纪，唐廷几乎未能影响它们藩帅的继任问题。大部分时候，藩帅传袭皆按世袭原则，这一原则被称为"河北旧事"。③ 比如，在 763 年建镇后，田承嗣家族统治了魏博镇近六十年。④ 在成德镇，王庭凑（去世于 834 年）——此人于 822 年控制了成德镇，且其本人即前一任节度使的养子——的后裔维持了一整个世纪的统治。⑤ 在其他情况下，则是藩帅的统治为部下所推翻。九世纪的幽州镇特别不稳定，藩镇军队在 821～876 年间发动了九次兵变。⑥ 由此可知，即使是世袭，也需要得到军队的默许。可以毫不夸张地说，河北藩镇处于"军人统治"（garrison rule）之下。⑦

　　由此，在自立藩镇，唐廷基本难以控制藩镇层面的政治决 152

---

① 英语学界对晚唐河北自立藩镇最好的研究，参见 Charles A. Peterson（毕德森），"The Autonomy of the Northeastern Provinces in the Period Following the An Lu-shan Rebellion"。毕德森未能接触到大量墓志材料，但如今我们能够借由这些墓志深入理解这一地区。

② 同上引，pp. 48－52。

③ 同上引，p. 104。

④ 郁贤皓：《唐刺史考全编》第二册，第 1381～1384 页。

⑤ 郁贤皓：《唐刺史考全编》第三册，第 1485～1488 页。

⑥ 郁贤皓：《唐刺史考全编》第三册，第 1609～1614 页。

⑦ Charles A. Peterson（毕德森），"Court and Province in Mid- and Late T'ang"，p. 548。

策。在河北，也就无法控制军队规模和藩镇与属州之间的军力平衡。[①] 虽然唐廷经常依靠藩镇军队参与重要军事征服，但自立河北地区少有贡献，除非某一自立藩镇与唐廷联合对付另一自立藩镇。[②] 大部分时候，它们忙于与唐廷公开决裂。特别是幽州镇，甚至针对非汉人政权自行展开外交。幽州镇的一位僚属张建章（806~866）＊，即在被藩镇政府派往渤海国的外交使团中。随后，在他临死之前，获得了"押奚契丹两蕃副使"的头衔。[③]

此外，虽然一般而言，唐廷有权任命州刺史和县令，但自立藩镇节度使已经夺去了这项权力。[④] 最近数十年出土于河北地区的九世纪墓志显示，与藩镇幕府有密切关系的地方精英经常出任家乡藩镇的州县官。特别是幽州镇的官员，经常在这由九个州组成的东北藩镇治下的数州之间依次迁转。图4－1即

153

---

① 比如在779年，朝廷试图将魏博镇的军队数量从7万人缩减至3万人，不幸未能成功。参见 Charles A. Peterson（毕德森），"The Autonomy of the Northeastern Provinces in the Period Following the An Lu-shan Rebellion", pp. 82－83。自立藩镇的军队维持在15万人至20万人，参见前引，p. 57。

② 比如在775年，幽州镇和成德镇与禁军联合，向魏博镇施加压力，迫使后者放弃在河北道西南部取得的领土。参见 Charles A. Peterson（毕德森），"The Autonomy of the Northeastern Provinces in the Period Following the An Lu-shan Rebellion", p. 60。这一现象的一个重要的例外，可参见论博言（805~865）的墓志。此人为吐蕃后裔，在他出仕幽州镇幕府时，率领一部分幽州军，在帝国主导的对西南政权南诏的反击战中作战。关于河北藩镇也会提供军队帮助防守西南边疆以应对吐蕃入侵的情况，参见前引，pp. 174－176。

③ 当时，幽州节度使同时拥有"两蕃使"这一头衔，由皇帝授予节度使。事实上，唐廷很乐意将与渤海国的外交委托给幽州节度使，即便唐廷很难控制这些谈判内容。毕德森引用了宰相牛僧孺对于幽州节度使传袭的观察："且范阳国家所赖者，以其北捍突厥，不令南寇。……固不计于逆顺。"参见前引，p. 173。【译按：毕德森所引见《旧唐书·杨志诚传》。】

④ 对于这一现象，前辈学者已经提出充足的"反面材料"，即唐廷成功地向自立藩镇任命了刺史或县令。参见前引，p. 58。近数十年间出土于河北地区的墓志，也提供了大量幽州、成德和魏博三镇中，关于刺史和县令层面的任命材料。

展示了两位幽州镇高级官员周玙（787～856）＊和乐邦穗（827～877）＊的州级任官经历，两人加在一起，遍历该藩镇治下九个州。周玙和乐邦穗的例子并不少见。[①] 幽州镇还模仿唐廷，让在治下州迁转的官员安家于藩镇治所州——这里的京城。

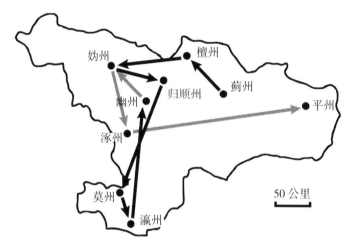

图 4 - 1　两位九世纪幽州镇官员的任官迁转

说明：黑色箭头＝乐邦穗的任官；灰色箭头＝周玙的任官。此图排除了任官地点模棱两可的官吏。

最后，也许对于唐廷来说最需要考虑的是，自立藩镇从未向朝廷纳税，虽然他们不时进贡一些礼品。[②] 诚然，由于维持防御力量的花费，一部分忠诚藩镇也不必纳税，甚至有时会得到国家的补

154

---

① 另外的例子，可参见耿宗倚（823～881）的墓志，此人在获得了不下九次不同的任命，其中包括三次幽州镇治下州刺史任命。亦可参见王公淑（780～848）、论博言（805～865）、阎好问（810～873）和温令绶（806～874）的墓志。

② Charles A. Peterson（毕德森），"The Autonomy of the Northeastern Provinces in the Period Following the An Lu-shan Rebellion", p. 81。

贴。① 然而，作为中国粮仓之一的河北地区，因为在安史之乱后失去了这些独立藩镇的赋税，也就长久地减少了唐廷可获得的粮食储备。② 更有甚者，在叛乱之前，中国大部分丝绸和事实上所有顶级丝绸——其中最有名的品种是范阳（在河北北部）绫——都产自河北和河南北部地区。③ 幽州镇富庶的一个体现是房山石刻佛经题记名单。在九世纪晚期，大约有 15000 方石刻题记，上面刻了成千上万的施主姓名，包括大量幽州地区官员。④ 此外，晚唐河北形成了数个商业中心，部分是因为处在来自东北的国际商贸路线上。在幽州，有三十个"行"、一个"胡市"，后者专为与外国人贸易而设，来自全国的货物在此出售。⑤ 早在七世纪，在南面的黄河和北面的幽州之间，即已因大宗贸易之需而在河北有一条重要的运河，并在沿途的魏州和贝州设有存储和运输大部分货物的仓库。⑥ 这条运河似乎在九世纪依然多次利用。⑦

155

随着自身的经济、外交政策，以及官员任命和选拔程序的建立，自立藩镇在许多方面都像一个唐朝政权的缩微版。然

---

① 张国刚部分地根据是否向国库贡赋，梳理出四种晚唐藩镇类型，参见张国刚《唐代藩镇研究》，第 59 页。

② 杜希德统计到，在 740 年代，中国登记人口（即纳赋人口）的四分之一，以及更大比例的粮食资源，皆来自这些安史之乱后自立的藩镇。参见 Denis Twitchett（杜希德），"Provincial Autonomy and Central Finance in Late T'ang"，pp. 214 – 216。然而，杜希德的统计包含了九世纪早期重回唐廷控制的部分河北和山东地区，故而唐廷的实际损失最终没那么大。

③ Denis Twitchett（杜希德），"Merchant, Trade, and Government in Late T'ang"，p. 76；Denis Twitchett（杜希德），"Provincial Autonomy and Central Finance in Late T'ang"，pp. 224 – 230。

④ 《房山石经题记汇编》。

⑤ 鲁晓帆：《唐幽州诸坊考》，第 79 页。

⑥ Denis Twitchett（杜希德），*Financial Administration under the T'ang Dynasty*，pp. 188 – 189。这条运河名为永济渠。

⑦ 董唐之（804~858）的墓志明显提及了用船运输幽州税粮。

而，幽州、成德和魏博三镇，并非完全独立于唐廷。在一个激烈竞争的政治环境下，他们的藩帅经常依赖唐廷所赋予的合法性。正如九世纪一位宰相李德裕所观察的那样："河朔兵力虽强，不能自立，须借朝廷官爵威命以安军情。"[①] 在这种意义上，根据他们与中央政府的关系，河北藩镇统治者认为自己更像帝制时代以前战国时期的群雄。[②] 甚至在 782 年末的一次公开叛乱中，藩帅们并不否定唐朝皇帝；相反，他们自称为"王"——中国政治理论下明确从属于"皇帝"的名号——并临时将他们的藩镇幕府体制转变为"封建"（feudal）体制和世袭制，自觉地使用能追溯到战国时期的名号。[③]

宪宗中兴之后的再度中央化

基于1940、1950 年代日野开三郎和堀敏一的开创性工作，许多二十世纪的晚唐藩镇研究者，主要聚焦于自立藩镇，认为它们是中国所有地区藩镇的典型代表。[④] 根据这个认知模式，安史之乱引发了一种"强大的离心藩镇秩序"，在这里，乱后"一定程度上恶化"的国家，"不时处于成为松散的自立藩镇混合体的边

156

---

① 张国刚：《唐代藩镇研究》，第 49 页。【译按：李德裕原话引自《资治通鉴》卷 248，会昌四年八月条】

② 九世纪时，藩帅们并不能完全与"诸侯"（feudal lords）相比。参见王寿南：《唐代藩镇与中央关系之研究》，第 1 页。需要指出，"诸侯"（feudal lords）一词有误导性，藩帅及其属官大体上都是俸禄官员。

③ Charles A. Peterson（毕德森），"The Autonomy of the Northeastern Provinces in the Period Following the An Lu-shan Rebellion"，pp. 91 - 92；《资治通鉴》卷 227，第 7335 ~ 7336 页。

④ 日野开三郎：《支那中世の军阀》；堀敏一：《唐末诸叛乱の性格》；堀敏一：《藩镇亲卫军の权力构造》。日野氏和堀氏无疑受到了更早学者的影响，包括宋代学者的何去非和清代学者赵翼，参见本章第 162 页脚注②。

缘"。① 这是一个被认为"武人跋扈"（chronic militarism）的时代，这时候，"职业军人……夺取了许多政府的正常职能，并在名义上忠于唐，事实上却不尊王命，有时候完全独立"。② 整个国家被分裂为许多独立王国的五代时期，则被认为是"这一进程的终点"。③

事实上，这些关于安史之乱后中央权威几近完全瓦解的描述，过于夸张。大泽正昭是首次区分同一体制下藩镇之间不同类型的当代学者之一。在对唐德宗（780～805 年在位）和唐宪宗（806～820 年在位）时期的情况分别予以研究后，他区分了三种类型：事实上自立的藩镇，在河北；有自立倾向的藩镇，特别在河南；忠顺的藩镇，大部分位于南方。④ 随后，杜希德提出了类似的模型，并补充道，晚唐北方藩镇比南方藩镇更具军事色彩。⑤ 十年后，张国刚推导出更为复杂的分类法，其起点可追溯至九世纪政治家和诗人杜牧对藩镇的分析。张氏认为，存在四种类型的藩镇，其所依据为对唐廷的忠顺程度，和相对于唐朝而言的经济上和后勤供应上的独立程度。⑥ 虽然这些分类模式在更好地理解

157

---

① Charles A. Peterson（毕德森），"Court and Province in Mid- and Late T'ang"，p. 464；Denis Twitchett（杜希德），"The Government of T'ang in the Early Eighth Century"，p. 322；Charles O. Hucker（贺凯），*A Dictionary of Official Titles in Imperial China*，p. 28。

② Edwin G. Pulleyblank（蒲立本），"The An Lu-shan Rebellion and the Origins of Chronic Militarism in Late T'ang China"，p. 35。

③ Edwin G. Pulleyblank（蒲立本），"The An Lu-shan Rebellion and the Origins of Chronic Militarism in Late T'ang China"，p. 59。

④ 大沢正昭：《唐末の藩鎮と中央權力》。

⑤ Denis Twitchett（杜希德），"Varied Patterns of Provincial Autonomy in the T'ang Dynasty"。然而需要明确，杜希德曾在其他场合认为："所有地方都明显兴起了地方自立力量和特殊化的力量。"参见 Denis Twitchett（杜希德），"Introduction"，p. 17。

⑥ 张国刚：《唐代藩镇类型及其动乱特点》；张国刚：《唐代藩镇研究》，第 42～59 页。

晚唐权力结构方面已被证明有效，但依然需要记住，所有藩镇之间最大的区别存在于自立的河北藩镇与唐帝国其他藩镇之间。

特别是，在河北之外，大部分时候，唐廷在德宗和宪宗时期再次集权的努力赢得了成功。[①] 这种再次集权的一个方面涉及军事征服。在代宗去世前的 779 年，七个藩镇——包括幽州镇、成德镇和魏博镇，以及山东的平卢镇，当代湖北的襄阳镇、四川的剑南西和淮河流域的淮西——依然保持了很大的离心力，其藩帅由藩镇军队所选而非中央任命。唐德宗统治早期，这些跋扈藩镇中的两个在数次武力讨伐之下重新归顺。同时，两个更小的藩镇被强行从最大的河北自立藩镇中分离出来。接着，德宗的继任者宪宗，也致力于征服依然有分离倾向的藩镇，并取得成功。其胜利的高潮在 820 年代初，此时的唐廷甚至能够向自立的河北藩镇任命藩帅。[②] 虽然三个河北自立藩镇的军队不久即推翻了朝廷任命的藩帅，但唐廷在 820 年代，成功地在帝国其他地方实现了权威的重建。

然而，这些军事征服，仅仅是再次集权努力的一个方面。朝廷同时通过一系列重要方式重建藩镇体制。在 770 年代，藩帅被禁止任命或撤换属州的刺史，此后刺史人选取决于中央政府的铨选。随后，唐德宗成功地增大了禁军（Palace Army）规模，用以抗衡藩镇力量；并建立起"监 158

---

① 关于德宗和宪宗再次集权的努力，毕德森有最好的研究，本书亦基于他的下列讨论：Charles A. Peterson（毕德森）， "The Restoration Completed： Emperor Hsien-tsung and the Provinces"；Charles A. Peterson（毕德森）， "Court and Province in Mid- and Late T'ang"，pp. 497－552。另外参考大沢正昭《唐末の藩鎮と中央権力》；辻正博：《唐朝の對藩鎮政策について》。

② 关于宪宗在东南和西南两次军事征伐中取得成功的努力，近来有趣的研究参见陆扬《从西川和浙西事件论元和政治格局的形式》、《从新出墓志再论 9 世纪初剑南西川刘辟事件及其相关问题》。

军"体制。①监军由出自内廷（Inner Palace）的宦官组成，并被派遣到藩镇，用以监视藩帅。进一步的改革完成于宪宗朝。一项重要的新税政策在809年由裴垍推行，剥夺了藩镇政府的部分财政基础。从此以后，他们仅能从属州中的一个州征税，剩余的州需要直接向朝廷缴税。最后，在819年，一些藩镇军队被下放给州刺史——此前他们并无军权——从而削减藩帅的军事力量。虽然其余改革完成于随后的数十年间——主要是涉及藩镇权力的任命程序规范化改革——但大部分集权进程完结于820年。

关于宪宗中兴对晚唐藩镇秩序的深刻影响，学者的研究进展缓慢。直至晚近，依然存在这样一种趋势，认为藩帅及其僚佐基本处于与中央控制的对抗状态下，并构成了一股离心力量，最终导致十世纪时中国解体为数个政权。根据大泽正昭所提出的藩镇类型，每个藩镇有别于其他藩镇的唯一标准是对皇帝顺逆与否。在杜希德看来，藩镇存在于一种"'自立'（autonomy）的大氛围"中。②无论哪种观点，都认为藩镇的存在妨碍了中央政府的权威。

在1980年代和1990年代，东亚的学者们开创了理解唐代藩镇的新视角，不再视之为比后世王朝地方政府更加敌对中央统治的势力。比如，张国刚指出，兵变——有时被历史学家视为地方与朝廷的对抗——实际上往往根源于地方政治中的冲突。③其他学者重新审视了九世纪的制度史，用以揭示朝廷如

①　关于宪宗朝监军的重要性，参见 Lu Yang（陆扬），"Dynastic Revival and Political Transformation in Late T'ang China: A Study of Emperor Hsien-tsung（805 – 820）and His Reign", pp. 283 – 288。

②　Denis Twitchett（杜希德），"Varied Patterns of Provincial Autonomy in the T'ang Dynasty", p. 105。

③　张国刚:《唐代藩镇研究》，第60～71页。

何维持与州级政府的直接交流，而没有来自藩镇的干扰；以及出仕于藩镇的幕职官如何经常以入朝为官为终身目标。①

中砂明德提出了更为大胆的理论，他认为当时的中央政府积极利用藩镇政府来维护在地方上的更多控制。九世纪早期的一场干旱，影响到中国南方粮仓之地江淮地区，通过对此的研究，中砂氏指出，藩镇当局与中央政府合作，组织水利设施发展计划，用以向京城提供粮食。② 受中砂氏启发，郑炳俊——主要基于九世纪中叶的朝廷政令——认为中央政府试图给予藩镇统治者一系列职权，以达到提高行政效率的目的。由此，藩镇政府得以追踪人口数量和基层行政单位的总耕地面积，督查下属州县负责的刑事案件，乃至管理欲应科举的乡贡进士。③ 根据866年的皇帝大赦诏书，可以看到上文所示给予藩帅之权责，此处藩帅指的是"观察使"：

> 其天下州县官等，皆罕悉律令，莫知重轻，唯任胥徒，因多枉滥，委本道观察使觉察闻奏。又刺史县令，多务游宴，不思官常，决遣既妨，图圄自满，永言冤滞，岂不由斯？委观察使表率条流，以惩深弊。④

在这一大赦诏中，通过给予藩镇统治者以监督下属州县的职责，主要用以遏制基层官员的渎职和无能。有别于形成一股离心力，他们至少在表面上，都是朝廷的代理人。

160

---

① 郑炳俊：《唐後半期の地方行政體系について》；渡边孝：《中晚唐期における官人の幕職官入仕とその背景》。
② 中砂明德：《後期唐朝の江淮支配》。
③ 郑炳俊：《唐代の觀察處置使について》。
④ 《全唐文》卷85，第899页；见引于郑炳俊《唐代の觀察處置使について》，第60页。

唐朝政治专制与藩镇

上文提及的大部分研究宪宗中兴的学者，专注于从制度结构和政治实践角度来分析藩镇。九世纪早期最后一种强化集权的努力，则涉及藩帅及其僚佐出身的逐步转型。这一转型部分始于德宗朝，关系到武将和文官的更替。由此，在安史之乱结束时 75% 的藩帅拥有军事背景，而到了 779 年，仅有 60% 的是武人。[①] 然而，这一转型最重要的时刻大致发生于宪宗朝的晚年。817 年，出身世族的宰相裴度（765~839）受命为淮西节度使，以便领导朝廷对淮西镇叛军的反攻。他请求任命数位朝官协助他，包括出身世族的韩愈和马总（去世于 823 年）。[②] 裴度尽全力取得了成功，以至于他的努力成为一种典范——"裴度故事"（Pei Du precedent）——从而引发朝廷派遣更多高官占据其他地方藩镇政府关键职位。[③]

根据对现存的传记资料的全面分析，我们可以系统地估量藩帅群体出身的转型。这一实证考察，大体上证实了我们对晚唐的再认识，即宪宗末年的 820 年，朝廷和藩镇之间的关系开启了新的阶段。图 4-2 ~图 4-5 展示了 31 个藩镇的藩帅类型的逐年变化。所示时间段始于安史之乱后不久的 770 年，终于唐廷基本丧失所有权威的 900 年。这些分析主要基于前人对唐代藩帅的整理，也补充了来自出土墓志和其他传记材料的数据。[④]

---

① Charles A. Peterson（毕德森），"Court and Province in Mid- and Late T'ang"，p. 492。

② 《资治通鉴》卷 240，第 7737 页。

③ 《资治通鉴》卷 249，第 8045 页。

④ 关于唐代藩帅，参见吴廷燮：《唐方镇年表》；郁贤皓：《唐刺史考全编》；王寿南：《唐代藩镇与中央关系之研究》。

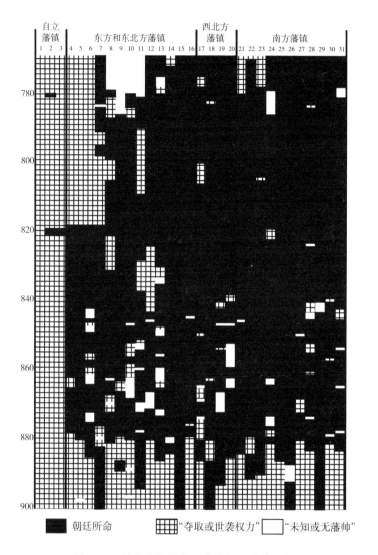

图 4 - 2　特定藩镇藩帅任命途径（分镇逐年）

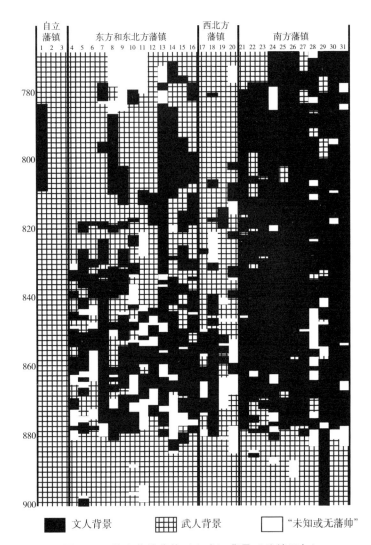

图 4 – 3　特定藩镇藩帅（文武）背景（分镇逐年）

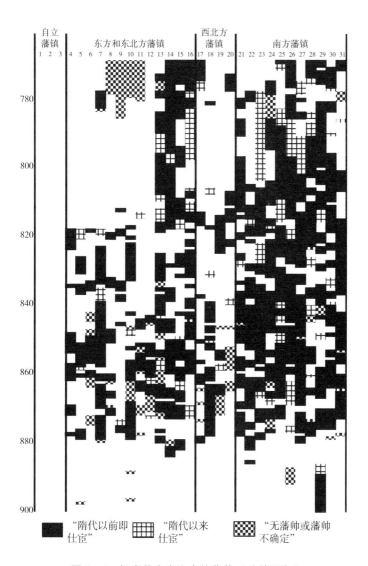

图 4－4 拥有仕宦家族史的藩帅（分镇逐年）

166

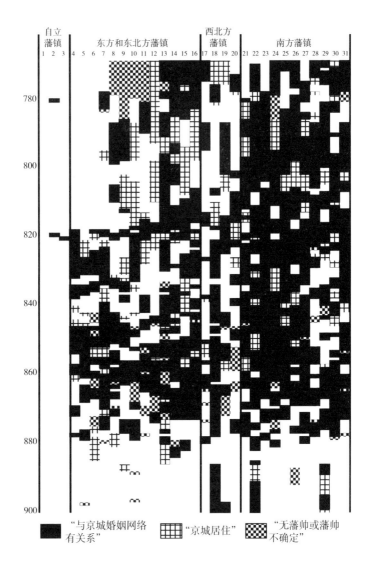

图 4 - 5　居住于京城或与京城婚姻网络有联系的藩帅（分镇逐年）

藩镇序号指代

　　1. 幽州；2. 成德；3. 魏博；4. 平卢；5. 天平；6. 兖海；7. 宣武；8. 武宁；9. 忠武；10. 河阳；11. 义武；12. 昭义；13. 陕虢；14. 义成；15. 河东；16. 河中；17. 邠宁；18. 凤翔；19. 泾原；20. 鄜坊；21. 山南东道；22. 山南西道；23. 剑南西川；24. 宣歙；25. 淮南；26. 浙西；27. 荆南；28. 福建；29. 岭南；30. 江西；31. 鄂岳

　　说明：对藩帅的确认基于吴廷燮《唐方镇年表》、郁贤皓《唐刺史考全编》和王寿南《唐代藩镇与中央关系之研究》。入仕方式（图4−2）和文武背景（图4−3）参考了王寿南的观点，并微有调整。家庭背景（图4−4）中，居住于京城，和与京城网络有联系（图4−5）的情况，皆基于第三章所述父子链的重构。"与京城婚姻网络有关联"的藩帅（图4−5），包括了所有与图3−6所示婚姻网络中人有婚姻关系的父系亲缘中之藩帅，除非某位藩帅非朝廷除任。比如，田承嗣——他控制了魏博镇数十年——的子孙，并不被视为这一网络的成员，因为他们虽然与宗室联姻，但依然在魏博镇做事。那些在820年左右迁居京城，又被任命为地方藩帅的家庭，他们作为京城网络的一员被列入图4−5。

　　图4−2和图4−3区分了藩帅的任命方式（由朝廷任命，

以及由自立或世袭势力任命）和职业背景（文官 VS 武将）。两表同时凸显了地区和时间模式。就地区变化而言，南方藩镇因长期由朝廷任命的文官背景藩帅统治而显得独一无二。相反，西北地区藩镇多为朝廷任命的武将背景藩帅。但最突出的差别在河北地区的自立藩镇。只有河北的这三个藩镇在整个晚唐持续地产生它们自己的藩帅（图 4 - 2）。也只有河北地区保持了整体的武风，因为除了一个特例外，其他藩帅都是武将背景。①

就时间变化而言，图 4 - 2 和图 4 - 3 都体现出明显的两条时间线，分别为 820 年和 880 年。正如制度化的"裴度故事"所示，朝廷除任藩帅数量在 820 年后上升（图 4 - 2）。这些藩帅中很大比例是职业官僚，其中许多人曾经或将要出任其他藩镇的藩帅，或在京城出任卿相。② 同时，北方中国在 820 年之后开始不断地去军事化（图 4 - 3）。特别是，图 4 - 3 中——单列之内不断变化的明暗交替——也显示出，820 年后官员任期愈加缩短，这一明显的迹象，显示出中央政府防止藩帅在其任地内巩固独立基础的决心。总之，虽然早期藩帅经常在一个地方坐镇十年或更久，在宪宗中兴之后，他们的任期变成不到六年。③

图 4 - 2 和图 4 - 3 中展现的趋势，可由王寿南所整理的藩镇兵变模式相关数据进一步证实。中国大部分藩镇在 820 年代至 870 年代之间相对平稳。除了自立的河北地区，在 770 ～ 822 年，平均每年有 1.28 起兵变记录，而接下去的五十年间，

---

① 特例是刘济（757 ～ 810）。
② 这一结论来自王寿南《唐代藩镇与中央关系之研究》，第 451 ～ 926 页。
③ 王寿南：《唐代藩镇与中央关系之研究》，第 56 ～ 72 页。

每年仅有 0.65 起。① 九世纪时，只有河北地区经常爆发叛乱。总之，如果将时不时在一年之内爆发的幽州和魏博的多种兵变计入在内，可以发现河北地区的这三个藩镇在 821～873 年间有记载的叛乱占了全国五分之二（19/45）。自立藩镇的武力独裁者之间的权力斗争，似乎创造了一个政治不稳定的区域。但是，这些河北藩镇很特殊。大体而言，经过宪宗朝的集权努力，九世纪中叶是一个大体平稳的时代，强大的中央政府统治了帝国的大部分区域。

然而，在 880 年后，情况突然发生了剧烈变化。几乎一下子，朝廷除任的藩帅在数量上大幅减少，很多人被地方豪强（与藩镇军队无必然联系的人）推翻，甚至被杀。大部分在位的藩帅，也不再对朝廷的指令做出迅疾的回复。比如，在 879 年受命出镇河北义武镇（图中第 11 栏）的王处存（831～895），最初尽忠朝廷，在听闻叛乱者黄巢占领长安后，当众大哭数日。但在 885 年，随着中央权威的迅速崩溃，他拒绝了徙镇河东的朝命。十年之后，他儿子取代其成为义武节度使；又过了数年，他的弟弟王处直继任。② 随着 880 年后朝命藩帅的减少，文官背景的藩帅也几近完全消失。唯一的例外是中国最南方的岭南镇，在南汉王国建立者刘隐（873～911）于 901 年攫取权力之前，唐廷一直保持其影响力。随着这些变化而来的是藩镇兵变的急剧增多，根据王寿南的数据，在唐朝最后几十年间，每年有 2.09 起之多。③

第三章所述之方法能够提供更有力的证据，用以证明整个

---

① 王寿南：《唐代藩镇与中央关系之研究》，第 202～227 页。

② 《旧唐书》卷 182，第 4699～4701 页。

③ 王寿南：《唐代藩镇与中央关系之研究》，第 218～225 页。

九世纪时中央对藩镇的长久控制。特别是，通过父子链来区分藩帅能够发现，都市精英（metropolitan elite）占据了中国大部分地区的各级藩镇僚佐。图 4 - 4 区分了那些在唐朝建立前即世代仕宦的家族所出藩帅。图 4 - 5 区分了那些出自京城居住家族，或家族属于第三章所论京城婚姻网络的藩帅。这些人倾向于在结束一段任期后回到京城，故并不汲汲于提升地区独立性。在这两图中，需要留心的是现存 840 ~ 880 年史料的缺失，导致无法判断一些藩帅的祖先。840 年后的时代，经常不知道谁是藩帅；甚至即便判断某人是藩帅，也没有关于此人的任何信息。① 图中空白的空格，即表示史料缺漏。

169　　此外，这些图指明了两个明显的转折点，即 820 年和 880 年。从九世纪第二个十年中的宪宗集权努力的最后一年，至黄巢之乱的爆发。在此期间，大量藩帅事实上出自那些数世纪来经常把持高级官职的家族，他们互为婚姻，并在不必外任的时候居住于京城地区。甚至那些第三章中提及的与京城社会网络没有明确关联的藩帅，大部分也可能来自以长安或洛阳为葬地的家族。比如，驻扎于长安的神策军数位军将被任命为藩帅，最常去的是西北藩镇。② 毫无疑问，这些居住于京城的军将与京城精英社会网络有关联，但尚无法证明是否有婚姻关联。当然，也有例外。虽然图 4 - 4 和图 4 - 5 中的大部分空白栏，源

---

① 刘邺（去世于 880 年）即是一例，他在 874 ~ 879 年出任淮南节度使，在两个图中皆显示为空白。然而，如果渡边孝是对的，即李德裕的属官刘三复应该就是那位给自己的洛阳女性亲属撰写墓志的刘三复（参见下文的讨论），那么他的儿子刘邺，最终就是旧时居住京城的某父系亲缘的一分子（父系 5973）。

② 比如，在 820 年代和 830 年代，四位神策军将外任鄜坊镇藩帅。参见王寿南《唐代藩镇与中央关系之研究》，第 561 ~ 562 页。

于历史记载的缺失，依然有一小部分藩帅是真正的外人。比如，李光进（759～815）＊和李光颜（762～826）＊兄弟曾出镇全国多地藩镇，却祔葬于山西中部太原他们父亲李良臣（728～763）的墓侧。

像李氏兄弟这样的人，明显在他们的藩镇中属于另类。然而中国有一个地方完全有别于其他地区，即自立的河北。正如图4-4和图4-5所示，没有哪个旧时先唐大族的子孙，曾经担任过河北地区的藩帅，或作为京城权力结构的代言者（极少例外）。① 一些河北藩镇世家与皇帝联姻，主要是作为朝廷试图通过政治联姻来抚慰这些有独立倾向的权势人物。这些家族部分后裔此后会寻求避难长安，以逃脱他们自己的僚佐叛乱后所发起的追捕。尽管如此，在河北地区的这些藩帅从来不属于以京城为中心的唐代政治精英。

总之，为验证晚唐时期藩帅的出身背景，需要提供特别有力的证据，用以确认黄巢之乱前，包括特殊的河北藩镇在内，中央对藩镇的持续影响。诚然，一位藩帅在官场的行为，可能不符合其家庭背景，比如在九世纪第一个十年内出任东南地区浙西观察使并在任上叛乱的宗室成员李锜（去世于807年）。② 但是，在大部分情况下，来自居住于京城之家的分布于全国各地的藩帅、刺史和县令，会在致仕后回到京城。这些人在出任藩帅时，很少汲汲于提升藩镇自主权。正是如上所述的这些现实，解释了唐帝国在安史之乱后为何能够长寿和相对稳定。

170

---

① 图4-5中的例外，表示朝廷在非常短促的时间内，能够向这些藩镇任命藩帅。

② Charles A. Peterson（毕德森），"Court and Province in Mid- and Late T'ang"，p. 525。

藩镇幕府中的社会流动

藩镇体制的再次集权，不仅有利于唐朝统治，也有利于门阀大族。裴度对淮西叛乱藩帅的制胜，为旧时家族的复兴提供了契机。由此，当宰相白敏中在 851 年用"裴度故事"向皇帝建议任命"朝官"去支持西北地区的藩帅时，其实际的结果便是以旧时家族的子孙来充实具体的藩镇幕府。现在，我们可以回到晚唐社会流动这一话题上来了，即观察何以在藩镇幕府中任职，有助于加强京城精英政治专制的权力和影响力。

正如第三章所论，新兴的唐朝文官科举制度，并未成为社会流动的唯一重要手段。文官科举制度并不是中唐官僚之间唯一重要的制度性发展。另一项重要的发展涉及非正式地利用特殊使职，用以处理一些机构现有体制下不再处理的行政事务。这些职务包括"盐铁使"、"转运使"和"租庸使"，都是临时发展出来，让政府借以从八、九世纪繁荣的商业化中取利。[①]藩帅们——同时拥有节度使衔和观察使衔者——大概也能归入此类。虽然使职由皇帝任命，但他们基本能够自择僚佐，仅仅需要知会朝廷，换取对最重要的僚佐的正式任命即可。这种"辟召制"完全避开了复杂的用来进行文官选拔的铨选程序。[②]砺波护概括到，在这种非正规任命体系下，藩帅

171

---

① 更多关于这三个使职的信息，参见 Denis Twitchett（杜希德），*Financial Administration under the T'ang Dynasty*，pp. 92 – 94、109 – 111。

② 关于官职的记载，明确提及藩镇层面的职位通过非常规的安排获得，藩帅们通常用署、表、奏或辟来与朝廷联系。相反，州级和县级官员，很少以这种方式获得任命。特别值得注意的例外则是县尉。

们为那些无法进行常规科举考试的地方士人，提供了社会身份上的向上流动。结果，"新兴"精英利用了这一渠道，以此直接与旧时大族竞争。[1] 许多学者同意这一理论。[2] 根据早期唐史学者的观察，能够找到材料来支持砺波护的理论。欧阳修认为：

> 唐方镇以辟士相高。故当时布衣韦带之士，或行著乡闾，或名闻场屋者，莫不为方镇所取。至登朝廷，位将相，为时伟人者，亦皆出诸侯之幕。[3]

类似的，刘敞（1019～1068）认为：

172

> 昔唐有天下，诸侯自辟幕府之士，唯其才能，不问所从来。而朝廷常收其俊伟，以补王官之缺。[4]

两人都将任贤原则的建立归功于唐代的藩镇，他们本人与十一世纪其他许多人一样，很重视这一点。根据欧阳修和刘敞的观点，藩镇辟署制，为有才华而无显赫家世的人提供了机会，先出仕地方政府，再升至最高职位。基于稍后的分析，虽然欧阳

---

[1]　砺波护：《中世貴族制の崩壊と辟召制》，第254～264页；砺波护：《宋代士大夫の成立》，第201～203页。

[2]　比如 Charles A. Peterson（毕德森），"Court and Province in Mid- and Late T'ang"，p. 517；Denis Twitchett（杜希德），"Introduction"，p. 21；张国刚：《唐代藩镇研究》，第141～144页；宁欣：《唐代选官研究》，第121页。

[3]　《欧阳修全集》卷142，第2291页。此段文字来自欧阳修对唐代一方纪念某位藩镇节帅的碑刻之评论。

[4]　《全宋文》第30册，第37页（2006年版《全宋文》第59册，第37页）。此段文字来自刘敞代朝廷所撰制文。

修和刘敞指出了唐朝的许多重臣曾出仕藩镇幕府，但他们夸大了这些人促进向上层社会流动的重要性。

在近期的一系列研究中，渡边孝指出，虽然下层小吏由地方精英充当，但藩镇幕府中的关键文职多由与中央政府关系密切的人主导。即便大量晚唐被贬（exilic）文人在远离京城的任职地哀叹不已，但毫无疑问，这些职位对于京城精英来说十分宝贵。藩镇幕府成为大族子孙的突破口，因为他们无法一开始就在京城找到职位。进一步说，通过在藩镇幕府中的历练，年轻人能更好地找到一条快速升迁的途径。特别是，当依附上一位藩帅之后，能够期待在这位藩帅入京为卿相时，随同入京。① 正如白居易在一篇代朝廷起草的 820 年代早期的制文中所说：

> 今之俊乂，先辟于征镇，次升于朝廷。故幕府之选，下台阁一等。异日入为大夫公卿者，十八九焉。②

事实上，根据渡边孝的估算，四分之三的九世纪宰相皆曾在他们仕途早期出仕于藩帅。③

然而，通过出仕藩镇幕府所产生的向上流动，从未开放给

---

① 渡边孝：《中晚唐期における官人の幕職官入仕とその背景》；渡边孝：《唐後半期の藩鎭辟召制についての再檢討》；Watanabe Takashi（渡边孝），"A Re-Examination of the Recruiting System in 'Military Provinces' in the Late Tang: Focusing on the Composition of the Ancillary Personal in Huainan and Zhexi"。

② 《白居易集笺校》第 5 册，第 2924 页。见引于渡边孝：《唐後半期の藩鎭辟召制についての再檢討》，第 34 页。

③ 渡边孝：《中晚唐期における官人の幕職官入仕とその背景》，第 359 页。

与京城大族没有血缘纽带的地方出身者。生于白居易之后两个
世纪的欧阳修认为"布衣韦带之士"能够受益于此制，但他是
根据自身在宋朝的情况来重新解释过去。事实上，固化的精英们
竭尽全力地利用他们的社会联系，先谋求藩镇职位，再回到京城。
此外，有材料表明，藩帅们在赴任藩镇前，会自择僚佐于京城。[①]
渡边孝整理出大量例子，关于藩帅离京后，辟署亲戚或朋友留
在幕府。[②] 笔者对九世纪墓志的调查，则提供了更多的材料，
可以证明藩镇中的任命与第三章中所述模式，本质上相同。虽 174
然藩帅似乎很少辟署自己的儿子入幕，但经常选择姻亲。[③] 女
婿是特别普遍的选择。萧放（742～783）＊的第一个职务，
即在一个朝廷所控制的河北南部地区藩镇中，当时他岳父薛嵩
（去世于 772 年）是节度使。杨乾光（794～853）＊则在他岳
父、河南东部天平节度使乌重胤（761～827）的幕府中任
"推官"（legal administrator）。韩绶（821～878）＊虽然得到
了他岳父、天德节度使李珰的邀请，但为了追求更闲适的生
活，拒绝应辟。[④]

---

① 虽然藩帅们明确以上"奏"（memorial）的形式选择僚佐，问题在于他们离京
赴任前是否真的上奏了。在前文所述裴度的例子中，他明显这么做了。另一
个有名的例子与郑从谠（去世于 887 年）有关，他在 881 年受任为河东节度
使。离京前，他请求自择僚佐，且这一群体日后皆入为京官，并被当时人称
之为"小朝廷"（mini imperial court）。参见《资治通鉴》卷 253，第 8222 页。

② 渡边孝：《唐後半期の藩鎮辟召制についての再檢討》，第 52 页。

③ 黄清连认为，禁止人们出仕近亲所开幕府的规定，仅适用于三服以内，
即直系亲属及其夫人们。参见 Huang Ch'ing-lien（黄清连），"The
Recruitment and Assessment of Civil Officials under the T'ang Dynasty", pp.
79 – 82。

④ 也有一些例子是藩帅选择自己的僚佐进行联姻，而非选择已经是姻亲的
人为僚佐。裴谞（801～850）即有一位僚佐娶了他的姐姐；这一婚姻关系，也因这位僚佐撰写了裴谞的墓志而更为坚固。

没有机会协助岳父的人们，则会寻求其他姻亲的幕职辟署。在裴札（728～784）＊的例子中，即其妻舅而非岳父，向朝廷请求为其在江西镇的洪州谋得一职位。有时母舅也会予以援助。令狐梅（793～854）＊最初的要职为其家乡东面的义成镇"节度押衙"（chief of staff），他舅舅薛平（757～836）＊时任节度使。两年后，当薛平移镇平卢镇时，令狐梅也随之而去，依然担任节度押衙。同样的，卢就（794～851）＊也是在他母舅幕下开始其仕宦生涯。甚至在他取得进士之前，即被李珏（785～853）所辟署，在其幕府中任职。838年，当他舅舅入相时，卢就也被任命为在京城的两个朝官。随后，卢就墓志中提及的其从高祖兄、剑南东川节度使卢弘宣（约774～约850）向朝廷请求征辟其为僚佐。当这位从高祖兄后来移镇河北北部的义武镇时，卢就也一路跟随。在其他的例子中，也有岳母舅或重表兄成为倚靠者的情况。①

渡边孝在他的研究中并未考虑居住地的问题，而是根据所宣称的显赫身世来关注社会阶层。特别是，他批判砺波护关于藩镇社会流动的理论，选择研究吉冈真所界定的"门阀"（national clans）、"郡姓"（provincial clans）和"庶姓"（commoner clans）三个阶层。② 然而，正如第一章所论，这种阶层区分在晚唐是无关紧要的。事实上，渡边孝对阶层而非对居住地的区分，反而巩固了砺波护的理论。实际上，一些在渡边孝的表格中被归

---

① 根据墓志，皇甫钰（799～862）随其岳母舅至襄阳，在山南东道任职。卢璠（750～819）先出仕裴佶（去世于813年）的幕府，后出仕裴佶的兄弟裴武（去世于826年）的幕府，根据卢璠的墓志，这对裴氏兄弟是他的"重表兄"（second cousin on his mother's side）。

② 吉冈真：《八世紀前半における唐朝官僚機構の人的構成》；吉冈真：《隋唐前期における支配階層》。

类为"庶姓"背景的人，正是京城精英子孙。比如，王锷
（740～815）、董晋（724～799）和刘伯刍（755～815）三
人的家庭，分别位于陕州（位于两京走廊地带）、洛阳和长
安。① 在刘三复的例子中，作为润州本地人的他，出仕于浙西
观察使李德裕。渡边孝进一步归类其为藩镇贵族，因为刘三复
的一位女性亲属的墓志记载其在李德裕到润州之前，即已出仕
于浙西镇。② 但是，在笔者看来更重要的是，刘三复的这位女
性亲属葬于洛阳。而根据其他墓志我们还能得知，她四世祖及
其夫人葬于长安城郊。由此即无疑问，是刘三复作为一个稳固　　176
的京城家族子孙的身份，极大地支持了他在藩镇的职位。③

　　的确，根据现存墓志所提供的数据进行仔细的分析，可以得
到京城精英垄断藩镇职官体系中高层文职的明显证据。表 4－1
根据祖居地（京城、河北独立藩镇或其他地方）和职官层类，
分析了藩镇职官的任命情况。包括京城精英在全国各地（除
了出仕东都留守府者）的职位占有，以及藩镇精英出仕家乡
藩镇的情况。在区分职官层类方面，图 4－6 基本上——仅一
个例外——与渡边孝对上级和下级幕职官的区分一致。④ 换言

---

①　这三人在渡边孝的表格中分别被编号为 52、11 和 42，参见渡边孝《唐後
　　半期の藩鎮辟召制についての再檢討》，第 41 页。在笔者的数据库中，
　　这三人分别属于编号为 7106、145661 和 5973 的家族。
②　渡边孝：《唐後半期の藩鎮辟召制についての再檢討》，第 48 页。
③　参见那位女性亲属刘媛（794～818）、刘媛五世祖的子孙刘从义（719～
　　805）、刘媛四世祖刘应道（613～680）以及刘应道的夫人——宗室女李
　　婉顺（622～661）等人的墓志。需要指出的是，渡边孝的分析建立于正
　　史中的刘三复即给刘媛写墓志的刘三复这一基础上；根据一般的看法，
　　我们不能仅仅因为两人同名而得出即为一人的结论。
④　这个例外是"从事"（retainer）一职，这一职位并未在渡边孝的统计中，
　　但确实经常在京城精英出仕藩镇时所担任。

之，上层文职包括那些能通过九世纪早期两种途径快速晋升的职位，而下层文职包括其他所有在藩镇职官基本类型中描述的职位。① 常见上层职官有"判官"、"推官"、"巡官"和"节度副使"（或"观察副使"）。下层文职包括那些不必有出色作文和书法技能的职位，包括"要籍"、"随军"、"孔目官"和"驱使官"。② 文职之外，表 4 - 1 还汇总了上层和下层武职。③

177　　　根据这一分析，很明显能够看出，在所有朝廷控制的藩镇下，上层文职几乎专门被京城精英所把持，而下层文职大体上被下层精英所占有。只有在独立河北藩镇，居住地方的精英同时占据上层和下层职位。诚然，地方精英占据了所有层面的大部分武职，但这并不表明京城的主体政治精英与藩镇军队没有178 关联。来自京城的一小部分人确曾担任藩镇军职，多数情况下是"押衙"。当然，武职从未成为升入京城文官体系的进身之阶。

177

表 4 - 1　藩镇职官类型（分祖居地和职官层类）

职官层类	官员葬地		
	长安和洛阳 （出仕全国各地）	独立河北 （出仕家乡藩镇）	其他地方 （出仕家乡藩镇）
文职（上层）	150（84%）	16（15%）	0
文职（下层）	3（2%）	18（16%）	15（10%）

① 渡边孝：《唐代藩镇における下級幕職官について》，第 83～86 页。

② 渡边孝另列有两种下层文职，但笔者予以去除，因为这两个职官并不属于笔者所认为的藩镇职官。

③ 根据具体的实际情况，上层武职包括两种经常为京城精英所占据的职位，即"兵马使"（troop commander）和"押衙"（或"押牙"）（military chief of staff）。下层武职则包括其他所有武职。

续表

职官层类	官员葬地		
	长安和洛阳 （出仕全国各地）	独立河北 （出仕家乡藩镇）	其他地方 （出仕家乡藩镇）
武职（上层）	18（10%）	33（30%）	60（42%）
武职（下层）	8（4%）	43（39%）	68（48%）
总数	179（100%）	110（100%）	143（100%）

说明：本表数据来源参见图 4-6 和图 4-7。本表包括京城精英在全国各地的职位占有，除了出仕东都留守府者（因为我们不清楚这些人是居住于洛阳的京城精英，还是与地方藩镇幕府有联系的地方精英）；以及藩镇精英出仕家乡藩镇的情况。上层和下层文职的区别，虽有小修正，大体参考了渡边孝《唐代藩鎮における下級幕職官について》，第 83~86 页。由此，文职（上层）同时包括"节度使"、"观察使"或"留守"幕下的下列职位："节度副使"（或"观察副使"，但不包括"同节度副使"，后者是另一种职官，参见《新唐书》卷49下，第1309页）、"行军司马"、"判官"、"支使"、"参谋"、"掌书记"、"推官"、"巡官"、"从事"。文职（下层）指代下列职位："要籍"、"随军"、"孔目官"和"驱使官"。武职（上层）指代各种类型的"兵马使"和"押衙"（或"押牙"）。武职（下层）则包括其他所有武职。

　　在藩镇精英中，朱赡（809~865）＊是一个很好的例子。178　虽然他的墓志记载其为吴郡朱氏——属于吉冈真所界定的三等分类之"门阀"——子孙，但他最初是一名普通的士兵，直至在忠武军得到一个军职。他的三个儿子也都在忠武军任职。这个家庭葬于陈州当地。在这个例子中，有人会认为向上流动使得朱氏家族能够在藩镇幕府中获得下层武职。但这些职位是京城精英的子孙不愿屈尊担任的。因此，虽然朱赡被称为"门阀"成员，他的这种自称无法为他获取官僚职位提供帮助。如果没有与固定于京城的大族网络产生联系，他的家族也无法得到藩镇幕府中的上层文职，更不用说升入特定的职官序列了。

藩镇文化

至此，我们已经看到除了独立河北的藩镇之外，其他地方藩帅与上层藩镇僚佐如何主要由来自京城的人所构成。不必惊讶，同样的情况在州级和县级层面的任命中，亦很明显。如图4-6所示，京城精英在全国各地出任这些职位，并且特别集中于两京走廊地带、长江下游和浙江北部，亦即那些人口密集地区。[1]在这样的情形下，自立河北藩镇中京城精英的几近缺席，就显得十分异常了。事实上，仅有不到2%的全部三级（藩镇、州和县）地方官任命涉及独立藩镇。[2]

对于地方（相对于京城而言）精英出仕本地州县官府的统计，则提供了几乎相反的结果（图4-7）。因为今天中国不同地方出土墓志的速度并不一样，故无法比较图4-6和图4-7中的人数总和。然而，很明显能看出，两图可以互为补充。京城精英稀少的地方，恰好是藩镇精英主导地方政府的地区。[3] 最北边的自立藩镇幽州，似乎离中央最远。在幽州镇，

179

---

① 参见 Hugh Roberts Clark（柯胡），"Consolidation of the South China Frontier: The Development of Ch'uan-Chou, 699 – 1126", pp. 70 – 77、80 – 83。他指出，整个唐代的泉州和杭州刺史中，几乎都是"北方人"和"西北人"（根据族源地而非下葬地判断）。

② 根据图4-6所提供的大量京城精英所居官职，更为精确的百分比是1.9%（25/1340）。由于这一数据是人工计算所得，故而无法在数据库中得到。

③ 一些例外——三个独立藩镇之外也有藩镇精英出仕当地者——依然在河北。图4-6中位于自立藩镇东边的圆圈，即沧州镇。大部分这些圆圈都能反映宪宗之前的职官情况，彼时这个藩镇本身也是自立的。

藩镇幕府中的文职官员和州县官都居住于地方。这些人中的乐邦穗和周珀在图 4 - 1 中已经揭示，他们在幽州境内多处职位上迁转。不仅唐廷对这些藩镇权力结构毫无影响力，居住于长安和洛阳的政治精英也很少有在这一河北最北边藩镇任职者。

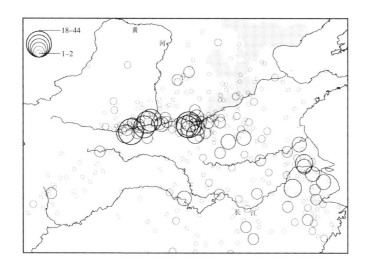

180

图 4 - 6 来自京城的州县官分布

　　说明：本图数据来自 1000 方葬于长安和洛阳近郊的男性墓志，时间范围在 800～880 年。其中包含了每个人的末任官，而拥有完整履历的例子则有 400 人。这些履历包括县级的"令"、"丞"、"主簿"或"尉"；州级的"刺史/尹"、"司马/少尹"、"长史"，以及其他行政职务比如"录事"、"参军事"；州级武职。关于县级和州级职官列表，参见 P. A. Herbert（何汉心），"Perceptions of Provincial Officialdom in Early T'ang China"，pp. 28 - 29。图中自立藩镇用灰色表示。

　　在魏博镇和更小的成德镇，情况颇有不同。虽然很明显， 179
唐廷对这两个藩镇政府的政治决策少有影响，但一小部分居住于京城的家族子孙似乎在那里找到了职务。然而，有必要通过

181

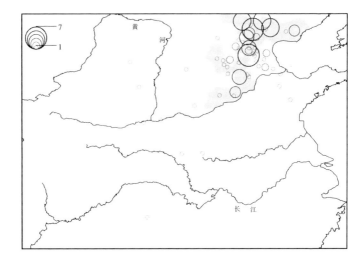

图 4 - 7　出仕家乡藩镇的州县官分布

　　说明：本图数据来自 250 方葬于长安和洛阳近郊以外的男性墓志，
时间范围在 800 ~ 880 年。其中包含了每个人的末任官，以及拥有完整
履历的个人。与图 4 - 6 不同，本图为了扩大样本量，也包含了已知的
丈夫和儿子的任官信息。本图仅包括志主在家乡藩镇的州县官任命。县
级职官范围与图 4 - 6 相同；然而，州级职官与图 4 - 6 不同，仅包括上
层州级文官。图中自立藩镇用灰色表示。

179　九个人的情况，来考察关于这些特例的更多细节。① 九人中有
180　一位叫崔弘礼（766 ~ 830）＊，他在节度使田弘正（764 ~

---

① 根据图 4 - 6 的说明所示京城精英墓志，这九位分别是：郑潀（747 ~
793）、李仲昌（去世于 812 年）、卢侣（约 758 ~ 约 814）、李范（786 ~
855）、李公（764 ~ 820）、崔弘礼（766 ~ 830）、谢观（793 ~ 865）、李
济（776 ~ 825）和康志达（768 ~ 821）。有一位京城精英不在此九人之
列，即李载义（788 ~ 837）。虽然葬于京城，他却来自幽州藩镇军队，最
终成为藩帅。但是，就这一点而言，他无法代表京城精英。他作为一位
藩帅，支持朝廷的军事选择。故当他于 831 年被兵变推翻后，受到了皇
帝的欢迎，并被派往顺地出任藩帅。只有在这个时候，才能说他安家于
长安。

821）在位的818~820年，两次出任魏博镇的刺史，一次出任节度副使，此时田弘正刚刚试图改善与皇权的关系。剩下八人中的一半人，在各自的同一藩镇长期任职。比如——第三章已提及的——李公（764~820）＊，在他父亲于安史之乱期间定居成德镇后，他在此地困居数年。另一个例子是李济（776~825）＊，虽然是宗室成员——他是开国皇帝高祖的六世孙——但他的仕宦生涯主要在成德镇。根据他夫人葬于成德镇，以及他一位女性亲属嫁给成德节度使来看，他家可以被认为长期定居河北。总之，即便通过少量京城精英出仕魏博和成德镇的例子，依然能看到这些人长期居住于藩镇。就大部分例子而言，自立的河北地区从未成为京城官员的目标。

　　此处所描绘的权力的地理格局，包含了两点重要的含义。首先，京城精英在全国范围内出任藩镇、州和县的高级职务，体现出国家和地方社会之间的特殊关系，这与中华帝国晚期的情况大不相同。在第二章，我们看到国家和地方精英之间在仕宦模式方面的明显差异。本章呈现的数据，能够解释这一差异。就所有实践目的来说，在唐代，政治中心与帝国其他地方之间存在一种类似殖民的关系。居住于京城的官僚被派往帝国所有角落，垄断一切高层文职，并在三四年任满后返回京城。此后，特别是南宋以后，高层精英并不集中于京城，这些中央政府派出的代表，反而会遭遇地方上的权臣亲属（或退休卿相本人）的制衡，后者拥有声望和人际关系，能够平等地与朝廷代表相处。这样的情况并非晚唐的现象，因为地方精英无法在身份与权力方面，与代表中央的人相比。国家如何持续控制藩镇军队中的武人——这些人大多在地方上——不在本研究

181

182

范围内。① 然而，黄巢之乱以前叛乱数量之少，足以证明九世纪政权已经通过藩镇职官，成功地持续控制了这些军队。更进一步说，没有证据表明，最终颠覆王朝的黄巢之乱，起自藩镇的军事权力结构。当帝国控制完全分崩之后，河北之外的藩镇军队方才开始谋求独立。

183 其次，中央和地方社会之间的殖民关系，也影响地方文化的发展。主体精英主要集中于京城的情况下，大部分我们从现存文献中所知道的晚唐文化，事实上都属于都市文化。这种都市文化大概进一步促进了第三章所述居住在京城的精英之间长时间内更加紧密的结合。在历史上其他时期的殖民情况下，都市文化对地方文化的影响，很可能是地方精英追求模仿统治他们的代表中央政府政治权力之人的行为和动作。

但这样的情景，在有一个地方的含义完全不同，即京城精英基本不去的自立河北藩镇。不仅因为他们很少在那边的官府供职，也正如第二章（图 2 - 2）所述，没有证据表明他们在那边拥有财富。本质上，自立藩镇的地方精英社会大体而言孤立于都市文化之外，也潜在地为独特的地方精英文化的长期发展提供了有利的环境。河北文化的独特性这一观点并不新鲜，最初由二十世纪中叶著名唐史学者陈寅恪所提出。但是，由于专注于他所划分的河北地区大量非汉族群，陈寅恪所见到的地方独特文化是所谓"胡化"（barbarization）

---

① 当然，也要了解到，军队将领需要通过允诺奖赏来得到鼓励，藩帅也需要具备个人魅力。有一位节度使即持续向军队提供饮乐，而其继任者并未延续此道，从而导致叛乱。参见《资治通鉴》卷250，第8099页。

进程。① 图 4 - 6 和 4 - 7 揭示了促成这一现象的另一种重要因素——文化孤立。②

　　在别处，笔者已经提出，东北部的文化最终会在重要方面与中央产生分歧，包括丧葬传统和口语方言。③ 对于当前讨论更为重要的是，东北地区较少受到都市社会对声望和社会地位的界定方式，也很少受到京城精英所强调的对他们合法性而言至关重要的血统论的影响。对于这最后一点，一小部分出仕自立河北藩镇的京城精英的经历，颇具启示。比如根据李范（786～855）＊的墓志，他的第一份职务是魏博镇的"贝州文学"，志文对此婉转地说道："到官，遇魏帅非才，弃官南归。"又如崔弘礼（766～830）＊，他在辞去河北某藩镇的一份僚佐职务后说道："以河朔旧事，未可以驯致而变也。"④ 再如被邀请去成德镇担任县尉的李少安（759～808）＊，根据其墓志记载，他不乐于此，"终不屑就"。⑤ 虽然这些人的抱怨多反映出朝廷官员对东北地区的消极印象，但我们怀疑，中央

184

---

① 陈寅恪：《唐代政治史述论稿》，第 25～27 页。关于陈寅恪观点的概括，参见 Charles A. Peterson（毕德森），"Court and Province in Mid- and Late T'ang"，p. 471。关于晚唐时期契丹对河北影响的最新研究，参见李鸿宾：《唐朝对河北地区的经营及其变化》。

② 渡边孝通过对出仕独立河北的大族成员和著名文人的研究，得出了不同的结论，参见渡边孝《魏博と成德》。在此文中，他认为，这些人的出仕保证了朝廷对河北藩镇的影响，而藩帅们本人也受儒家思想的影响。但对笔者而言，只要这些地方政府的官员依然如此之少，就很清楚，他们的能力不足以发起文化影响力。

③ 关于这些的概览，参见 Nicolas Tackett（谭凯），"The Transformation of Medieval Chinese Elites, 850 – 1000 C. E."，pp. 99 – 100、135 – 136。

④ 在这个例子中，崔弘礼出仕的是义武镇，这并不是通常所说的自立藩镇。然而，图 4 - 8 显示，在此镇的地方官僚层级中也存在一个重要的本地群体。

⑤ 类似的，根据卢重（792～847）的墓志，他最终没有应邀去幽州幕府任官，虽然他不去的原因并不清楚。

政府的官员不乐意去的原因在于，他们认为自己不会因为自身的高贵血统而得到尊重。在任一例子中，河北精英文化都迥异于都市精英文化。唐代以后的许多新兴精英，包括宋朝皇室，都起源于中国的东北部。因此，理解东北地方文化及其价值体系和血统观念，对于理解唐朝灭亡后的文化转型来说，就显得至关重要。①

小　结

通过新出土墓志和相关数字资源对九世纪藩镇官僚所进行的仔细研究，有助于大幅改观我们对晚唐政治和社会历史的理解。如今可以清晰地看到，唐王朝的后半期并非通常所说的离心。在 820 年代，宪宗中兴很大程度上成功地纠正了安史之乱后随之而来的无序状态。九世纪的大部分时候，在河北之外的藩镇政府，并不都是像许多史书描述的那样处于跋扈和半独立状态。相反，820 年代之后，它们再度回到皇帝及其朝廷的有力控制下，由来自京城家族的人把持藩镇职务。直至黄巢之乱，唐朝依然保持着强大的集权；晚唐藩镇体系也无法预先决定 880 年王朝的崩溃。②

诚然，我们并不清楚，这些来自京城的官僚如何控制藩镇军队中的地方精英。但是，权力的威胁，报酬的允诺，以及皇权思想的力量，都毫无疑问起到了作用。总之，事实是，最终

---

① 随后的研究中，笔者将揭示东北藩镇观念模式的更多细节，并评论其如何取代中古世袭门阀观念。对这一论点的概观，参见 Nicolas Tackett（谭凯），"The Transformation of Medieval Chinese Elites, 850 - 1000 C. E."。

② 需要指出的是，威胁唐朝边疆数十年的吐蕃和回鹘，在九世纪中期也保持了中立。

推翻王朝的叛乱并非起于这些藩镇军队。这也说明，朝廷、京城居住的门阀大族，以及地方权力人物之间，通过牺牲被统治的百姓，达成了共识。任何时候，安史之乱后的唐朝并未长时间处于王朝崩溃和地方分离主义兴起的状态。只有当唐王朝于九世纪末突然瓦解之后，地方精英和藩镇权力结构才构成各个独立王国的核心因素，后者在十世纪大部分时间内统治着中国。

　　长久的中央集权，有助于理解京城家族的主导地位的延续。姜士彬（David Johnson）已经揭示了旧时政治精英在京城最高官职上的存续情况。如其所说，这些旧时政治精英在政府的所有层级上都存在。有论者认为旧时大族的衰落始于八世纪，其原因有两点：一为科举制度，二为藩镇政府非正式的任官程序。在前一章中，笔者已经揭示，旧时精英如何成功地主导了科举；本章则解释了同样的这些大族如何结合了藩镇辟署制。理解精英存续的关键，在于明了他们在地理上向京城的集中，从而发展出一个紧密结合的社会网络。这样的网络，正如笔者所说，在藩镇辟署和科举方面都起到了关键的作用。当然，大族的后裔依然留在或主动移居藩镇者，会很快失去与这一网络的联系，从而丧失进入官僚体系的机会。但是，居住于京城的精英家族成员，很容易在晚唐政治环境中生存。跟中央政府一样，大族也很好地适应了改变了的政治和行政情况。

　　然而，有一个中心议题尚未得到回答。笔者在此假定，安史之乱并不如黄巢之乱那样有助于我们更好理解影响中古中国上层社会的大变局。如果黄巢之乱真的如此具有破坏性和变革性，现在就有必要解释为何如此。

186

第五章　黄巢和中古大族的衰亡

　　虽然直至 870 年代，唐王朝依然强大，但这十年间的政局与事件，颇不利于其长期存续。在全面编年两千年中国史的全 294 卷巨著《资治通鉴》中，北宋学者和政治家司马光（1019～1086）——他自身的兴趣在于将历史视为"治理国家的镜子"① ——指出了许多制度崩坏导致的各种问题。对司马光来说，最严重的问题是国家最高层的腐坏。朝廷中最有权势的人是一名宦官，他控制着年轻的皇帝僖宗（873～888 年在位），后者尊他为"阿父"。② 当时最有权力的军事将领亦"恐（他人）分其功"。③ 而皇帝本人，就是一位不务正业的年轻人，沉迷于马球而非朝政。根据司马光的记载，皇帝曾自豪地说："朕若应击球进士举，须为状元。"当有人指责他的自吹自擂时，他只是笑笑而已。④

　　此外还存在很多问题。由于第四章所述中央和藩镇之间存在类似殖民统治的关系，居住于京城的官僚会觉得他们被派往的州和县，并不值得他们去积极地处理当地的经济问题和其他实际困难。总之，在对 873 年的评价中，司马光就这一时期藩镇所面临的麻烦，全面地加以陈述：

---

① 镜子的比喻反映在司马光这部编年史的题目上。
② 《资治通鉴》卷 252，第 8176 页。
③ 《资治通鉴》卷 253，第 8225 页。
④ 《资治通鉴》卷 253，第 8221 页。

> 自懿宗以来，奢侈日甚，用兵不息，赋敛愈急。关东连年水旱，州县不以实闻，上下相蒙。百姓流殍，无所控诉，相聚为盗，所在蜂起。州县兵少，加以承平日久，人不习战，每与盗遇，官军多败。是岁，濮州人王仙芝始聚众数千，起于长垣。①

司马光对王仙芝的简单提及，掩盖了这一"强盗"对唐亡产生的影响。在873年初，王仙芝的军队掠夺了河南和长江中游地区的农村，孤立无援的刺史"畏贼婴城守"。② 朝廷军队逐渐占了上风。王仙芝于878年初被杀，而他的同伙黄巢（去世于884年）被迫带领其人马一直往南。

然而，对唐朝统治来说不幸的是，王仙芝之死并不标志着这场叛乱的终结。在南方，黄巢带领下的叛乱者洗劫了南方首要的港口城市。随后，在879年十月，在一部分部众遭受热带疾病困扰之后，黄巢回应了他们的诉求，挥师北上。③ 虽然朝廷在江南取得了一系列胜利，但唐朝并不能消灭这些叛乱者，后者一次又一次重建军队。自愿应募的人源源不绝，在司马光看来，他们因自身悲惨境遇而被迫为盗。在880年的七月，由于两位唐朝最有权势的军事将领刘巨容（826～889）和高骈（去世于887年）不愿与叛军交战，使得黄巢能够渡过长江。④

189

---

① 《资治通鉴》卷252，第8174页。
② 《新唐书》卷225下，第6452页。
③ 《资治通鉴》卷253，第8217页。
④ 根据司马光的记载，虽然不乏战机，但刘巨容拒绝消灭叛乱者，以此抗议朝廷对军人兔死狗烹。见《资治通鉴》卷253，第8219页。相反，在关键时刻，高骈的顾虑是不想因镇压叛乱者而损耗自己的军事力量。见《资治通鉴》卷253，第8229页。

在江北，随着唐军主力已经被甩在后面，叛乱者在华北平原不再有对手。九月，他们渡过淮河；十一月初，他们占领洛阳之南的汝州。[①] 此后不久，十一月十七日，东都不战而降。[②] 虽然朝廷军队在两京途中的潼关试图抵抗，帝国的防卫只能简单地拖延叛军，后者据说有60万人。[③] 三天后，即880年十二月五日（公历881年1月8日）傍晚，黄巢的先锋部队进入了长安。皇帝此日前些时候已经向西逃窜，仅带了少量护卫。[④]

对于一度强大的唐王朝来说，黄巢对长安的占领，是标志着其崩溃的关键节点，唐王朝此后仅存在了四分之一世纪。因此，许多学者花费大量精力追溯叛乱根源，然而很少有学者能够突破司马光在十一世纪的基本框架，即制度因素。[⑤] 本研究并不试图解释叛乱缘起，而是希望揭示其对中古世家大族消亡的影响。在前几章，笔者已经展示人数受限的家族如何能够直至九世纪晚期，依然世代出仕朝廷，同时在中央政府和藩镇幕府垄断高位。部分由于他们适应新社会和政治发展局面的惊人能力，这些家族在七世纪初开创唐王朝的改朝换代中存续下来，并在八世纪中期的安史之乱后，维持着他们的政治优势。

190

---

① 《资治通鉴》卷253，第8233页。
② 《资治通鉴》卷254，第8235～8236页。
③ 《资治通鉴》卷254，第8238～8239页。
④ 《资治通鉴》卷254，第8239～8240页；《旧唐书》卷19下，第708～709页。
⑤ 突破司马光观点的分析，主要是二十世纪中晚期的中国历史学者，他们视黄巢为"革命英雄"，认为其领导的"农民的起义"证明了中国农民的潜力，是"历史发展的真正动力"。参见林烨卿《黄巢》，第1、83页。

但是，尽管早已证实大族后裔能够适应多变的环境，他们在黄巢之乱后却很快消失于历史舞台。他们在 880 年后的崩溃如此迅速，从而导致无人再为去世者制作墓志，这点下文将详细讨论。虽然小部分旧时京城精英的后裔重新出现于十世纪上半叶的洛阳墓志中，他们此时已经是新朝统治精英中的一小部分。① 在宋朝建立的 960 年，大族子孙几乎无处寻觅。② 为什么这些曾经在政治动荡中幸存的家族，如此完全地随着唐朝的崩溃而消亡呢？

在本章，笔者将探究这一问题，聚焦于唐朝统治最后二十五年间前所未见的暴力和动荡。在 880 年代之初，大量居住于京城的精英失去了他们的生命和财产；同时，曾经在以前的政治和社会转变中对他们的适应起到重要作用的社会网络也几乎全部瓦解。虽然如我们所见，本研究主要使用的墓志材料在黄巢之乱后基本在减少，但仍能以传统史料来补充。最主要的是，能补充大量关于 880 年代和 890 年代的乱世见闻。韦庄（847～890）的《秦妇吟》（*Lament of the Lady of Qin*）已经得到学者的关注，在黄巢军队到达时，韦庄及与他同时代的司空图（837～908）就在长安，但仍有许多其他材料尚未引起注意。这一代的其他人对乱世的记载，反映了此后数十年内，帝

191

---

① 对十世纪洛阳墓志的一个粗略观察，可得到这一印象。更准确地说，正是来自东北的地方精英，主导了十世纪的新朝廷，其中许多人的祖先都曾出仕自立藩镇。参见 Nicolas Tackett（谭凯），"The Transformation of Medieval Chinese Elites, 850 – 1000 C. E.", pp. 163 – 164. 对十世纪京城精英更为系统的研究，属于未来的研究方向。

② David Johnson（姜士彬），*The Medieval Chinese Oligarchy*, pp. 141 – 148；David Johnson（姜士彬），"The Last Years of a Great Clan：The Li Family of Chao chun in Late T'ang and Early Sung", pp. 75 – 97。

国其他地方的情况。许多这些记载以诗歌的形式呈现。虽然我们必须小心使用诗歌，但长期以来中国文学中"歌以咏志"的传统，即诗人用写诗的方式明确地表达特定经历的个人责任感，仍能为历史学家提供有用的事件对诗人的心理影响。[①] 类似这些记载和文学文本所提供的史料，使得我们能够详细重构唐朝最后的岁月。虽然英文世界的学者早已研究过黄巢之乱，笔者将对乱事采取一种新的叙述方式，用以更为详细地分析（唐朝的）崩溃与（中古门阀大族的）消亡。笔者认为，对于解释大族的消散而言，关键在于理解战乱对民众和精英的影响。下文中，笔者将更多关注九世纪晚期的社会动荡如何席卷整个京城地区，从而摧毁了旧时精英的权力基础，并导致其突然间几乎全部消亡。

黄巢治下的长安

黄巢对长安的占领，相对平静。他首次表达其称帝野心，是在占领唐帝国西京之前的数月。在 880 年九月渡过淮河后，他训诫部下，停止掠夺乡村。此后，在一路北上的剩余时间内，他不再劫掠，而是招募新的军队。[②] 毫无疑问，黄巢在寻求改变自身的形象，从桀骜不驯的强盗，转变为合理合法的中国统治者。占领洛阳后，他开始模仿作为中国皇帝的角色，为民众谋利，以安抚地方居民。[③]

然而，当时长安的局势依旧紧张。没人有确切的消息，转

---

① Stephen Owen ed. and trans. , *An Anthology of Chinese Literature*：*Beginnings to 1911*，p. 378。诗歌创作的场合通常体现在诗作的标题上。
② 《资治通鉴》卷 253，第 8233 页；《新唐书》卷 225 下，第 6456 页。
③ 《资治通鉴》卷 254，第 8236 页；《新唐书》卷 225 下，第 6457 页。

192

而轻信谣言。甚至最高层的朝廷官员也未能立马得知皇帝已经
逃离京城。当居民察知相关情况时，他们和京城中剩下的军队
开始洗劫宫殿。① 在黄巢到来之前正好逃离长安的道士杜光
庭②，在关于骆全嗣的记载中描述了随之而来的一些恐慌细
节：

> 黄巢犯阙，宫城失守，南北纷扰，中外仓惶。全嗣其
> 日偶在私第，忽有官司报云，诸司使并宣令入内。单骑径
> 往至兴安门，门已闭矣。东驰望仙门，人相蹂践，马不可
> 进。或闻人言，驾已西去矣。复还其家，骨肉百余口亦已
> 奔散。……遂秉马驰出开远门，门亦壅咽，夺马杀伤甚
> 多。乃投金光门，人稍少，跃马而出。③

在这样一种近似无政府的状态下，城门的大拥堵导致很难出城；
狂暴的人们互相践踏，抢夺对方马匹，更不用说抢夺他人所携
财产。由于大部分人口必然无法在黄巢到来之前出逃，故而当
看到叛军有序入城时，他们应该会稍缓一口气。黄巢的一位高级

193

---

① 《资治通鉴》卷 254，第 8240 页。
② 关于杜光庭本人逃离长安的描述，参见 Franciscus Verellen（傅飞岚），*Du Guangting（850 - 933）：Taoïste de cour à la fin de la chine médiévale*，pp. 65 - 66。
③ 杜光庭：《道教灵验记》卷 6，第 7a ~ 7b 页。对于这段记载的法文翻译，参见 Franciscus Verellen（傅飞岚），*Du Guangting（850 - 933）：Taoïste de cour à la fin de la chine médiévale*，p. 69。关于黄巢占领长安这天晚上的更多恐慌情况，参见 Robin D. S. Yates（叶山），*Washing Silk：The Life and Selected Poetry of Wei Chuang*，pp. 109 - 110；Linda Rui Feng（冯令晏），"Youthful Displacement：City，Travel，and Narrative Formation in Tang Tales"，pp. 76 - 77。

将领尚让曾安抚城中居民，根据一种史料记载，他宣扬道："黄王起兵，本为百姓，非如李氏不爱汝曹，汝曹但安居无恐。"①

秩序的相对稳定，持续了数日。在军队进入长安八天之后，黄巢通过击数百次战鼓，在一场仪式中称帝。他宣称建立了一个新王朝——齐；启用了一个新的年号——金统；升其妻为皇后。虽然唐廷三品以上官员全被撤下，但低品官得以继任其职。随后，黄巢任命了许多他的亲密部将为高级官员。② 他的将领尚让和赵璋升任宰相，盖洪为尚书仆射。但是，黄巢也留任了许多前唐廷官员，占据新政府的重要职位。他任命的另外两位宰相崔璆（去世于 883 年）和杨希古，都是自先唐以来的旧时家族子孙；裴渥出身也是如此，他被黄巢任命为翰林学士（Hanlin Academy）。③ 曾率领唐朝武将向黄巢献城的将军张直方，也得到了一个高品级职官作为回报。甚至一位唐皇室的外戚也加入了新朝廷。④

表面上看似平稳的改朝换代，黄巢的雄心壮志最终还是失败了。首先，他从未得到足够的人民来接受他的新朝廷。正统

① 《资治通鉴》卷 254，第 8240 页。关于这一宣讲的另一份不同版本，参见 Howard S. Levy, *Biography of Huang Ch'ao*, pp. 28、73 – 74。

② 《资治通鉴》卷 254，第 8241 页；《新唐书》卷 225 下，第 6458 ~ 6459 页。

③ 尽管缺少确切的证据，出仕黄巢的裴渥，大概就是《新唐书·宰相世系表》中出现的唐僖宗相裴澈（去世于 887 年）的兄长裴渥。无论如何，出仕黄巢的裴渥确实与唐廷有密切关联。他曾任朝廷要职，并出任州刺史。分别参见《旧唐书》卷 19 下，第 691 页；《旧唐书》卷 19 下，第 698 页。他还曾接纳过三位在现存唐人诗集中有作品流传的诗人，参见郁贤皓：《唐刺史考全编》，第 3 册，第 1797 ~ 1798 页。

④ 一位名叫郑汉璋的人，是黄巢政权的御史中丞（vice censor-in-chief）。活跃于 860 年代的一位同名人物，是唐宪宗妻舅郑光的儿子。参见《旧唐书》卷 18 下，第 644 页。

性的问题似乎特别存在于长安以外的地方，他曾经推翻了唐朝
在这些地方的统治，但未能建立新的政府架构。部分墓志提及
其统治时，皆予以痛斥。黄巢灭亡后数年，一方葬于长安以北
邠州的墓志，描绘了时人维护唐朝的激情：

> 洎灾生江表，祸及关防，戈甲长驱，烽烟竞起，害延
> 京国，衅积公卿。宫殿为寇所居，窃称伪主。……致銮辂
> 播迁，人神怨哭。①

黄巢占领期间的墓志更加直接，有时将叛乱者等同于野兽。根
据 882 年葬于洛阳的一方墓志记载："无何，巨寇黄巢窃窥神
器，大驾西幸。百执事已下，未及闻诏，已陷豺狼之穴。"②
甚至在自立的魏博镇，无疑较少拥护唐朝统治的地方，唐朝的
正统依然得到承认。在 882 年下葬的一方墓志侧面，刻有一行
字曰："其年，黄巢坐长安，李帝奔属（原文如此，当作
蜀）。"③ 虽然墓志并未对皇帝使用特殊的敬语，依然清楚地视
之为"帝"，非如"黄巢"直呼其名。

　　此外，虽然很多长安的唐廷官员加入了新朝廷，但也有许
多人拒绝了。几位唐朝最重要的大臣，包括四位现任或前任宰
相，拒绝加入黄巢政权，反而躲藏于民居。④ 因愤怒于无法要

195

---

① 引自郭顺（840～888）的墓志。【译按：原书所提供中文"宫殿"误作
　　"官殿"，据郭顺墓志原文改正。】
② 引自卢氏（818～881）的墓志。这位卢氏在绪论中曾经讨论过。
③ 引自王府君（约802～约882）的墓志。【译按：此志未刻志主名字，原
　　书误以其父王晊之名为志主名，今改正。另，原书所提供中文"属"，据
　　王府君墓志，亦误刻作"属"，今仍旧，并括注"蜀"字。】
④ 这四位分别是豆卢瑑、崔沆、于琮和刘邺。

求他们支持，黄巢将他们都逮捕并加害。其他一些官员带家人自尽。也是在这个时候，黄巢占领长安前夜自杀的卢携，也被拖出尸体游市。[1] 在一次特别惨烈的事件中，藏于长安城东市西南角永宁坊张直方家中的一群唐朝官员，在被发现图谋随僖宗出逃后，全遭杀害，并殃及张直方本人及其全家。在这次大屠杀中，数百位高级官员的族人死去。[2]

当黄巢以暴力回应这些排斥其新政权合法性的人时，他对自己的军队也开始失控。虽然他禁止属下"妄杀人"，但他的命令似乎很大程度上被忽视了。关于内部权威的崩溃，传统观点认为，黄巢"其下本盗贼"。但我们必须意识到，在供馈制度尚未建立的情况下，黄巢很难控制如此庞大的军队。[3] 根据司马光的记载：

> 居数日，各出大掠，焚市肆，杀人满街，巢不能禁。尤憎官吏，得者皆杀之。[4]

接踵而至的是一场近代以前的城市大屠杀之一，在目击者韦庄经常被引用的《秦妇吟》一诗中有详细描述："家家流血如泉沸，处处冤声声动地。"韦庄特别记载了对年轻妇女的强奸和

---

① 《资治通鉴》卷 254，第 8243 页。
② 《旧唐书》记载"数百人"被杀，见《旧唐书》卷 200 下，第 5394 页；《新唐书》认为"百余人"，见《新唐书》卷 225 下，第 6459 页。【译按：原书作"6458"，今据《新唐书》，实在第 6459 页。】这两种史料都记载之前提及的四位宰相于这次屠杀；而《资治通鉴》则将四人之死视为另一次单独的事件，参见《资治通鉴》卷 254，第 8243 页。
③ 《新唐书》卷 225 下，第 6459 页。
④ 《资治通鉴》卷 254，第 8240 页。

加害，包括一位来自富户的女孩因拒绝从贼而被刺杀，另一位女孩则被投入火中，无处逃生："烟中大叫犹求救，梁上悬尸已作灰。"① 随着大屠杀的消息传遍帝国，待在相对安全的东南地区的诗人罗隐也写道："三秦流血已成川。"②

更糟糕的是，逃离长安城变得越来越难。根据杜光庭的记载，在血洗张直方家之后，"自是阨束，内外阻绝。"③ 免于被屠戮的难度，可参考司空图本人从长安艰难逃离的经历，他幸运地得到了以前的家奴段章的帮助：

> 广明庚子岁冬十二月，寇犯京，愚寓居崇义里。九日，自里豪杨琼所，转匿常平廪下。将出，群盗继至。有拥戈拒门者，熟视良久，乃就持吾手曰："某段章也。……顾怀优养之仁，今乃相遇，天也！某所主张将军喜下士，且幸偕往通他，不且仆藉于（济）（辄）中矣。"愚誓不以辱，章恻然泣下，导至通衢，即别去。愚因此得自开远门宵遁，至咸阳桥，……乃抵鄠县。④

司空图随后在河东南部的山中隐居。

正如傅飞岚（Franciscus Verellen）所指出，杜光庭所记载

---

① 《韦庄集笺注》，第 316 页。对此诗的全本英译，参见 Robin D. S. Yates（叶山），*Washing Silk*：*The Life and Selected Poetry of Wei Chuang*, pp. 108 – 122。在此书中，叶山还出色地选译了许多韦庄其他诗篇。

② 《罗隐集》，第 103 页。虽然此诗确切写作时间未知，但在另一行中提及皇帝尚未从四川回到长安。

③ Franciscus Verellen（傅飞岚），*Du Guangting*（850 – 933）：*Taoïste de cour à la fin de la chine médiévale*, p. 81。【译按：傅飞岚此处引自杜光庭《录异记》卷 3 "刘万余" 条】

④ 司空图：《司空表圣文集笺校》，第 227 页。

的灵验故事包括了数位道士因天意逃离长安。① 夸张的例子有如曹戣的故事，他在长安被叛军所抓，强迫其劳役。一天晚上，一位神秘人物靠近他，并帮他逃走，"此人引其手，若腾跃于空中，良久履地。"② 在大部分故事中，得到神助是幸运的基础。刘存希离开长安时，带上了卷起来的一幅天师画像。正是靠了这幅像，他在三十多位难民中，得以免于死亡和受伤。③ 也许最幸运的是贾湘，他每次出门，从未落下老君画轴；带着这幅画轴，他成功地带着一大家子人和金银帛匹逃出长安，即便一路上"剽掠之人不知纪极"。④ 然而，在所有这些例子中，杜光庭明确表明，这些人如果没有得到特殊帮助，将无法逃出来。当时，大多数想逃离长安的人都被杀或受重伤了；而那些成功带着整车贵重物品逃出来的人，如果遇到劫匪或叛军的巡查，也不会走得很远。这种情况下，那些幸存的人，很容易会被认为得到了上天的帮助。

最初的大屠杀之后，暴力行为暂时平息。然而，在某人于尚书省门上贴了一首嘲讽叛军的诗后，又开始了新一轮流血事件。虽然无法获知此诗具体内容，但能够通过韦庄嘲讽叛军朝廷的口吻中想象得到：

> 还将短发戴华簪，不脱朝衣缠绣被。
> 翻持象笏作三公，倒佩金鱼为两史。

---

① Franciscus Verellen（傅飞岚），*Du Guangting（850 – 933）：Taoïste de cour à la fin de la chine médiévale*, pp. 75 – 79。
② 杜光庭：《道教灵验记》卷 12，第 7a 页。
③ 杜光庭：《道教灵验记》卷 8，第 2a 页。
④ 杜光庭：《道教灵验记》卷 7，第 1a ~ 1b 页。

朝闻奏对入朝堂，暮见喧呼来酒市。[1]

黄巢的首要谋臣尚让被这种对政权的冒犯行为所激怒，下令屠 199
杀了超过三千位他认为可能写出这样一首诗的文化人。这个时
候，那些还在政府中做事的人，也不再露面了。[2]黄巢军队进
行的最后一次屠杀发生于 881 年初。支持唐朝的军队勇敢地将
叛军成功驱逐出了长安。然而，对于民众来说不幸的是，勤王
之师本身又陷入了俘掠百姓的混乱状态。黄巢抓住这一机会，
反攻回长安。因迁怒于在他看来支持王师的百姓，根据史料记
载，黄巢放任其军士屠杀了成千上万的居民。这次屠杀，被称
之为"洗城"。[3]

　　整个战争期间，并非所有死亡皆出自刀剑。据有效史料表
明，在当时的长安，至少有一次瘟疫流行于民众之间。韦庄在
长安身陷"贼中"时曾写过一首诗，大约在 881 年，哀叹两
位因病去世的朋友。诗的前两句表达了他当时之所想："与君
同卧疾，独我渐弥留。弟妹不知处，兵戈殊未休。"[4]比疫病
更为严重的是战争对农业生产的摧毁。长安郊外的幸存者在城
南山谷间堡寨而居。连续数年，无人耕种渭河平原肥沃的土

---

① 《韦庄集笺注》，第 317 页。
② 《资治通鉴》卷 254，第 8247 页；《新唐书》卷 225 下，第 6460 页。《资
　治通鉴》指出，这次事件发生于 881 年三月；《新唐书》则记载为在 882
　年。【译按：原书以《资治通鉴》所载此事发生于 881 年二月，然据
　《资治通鉴》原文，实在三月，今正之。】
③ 《资治通鉴》卷 254，第 8250 页；《旧唐书》卷 200 下，第 5402 页；《新
　唐书》卷 225 下，第 6459～6460 页。《旧唐书》和《新唐书》皆将此事
　系于 882 年初，但《资治通鉴》系于 881 年四月，因为提供了此事的起
　因，故更加可信。
④ 《韦庄集笺注》，第 73 页。

地。由于黄巢的统治在地方上并无拥护者愿意输送赋税，粮价开始飙升。人们不得不以树皮充饥，乃至根据一些传言，也有吃人肉的。① 不用说，很多人饿死。韦庄写道：

200

　　东南断绝无粮道，沟壑渐平人渐少。

　　六军门外以殭尸，七架营中填饿殍。②

当韦庄最终在883年早些时候逃出城外时，幸存者恐已不多。然而，黄巢还有最后一次机会，大肆破坏这座伟大的城池。当他离开长安时，史载其"焚宫阙、省寺、居第略尽。"③

当唐廷回到长安时，那些躲过战乱的官员看到了一幅彻底荒芜的景象，"荆棘满城，狐兔纵横"。④ 幸运的道士贾湘——那位带着金银帛匹逃出长安的人——"归京承兴里，寻其旧第，已隳拆"。⑤ 大部分这个城市的上层居民，都与贾湘一样，发现自家宅第片瓦不留；只有少数人能找到自己留下的有价值的东西。对于那些重建家园的家庭来说，更为不幸的是，在唐朝最后二十年，长安还遭到了数次洗劫。中央禁军再也不是围绕在京城周围的军阀们的对手。皇帝成为他们的傀儡，居住于他们藩镇治所州——两次在西边的凤翔镇，一次在东边的华州镇——被"保护"的时间，甚至比肩居住于长安的时间。因此，当885年十二月李克用（856～908）直入长安就朝廷对他

① 《旧唐书》卷200下，第5394页；《新唐书》卷225下，第6460页。
② 《韦庄集笺注》，第317页。
③ 《资治通鉴》卷255，第8294页。
④ 《资治通鉴》卷256，第8320页。
⑤ 杜光庭：《道教灵验记》卷7，第2a页。

的攻击问罪时，他的军队洗劫了这座城池。在黄巢被驱逐后重
建的、大约只相当于之前 10% 至 20% 的官府建筑与民居，无
一幸存。[①] 次年，当一支忠于朝廷的军队进入长安清除一位篡
位者时，他们再次洗劫了这座城池，从而导致"士民无衣，
冻死者蔽地"。[②] 十年后的 895 年，皇帝被迫逃入京城南面的
山中，这引起了另一场大恐慌。成千上万的居民逃离城市。那
一天，许多人在夏天的高温中露毙于野。到了晚上，他们又被
此地因政治权威下降而兴起的盗贼所攻击，"哭声震山谷"。[③]
后一年，轮到凤翔节度使洗劫京城，这次皇帝向东逃亡。880
年代以来重建的房屋，再一次遭到涂炭。[④]

　　880 年代和 890 年代幸存的诗人，如实地描述了当时的衰
败。在一首名为《长安旧里》的诗中，韦庄描述了他旧居的
破败景象：

> 满目墙匡春草深，伤时伤事更伤心。
> 车轮马迹今何在，十二玉楼无处寻。[⑤]

到 890 年代，只剩下对城市最华丽建筑的缅怀，韦庄将神话中
昆仑山上的"十二玉楼"拿来比喻这些广厦。郑谷（约 851 ~
约 910）在题为《长安感兴》的诗中，展示了一幅让人印象深
刻的类似景象：

---

① 《资治通鉴》卷 256，第 8328 页。
② 《资治通鉴》卷 256，第 8341 页。
③ 《资治通鉴》卷 260，第 8472 页。
④ 《资治通鉴》卷 260，第 8491 页。
⑤ 《韦庄集笺注》，第 310 页。

落日狐兔径，近年公相家。

202

可悲闻玉笛，不见走香车。

寂寞墙匡里，春阴挫杏花。[1]

在 880 年前尚且侈靡于这座城市的权势之人，突然间完全消失，这一切令郑谷感到震惊。对于那逝去的恢宏，他感到无限悲哀，黄巢之乱后这座伟大都城所遭受的苦难在这些文字间被淋漓尽致地展现出来。在另一首题于一堵前官府建筑之墙壁的诗中，郑谷描绘了一幅名副其实的末日景象：

秋光不见旧亭台，四顾荒凉瓦砾堆。

火力不能消地力，乱前黄菊眼前开。[2]

诗中描述了对城市的整个破坏，并需注意郑谷所使用的时间标记——"乱前"。正如我们所见，唐王朝最后二十年的文人精英很明白他们正所经历之事的灾难性意义，并立马联系到黄巢之后的乱象。

伟大都城郊外的上层社会所拥有的旧时家族财富，遭受了类似的破坏。880 年代早期，韦庄在《秦妇吟》中描述了郊外的荒凉："百万人家无一户，被落田园但有蒿，摧残竹树皆无

203 主。"[3] 韦庄本人作为居住于长安的大族子孙，在城市东南靠近汉代杜陵处拥有家产。当 890 年代后期回访此地时，他描述了此地荒芜的景色："却到樊川访旧游，夕阳衰草杜陵秋。"

---

① 《郑谷诗集编年校注》，第 104 页。

② 《郑谷诗集笺注》，第 251 页；《郑谷诗集编年校注》，第 169 页。

③ 《韦庄集笺注》，第 317 页。

在同一首诗中，韦庄见证了农业生产的崩溃："千桑万海无人见，横笛一声空泪流。"① 桑树是乡村财富生产的缩影。在平常年代，农民们会忙于剪桑叶喂蚕；然而此时，空无一人。郑谷在造访长安城东他的姨兄王斌——无疑也是一位晚唐权势之家的子孙——的别墅后，留下了一首类似的诗作，描述了当地遭受的死亡与破坏：

> 枯桑河上村，寥落旧田园。少小曾来此，悲凉不可言。
>
> 访邻多指冢，问路半移原。久歎家僮散，初晴野荠繁。②

这些诗作，共同呈现了旧时居住于长安的京城精英阶层所遭受之暴力摧毁。数千世族子孙可能死于叛军和强盗之手。那些幸存的人则失去了城里的房屋，同时，在地方上的财产也无法提供经济支持。然而更糟糕的是，重返朝廷变得更加困难，因为不断的政治清洗震荡着官场。首先在886年末，当时僖宗的远房宗亲嗣襄王李煴（去世于886年）试图取代僖宗的计划失败了。此后，数百位参与李煴短命政权的官员中，有20%到30%被处死。③ 随后的十五年，政治环境更加恶劣。895年年中，长安周围的节度使们联合起来攻入长安，处死了他们的政治对手，两位宰相——韦昭度和李溪。④ 十世纪的第

204

---

① 《韦庄集笺注》，第309页。这首诗题为《过樊川旧居》。

② 《郑谷诗集笺注》，第50页。关于他姨兄别墅景象的类似诗作《离乱后》，见第383页。

③ 《资治通鉴》卷256，第8341页；《资治通鉴》卷256，第8345页。许多将被处死之人在宰相杜让能（841～893）的干预下，免于死刑。

④ 《资治通鉴》卷260，第8470页。

一年，朱全忠（852～912）与唐廷结盟，崔胤踩在许多政治对手的尸体上，成为宰相。[①] 不久之后的 904 年初，崔胤和他的亲信也被杀，因为昔日的主人已经不再需要他们的支持。[②]随后，朱全忠处死了其他一些高官。最著名的事件是，905 年六月，朱全忠在白马驿处死了七位最有影响力的公卿，毫不客气地将他们扔进黄河。此举标志着那些在朱全忠的藩镇幕府中崛起的新人，已经不再敬畏这些公卿祖先的声望。[③] 同一时候，数百位依然忠于唐廷的官员因被诬陷为朋党而遭定罪处死。[④]

最后，在 900 年末，当宦官们发现宫中有人阴谋除掉他们时，他们杀死了几乎所有接近皇帝的人，包括至少一位皇子。此后，他们没能成功地用自己所选的一位继承者取代皇帝。[⑤]作为报复，次年正月，大量宦官和他们的盟友被杀。[⑥] 两年后，在朱全忠的煽动之下，剩下的宦官被清除。此后的 904年，朱全忠杀死了剩余的宫内侍从。[⑦] 最后，第二年初，九位依然幸存的最主要的皇子遭到屠杀。[⑧] 虽然唐朝以前也有流血

---

① 《资治通鉴》卷 262，第 8530 页；《资治通鉴》卷 264，第 8602 页。
② 《资治通鉴》卷 264，第 8624～8625 页。
③ 《旧唐书》卷 20 下，第 796 页；薛居正：《旧五代史》卷 18，第 253 页。根据《资治通鉴》卷 265，第 8643 页记载，超过三十位官员在白马驿被杀。在数月前，朱全忠还至少安排了一次对另一位重臣的暗杀，参见《资治通鉴》卷 264，第 8622 页。关于白马驿之祸的详细讨论，参见 Kwok-yiu Wong（王国尧），"The White Horse Massacre and Changing Literati Culture in Late Tang and Five Dynasties China"。
④ 欧阳修：《新五代史》卷 35，第 375 页。
⑤ 《资治通鉴》卷 262，第 8538～8543 页。
⑥ 《资治通鉴》卷 262，第 8544～8545 页。
⑦ Robert M. Somers，"The End of the T'ang"，pp. 780－781。
⑧ 《资治通鉴》卷 265，第 8640 页。

事件，但九世纪末和十世纪初的政治暴力特具破坏力，因为其造成的一波波政治动荡和数十年战乱，影响了整个帝国。即便权势很大的人能够躲过一次或多次屠杀或清洗，他们也无法在整个后黄巢时代维持自身的政治影响力。

对长安城最后且最重要的破坏发生于 904 年，朱全忠强行把皇帝迁到他自己势力范围内的洛阳。三年后，他正式推翻唐王朝并建立后梁（907～923）王朝。由于不再有军队控制，为阻止重建一个正统京城，他命令下属拆除了整个长安城。当时，所有剩下的宫殿、官府建筑皆被拆毁，居民也被驱逐。所有有价值的东西都被运往洛阳，"长安自此遂丘墟矣"。作为王朝首都上千年的大都市，在此后的几个世纪中，成为"几乎被遗忘的城市"。① 分散在农地的废墟遗迹成为后世文物学家满足好奇心的地方。② 直至二十世纪末，现在的西安城才再次在体积和人口上，媲美以前的唐长安城。③

洛阳和地方的毁灭

相比黄巢对长安的占领，洛阳一开始的遭遇更好一些。韦庄大概在 882 年末或 883 年初经过洛阳。当时"巢寇未平"，

① Edward H. Schafer（薛爱华），"The Last Years of Chang'an"。

② 关于十一世纪的文物学家对长安遗迹的探访，参见 Deborah Rudolph，"The Power of Places: A Northern Sung Literatus Tours the Southern Suburbs of Ch'ang-An"。

③ 在今天的西安所见到的明代城墙在城周方面，比唐代的城墙更加小。明代的城墙大体按照唐代宫殿和官府的旧址建造，位于唐代长安的中北部。在 1906～1909 年的照片中，可以看到与明代城墙相接的农田，参见足立喜六《长安史迹的研究》第 2 卷，附图 15、17、19。曾在唐代长安城中的大、小雁塔，直至二十世纪，依然处于农田之中，参见同书第 2 卷，附图 78、86。

在他完成于洛阳的诗作中，认识到世事之艰难——"如今父老偏垂涕"——不过很少描绘破败之城的景象。[1] 诚然，周边地区的军事化对农业生产和商业活动来说是一次打击。根据《秦妇吟》记载，883 年春天时，"东西南北路人绝"。[2] 此诗随后写到一位老人对洛阳城西村庄情况的描述，当时驻扎于洛阳附近的一支军队，向邻村派遣了巡查之兵：

> 自从洛下屯师旅，日夜巡兵入村坞；匣中秋水拔青蛇，旗上高风吹白虎。
>
> 入门下马若旋风，罄室倾囊如卷土。家财既尽骨肉离，今日垂年一身苦。
>
> 一身苦兮何足嗟？山中更有千万家。朝饥山上寻蓬子，夜宿露中卧荻花。[3]

207　正是在这一时期，一位洛阳大族成员的墓志中，草草附加了一句喟叹之词："巩、洛兵荒，人无生理。"[4] 但是，虽然面临严重的人口短缺，相比于长安之毁灭，在 880 年代初，并没有来自洛阳的兵乱报告。

然而，当黄巢于 883 年被赶出长安后，相对稳定的河南急转直下。在向东逃窜时，黄巢与河南南部的蔡州军阀秦宗权（去世于 889 年）势力相结合。合兵于一处的叛军成为华北平

---

[1]　《韦庄集笺注》，第 109 页。

[2]　《韦庄集笺注》，第 315 页。

[3]　《韦庄集笺注》，第 318 页。

[4]　引自李杼（802～850）。此人是绪论中提及的卢氏之丈夫。这句附加之词刻于 882 年。

原举足轻重的军事力量，经过了 870 年代后期王仙芝之重大破坏后，这一地区再次遭到蹂躏。洛阳东南方向许州李公鳆（约 830 ~ 约 882）的墓志描述了这一场景：

> 广明中，无何，蚁结秦关，龙游蜀国。会天兵败寇，东下鄩城。随邑居人，避地于许州龙兴寺西禅院之别宇，闭关默守，不与时交。

黄巢本人虽在 884 年为其部下所杀，但他的死使局面更加恶化。秦宗权自称是黄巢的继承者，并称帝。在随后的战争中，他将淮南、河南和湖北等部分地区纳入其控制范围，所到之处，大肆破坏。不久，秦宗权得到了比黄巢更为残酷的名声，据传，他命令自己的军队行军时用车辆装载盐腌的尸体，以充军粮。[1] 连续的战乱导致农业生产继遭破坏，河南东部地区连续数年无人耕种。在 880 年代末和 890 年代初，生活于淮河、黄河之间五分之三至五分之四的人口死亡。[2]

　　885 年六月，洛阳终遭劫难。当时，秦宗权部将孙儒（去世于 892 年）占领了这座城市，又付诸一炬，"大掠席卷而去，城中寂无鸡犬"。破坏如此彻底，以至于下一位进入洛阳城的将领，必须搭建临时军营于城西的集市。[3] 次年，洛阳依旧是激烈争战之地，战火还波及黄河北边的河阳镇，以及东面

[208]

---

[1] 《资治通鉴》卷 256，第 8318 页。

[2] 《资治通鉴》卷 256，第 8333 页；《资治通鉴》卷 259，第 8427 页。许多人的存活依靠的是来自李克用的粮食转输，后者正在寻求共同对付朱全忠的盟友。

[3] 《资治通鉴》卷 256，第 8324 页。

的郑州。① 直至 887 年，此地的秦宗权军队才被彻底消灭。对于郑州和河阳两地居民而言，更不幸的是，当秦宗权和孙儒退出这两座城池时，他们"屠灭其人，焚其庐舍"。② 当仁慈的军阀张全义（852~926）于 887 年中期进入洛阳时，此地已全遭摧毁，"白骨蔽地，荆棘弥望，居民不满百户"。③ 大约在此时，诗人罗隐将这座唐帝国第二大都会称为"空城"，徐夤则在向西出城时目睹了当时的败象，写下两句诗："贼去兵来岁月长，野蒿空满坏墙匡。"④

幸运的是，与长安不同，洛阳得到了恢复。张全义是一位干练的治理者，享誉仁慈和公正之名，并主持了这个曾经伟大的城市之重建。洛阳成为附近地区难民的庇护所。⑤ 更进一步，当张全义于 888 年加入朱全忠在华北平原组建起来的新政权后，洛阳不再是敌对军阀之间的战场。早在 896 年，朱全忠即开始考虑将洛阳视作唐朝政府的主要驻地。他命令张全义重新建造了东都的皇宫。⑥ 同时，他在不同场合多次邀请皇帝驻跸于此，直至最终于 904 年以武力胁迫其迁都洛阳。⑦ 整个十世纪，即便唐朝灭亡之后，洛阳一直是北方中国连续数个王朝的首都或陪都。然而，885~887 年间的流血和破坏，对于居住于洛阳的大族来说，是无法估量的。

---

① 《资治通鉴》卷 256，第 8342 页。

② 《资治通鉴》卷 257，第 8357 页。

③ 《资治通鉴》卷 257，第 8359 页。

④ 《罗隐集》，第 22 页；《全唐诗》卷 709，第 8157 页。

⑤ 《资治通鉴》卷 257，第 8359 页。

⑥ 《资治通鉴》卷 260，第 8493 页；《资治通鉴》卷 262，第 8559 页；《资治通鉴》卷 264，第 8626 页。

⑦ 《资治通鉴》卷 264，第 8630 页；《资治通鉴》卷 265，第 8636 页。为了扶持一个年幼的男孩登基，朱全忠数月后弑杀了皇帝。

　　九世纪末，除了长安、洛阳及两京周围地带，更为南方的地区也遭受了战争所带来的破坏。当王仙芝还在北方肆虐时，浙江西道和江西赣江平原同时爆发了小股盗匪活动。① 这些盗匪被平息后不久，黄巢即向东南进军，渡过了长江。僧人贯休（832～912）当时住在邻近杭州的睦州，根据他对东南地区某州所遭受之破坏的描述，"黄金白玉家家尽，绣闼雕甍处处烧"。② 此时，黄巢的军队势不可挡，席卷各地，"大寇山难隔，孤城数合烧"。③ 贯休本人大概逃入了如今绍兴的山中，并在题为《避寇上山作》这首诗中描述了完全混乱的景象：

210

　　　　山翠碧嵯峨，攀牵去者多。浅深俱得地，好恶未知他。

　　　　有草皆为户，无人不荷戈。相逢空怅望，更有好时么？④

在俘虏了浙东观察使之后，黄巢继续向南，占领福州，其军队在此"焚室庐杀人如蓺"。⑤ 传说他在占领更南方的广州后杀死了十万人，并在沿湖南的湘江北上时，洗劫了潭州（今长沙）——当时"流尸蔽江而下"——造成了880年初长江中

---

① 两地盗匪分别是王郢和柳彦璋。参见《资治通鉴》卷252，第8178～8179、8189、8190页；《资治通鉴》卷253，第8191～8192、8194页。
② 贯休：《禅月集校注》，第442页。
③ 贯休：《禅月集校注》，第306页。
④ 贯休：《禅月集校注》，第198页。描述相同景象的另一首诗，参见同书第260页。
⑤ 《新唐书》卷225下，第6454页。

游地区城市更大的浩劫。① 当年十一月，一方出土于和州的墓
211 志揭示，被"草贼黄巢"所杀的志主是来自一个地方精英家
庭的年轻人，且"以其年焚烧赤尽，人未归焉"。②

在这个时期，即 870 年代中期至 880 年代中期，国家精英
在地方上的三个聚居地（参见第二章所述）中的两个，江陵
和襄州，化作丘墟。878 年正月，王仙芝在他战死之前，劫掠
了江陵外郭城，杀死了大量人口。③ 第二年，当黄巢从广州开
始其北伐时，据传有五十万大军，负责江陵城防的将领惊恐地
逃跑了。他留下来收拾残局的部下趁机洗劫了城市，将一切焚
烧殆尽，迫使居民逃入山中避难。随着一场反季节的暴风雪的
降临，许多人冻死，导致"殭尸满野"。④ 诗人郑谷从小长大
的地方在靠近江陵的白社，由于听到兵火的传言，他在《渚
宫乱后作》的前四句中写道：

> 乡人来话乱离情，泪滴残阳问楚荆。白社已应无故
> 老，清江依旧绕空城。⑤

襄州一开始比江陵要好。879 年十月，支持唐廷的军队在襄州
南面的荆门阻挡了黄巢。⑥ 然而，883 年和 884 年，襄州和其

---

① 在广州的屠杀来自九世纪阿拉伯人 Abu Zaid 的一份报告。参见 Howard
S. Levy, *Biography of Huang Ch'ao*, p. 117。对潭州的洗劫，参见《资治通
鉴》卷 253，第 8217 页。
② 引自崔贻孙（859~880）的墓志。因此，这位年轻人被权葬于"荒野"。
③ 《资治通鉴》卷 253，第 8195 页。
④ 《资治通鉴》卷 253，第 8217 页。
⑤ 《郑谷诗集笺注》，第 264 页。
⑥ 《资治通鉴》卷 253，第 8219 页。

他湖北北部的州城，连续遭到秦宗权部将的进攻。① 更加糟糕 212
的是，襄州和江陵都连续数年饱受干旱和蝗灾之苦；886 年，
两个州城都有人吃人的报告。② 直至秦宗权的一位将领于 888
年以州城投降朱全忠，襄州从未享受过和平。③ 在广义的江陵
地区，政治权威下降得更厉害，一度回到部落统治。④

当然，迟至 880 年代中期，全国尚有数处人口聚集地是安全
的。长江下游地区在乱世中未被波及，由分居长江两岸的权势藩
帅扬州高骈和润州周宝（去世于 887 年）所保护。这两人都由中
央朝廷所任命，并在黄巢占领长安时待在原地不动。随着 882 年
高骈和唐廷之间关系的最终破裂，他得以全面掌控唐朝的这一重
要的商业和农业中心，从而能够通过丰厚的地方赋税来支持其庞
大的军队。⑤ 在一位新罗幕僚的部分帮助下，高骈有效地运转
其幕府，私下任命州县官员，而这在黄巢之乱以前是专属于朝
廷的特权。⑥ 在两京走廊地带的陕虢与河中藩镇也相对安全，
由王重荣（去世于 887 年）和王重盈（去世于 895 年）兄弟及
他们的儿子们所统治，成功地通过一系列结盟拖住了黄巢。⑦ 这

---

① 《资治通鉴》卷 255，第 8300 页；《资治通鉴》卷 256，第 8315、8318 页。

② 《旧唐书》卷 19 下，第 724 页。

③ 《资治通鉴》卷 257，第 8379 页。

④ 《资治通鉴》卷 254，第 8261 页。数个部落控制了江陵南部的几个州。为
了强调司马光对他们尚未开化的认知，宋代史家解释道，他们之间曾经
像野兽一样为了打猎过程中的一块肉而长期不和。

⑤ 关于 882 年高骈与唐廷断绝关系时，他与皇帝之间的书信往还，参见
《资治通鉴》卷 255，第 8270～8271 页。

⑥ 新罗幕僚是崔致远（出生于 857 年）。流传至今的文集中，包含他在高骈
的授意下所撰写的许多任命文书。参见崔致远撰《桂苑笔耕集校注》，党
银平校注，卷 13～14。

⑦ 《资治通鉴》卷 254，第 8239 页；《新唐书》卷 187，第 5435～5441 页。
他们的儿子是王珙和王珂。

213 个地方正是司空图艰难地从长安逃出来后隐居之处；881 年年
中，带着儿子逃出来的寡妇韦媛（810～881）也来到了河
中①；在韦庄的《秦妇吟》中，那位秦妇也将此地目为"人
间"。② 在 880 年代，自立的河北地区也未受影响。虽然邻近
的河东镇早已开始沦入异族之手，沙陀人李克用及其盟友洗劫
了该地数座城池并巩固其统治，直至 923 年重新统一北方中
国。③ 最后，880 年代中期的四川——唐廷在黄巢占领长安期
间的避难地——以及黄巢未能占领的，位于两京走廊地带最西
端的凤翔镇，也相对稳定。

但是在 880 年代后期和 890 年代，即使这些地方，也陷入
了动荡之中。周宝和高骈分别于 886 和 887 年被推翻并遇害，
从而导致长江下游不再宁静。大都会扬州——作为三个国家精
英地方聚居地中最大者——特别受到重创。在推翻高骈的内乱
之中，这座城市已经遭到破坏。887 年十月高骈死后，日后吴
王国（902～937）的创建者杨行密包围了扬州城，在此期间，
城中过半数的人死于饥饿。在杨行密入城后不久，曾焚荡洛阳
和河南其他地方，之后被秦宗权派到南方来的孙儒出现于战
场。他从杨行密手中夺取了扬州，一直控制着这座城池，直至

---

① 当黄巢占领长安时，韦媛是一位虔诚地在寺庙中修行的寡妇。一年之后，
她的儿子杨篆在给他母亲撰写的墓志中写道："去岁逆寇陷长安，士庶波
委。余随侍奔避，潜处于蓝田辋谷中。数月之间，终日忧患。竟以寇逼，
遂冒贼锋，越渭（水），抵蒲坂。"韦媛冒险抵达河中，不久去世，时在
881 年五月。到 883 年，她儿子才觉得安全，将她归葬洛阳。她儿子后来
如何，并无记载。
② Robin D. S. Yates（叶山），*Washing Silk: The Life and Selected Poetry of Wei Chuang*, p. 118.
③ 相关例子，参见《资治通鉴》卷 254，第 8248 页；《资治通鉴》卷 255，
第 8276 页。

杨行密于 892 年夺回扬州。① 在司马光看来，无论曾经在帝国中如何繁华，扬州及其周边地区经过五年的战争，已经"扫地尽"。② 在这五年间，孙儒、杨行密和钱镠（852 ~ 932）——日后吴越王国（902 ~ 978）的创建者——为了争夺长江以南的重要城市润州和常州，互相攻伐。两州超过五分之四的人口可能死于战乱。③ 罗隐在 880 年代和 890 年代居住于东南地区，他在几句诗中描述了这一地区以及稍东的苏州所受到的蹂躏：

> 两地干戈连越绝，数年麋鹿卧姑苏。疲甿赋重全家尽，旧族兵侵太半无。④

根据罗隐的描述，破坏如此之烈，以至于农田都成了野生动物的牧场。⑤

虽然王氏家族直至九世纪末依然控制着陕虢和河中，这两个地方在 880 年代晚期和 890 年代依然处于动荡之中。王重荣于 887 年被暗杀，其兄王重盈找出杀手和他们的同伙，成功地报了仇。⑥ 但在 895 年王重盈死后，他的儿子和两位侄子为争夺该地控制权而内斗，进而各为其主，发展为周围数个大军阀

---

① 《资治通鉴》卷 257，第 8363 ~ 8365 页；《资治通鉴》卷 259，第 8430 页。
② 《资治通鉴》卷 259，第 8430 ~ 8431 页。
③ 《资治通鉴》卷 257，第 8372 页。
④ 《罗隐集》，第 135 页。
⑤ 在同一时候，罗隐在两句诗中尖锐地批评朝廷继续歌舞升平，而无法控制藩镇动乱："朝廷犹礼乐，郡邑忍干戈。"《罗隐集》，第 102 页。
⑥ 《旧唐书》卷 182，第 4697 页。

215 之间的河中争夺战。① 在 890 年代和十世纪最初二十年，河北
也成为李克用、朱全忠和幽州节度使刘仁恭（去世于 914 年）
之间持续流血战争的战场，夹处其间的另外两个自立河北藩镇
也挣扎着谋求自立。在这几十年间，河北的战乱异常残酷。②
李克用的继承者在重新统一北方中国的前夜，才夺取了整个河
北，从而给此地带来和平。就四川而言，在 887 年陷入动荡，
因为日后前蜀王国（902～925）的创建者王建（847～918）
开启了长达十年的统一蜀地进程。在唐廷流亡四川时，由宦官
田令孜建立起来的以成都为中心的残余势力，也被王建摧毁。
成都的人口亦因王建于 890～891 年间的围攻而受到重创。③
最后，凤翔镇在朱全忠于 902 和 903 年的围攻之下遭受重创。
有记载显示，因饥荒与露曝，州民中有人吃人的现象。④ 在李
茂贞（856～924）释放了被他监视（supervision）起来的唐朝
皇帝，交给朱全忠托管之后，围城方才结束。

　　直观呈现 880 和 890 年代动荡的一种方法，是追溯唐末五代
初政治实体的领土，观察其瓦解与重新整合的过程。图 5-1 揭示
了北方中国最重要的政权，以及它们在 875～920 年间所控制的藩
镇，材料来源为编年史料和已出版参考书。图 5-2 揭示了长江中
下游地区以州，而非以藩镇为单位的明确的领土变化。由于大小

①　《资治通鉴》卷 260，第 8469 页；《资治通鉴》卷 261，第 8519 页；《旧
唐书》卷 182，第 4697～4649 页。牵涉到的军阀分别是朱全忠、李克用
和李茂贞（856～924）。

②　关于河北地区特别惨烈的战争，参见《资治通鉴》卷 261，第 8522～
8523 页。

③　Franciscus Verellen（傅飞岚），*Du Guangting*（850 – 933）：*Taoïste de cour
à la fin de la chine médiévale*，pp. 141 – 150。

④　《资治通鉴》卷 263，第 8586 页。

图 5 – 1　唐末五代初（875～920）北方中国（分镇逐年）统一进程

　　说明：本图根据司马光《资治通鉴》和郁贤皓《唐刺史考全编》的记
载，将某藩镇成为某政权一部分的标准认定为由政权统治者任命藩帅，或藩
帅向统治者投降。由于同盟关系的经常变化，以及难以简单地认定政权之间
的结盟与否，此图的各种要素依然存疑。若无其他反证材料，唐廷名义上在
880 年之前控制着河北以外的所有藩镇。

政权之纵横捭阖，即并不清楚某一特定藩镇或州在多大程度上属　215
于某个形成中的政权，实际上的情况可能远比图中所示更为杂乱。

217

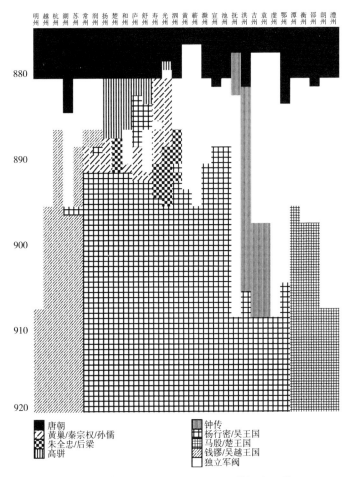

图 5 - 2　唐末五代初（875 ~ 920）长江中下游
（分镇逐年）统一进程

说明：本图根据司马光《资治通鉴》、郁贤皓《唐刺史考全编》和
吴任臣《十国春秋》的记载，将某州成为某政权一部分的标准认定为
由政权统治者任命州刺史，或州刺史向统治者投降。由于同盟关系
的经常变化，以及难以简单地认定政权之外的结盟与否，此图的各
种要素依然存疑。若无其他反证材料，唐廷名义上在 880 年之前控
制着所有州。

然而，有证据表明，黄巢之乱结束后二十年是一个最为混乱无序的时代，当时许多藩镇和州被自立豪强（两图中的空白格子）所统治。后黄巢时代的许多动乱，都来自这些地方统治者中的部分人试图占领相邻者的地盘，以求建立一个更大、更自足的政权。有观点认为整个唐宋之际的过渡阶段就是一段没有缓和的混乱期。事实上，最剧烈的动荡发生于黄巢起事后的二三十年。907 年唐朝最后一位皇帝的退位，标志着相对稳定的局面已经回到中国本土的大部分地方。而且，只有当重建秩序的新政权追求政治正统时，方能许可他们宣称建立新王朝和王国。

唐代精英的消亡

通过第二章至第四章对中古世家大族结构的论述，可以明白为何黄巢之乱对大族而言如此具有灾难性。作为主要政治大族之后裔，同时又是国家官僚精英的人，几乎都居住于两京及临近的两京走廊地带。在 880 年代，这一地区遭到毁灭，其人口濒临灭绝，大部分居住于此的大族精英受到打击。虽然死去之人的总数永远也说不清楚，但可以明确的是，许多长安的精英居民在黄巢军队突然降临之前，无法逃出这座城市。许多现任和前任宰相比几乎任何人都有资源和政治关系来让自己脱身，但在他们能够逃离之前，都被俘虏并遇害。十年间，大部分幸存的其他精英——主要是因为他们在两京地区沦陷之时任职于地方——在随后二十年间的政治斗争中，也失去了生命。比如裴枢（841～905），他在 893 年之前一直是长江以南歙州的刺史，直至被杨行密所驱逐。[①] 裴枢回到京城，成为昭宗皇

① 《资治通鉴》卷 259，第 8447 页。

219　帝（889～904 年在位）的宰相，却在 905 年最终死于白马驿事件。① 持续整整一代人的各种暴力，本质上加剧了动乱对精英的整体影响，导致即便有幸躲过一次屠杀，也无人能在持续二十五年的残酷暴力中毫发无损。

波及帝国所有主要人口聚居地的暴力，使情况变得更糟。第二章中描述的国家精英在地方的聚居地，也被破坏。更甚者，任何幸存之人，不得不在 880 年代和 890 年代不止一次地离开家乡。虽然在任何时候，帝国之中都有安全的地方，但去往这些人间天堂的途径十分艰辛。在 880 年代中期，有一首题为《壶关道中作》的诗，作者韦庄描述了他从北方向相对安全的长江下游地区逃难的经历：

> 处处兵戈路不通，却从山北去江东。黄昏欲到壶关寨，匹马寒嘶野草中。②

相比于更为直接的一条路，即沿黄河进入汴渠，再一路向南，韦庄选择了远在北方的一条路线，需经过潞州附近连接河东与河北的一个关口。即使在这一迂回路线上，诗人也感到自身情形的紧迫，因其急于在天黑之前找到一个相对安全的寨子。随着政府驿递系统的崩溃，可靠信息无从获取，在安全道路数量稀少的情况下，逃跑的难度更为增加。韦庄在其题为《汴堤行》的诗中描绘了也许是 886 年的洛阳附近的这种情况：

---

① 《资治通鉴》卷 265，第 8643 页。
② 《韦庄集笺注》，第 386 页。

　　欲上隋堤举步迟，隔云烽燧叫非时。缬闻破虏将休　　220
马，又道征辽再出师。

　　朝见西来为过客，暮看东去作浮尸。绿杨千里无飞
鸟，日落空投旧店基。①

在这些可怖诗句中，韦庄说明了一个人的信息来源过分依赖传
闻之辞的危害。传闻之辞互相矛盾——战争怎么会一会儿结束
又一会儿开始呢？——逃难之人一旦抉择有误，极可能轻易断
送性命。

　　已知幸存者的经历，使我们知晓为求生存而使用的各种策
略。他们不止一次重新定居，因为一个安全的地方可能一个月
后即陷入战乱。前文论述过的从长安逃出来的司空图，最初依
靠的是偶然遇到的一位以前的仆人。随后，他又有幸得到一处
地方上的别业，在河东道南部中条山中，此地是王重荣成功抵
御了黄巢军队的地方。在河中镇期间的881年初，司空图临时
接待了黄巢之乱前的吏部尚书旧友卢渥，此人——他跟其他精
英一样逃出了京城——没有自己的避难之所能够藏身。在这一
时期，司空图与节度使王氏家族维持着良好关系，在他们的支
持下，撰写了数篇纪念碑文。他在885年回到京城，大概加入
了嗣襄王建立的短命僭伪政权。在887年的政治清洗中，他逃　　221
回了河中。此年的诗作中，有"匹马偷归"之句。② 在王重荣
遭刺后，此地不再稳定，他便渡过黄河移居长安以东的华州，
并在这里几乎不曾间断地待了十年。最后，当朱全忠于902年

---

　　①　《韦庄集笺注》，第184页。
　　②　司空图：《司空表圣文集笺校》，第32页。

入侵该地时，司空图逃回了中条山的别业，并在908年前终老于此。[1]

韦庄是另一位幸存者。虽然我们不知道他在882年初如何逃出长安，但很明显，随后他数次迁徙以避免战乱。他待过洛阳、南方的润州，在890年代后期待过朝廷避难的华州，最后入蜀出仕日后的前蜀王国创建者王建。[2] 可见，他若在孙儒到来之前滞留洛阳，或在高骈遇害之前徘徊东南，即不可能幸存。韦庄善于应变，经常躲在空屋。当他待在洛阳郊外"吉涧卢拾遗"的家中时，写了一首诗，内有一句曰"主人西游去不归"。[3] 也许出于轻车简从的考虑，他似乎单独旅行。在东都以北的废弃别业中，为寻求避难之所，韦庄吟道："无人说得中兴事"。[4] 在题为《寄园林主人》的诗中，韦庄不知主人是谁，写道：

222 　　　　　晓莺闲自啭，游客暮空回。尚有余芳在，犹堪载酒来。[5]

在这里，"游客"韦庄留下了一首诗，以表达感激之情。另

---

① 关于司空图在黄巢占领长安后的年谱，参见司空图《司空表圣文集笺校》，第352~382页。

② 对于韦庄在880年之后生活的大致勾勒，参见 Robin D. S. Yates（叶山），*Washing Silk: The Life and Selected Poetry of Wei Chuang*, pp. 17 – 35。

③ 《韦庄集笺注》，第136页。虽然由于韦庄诗集的同一卷中其他诗作时间的混乱，我们无法确定这首诗撰写于洛阳地区，但大致上能系于韦庄在洛阳的时间。此外，正如第三章所讨论的，大部分拥有高官的卢姓人士都居住于洛阳。

④ 《韦庄集笺注》，第127~128页。

⑤ 《韦庄集笺注》，第127页。英文翻译引自 Robin D. S. Yates（叶山），*Washing Silk: The Life and Selected Poetry of Wei Chuang*, p. 95。

外，鸣啭的晓莺也传达出一种希望。然而，根据韦庄在其文集另外诗作中所描绘的战乱惨状，这些空置的房屋就显得比较怪异。让人怀疑庄园的主人是否还在世。

大部分幸存的旧时唐朝精英失去了他们所有身外的财产。特别是长安围城期间，人们出逃机会之少，以致能够随身携带的东西也少。他们大部分可携带财产，都被人掠夺。我们可以看到黄巢退出长安时，所获得的战利品数量。由于受掠夺品体量的拖累，叛军被迫沿路遗弃大量财宝，转而被追赶的官军顺手牵羊。① 这些财产，恐怕都不会回到原主人手中。880 年代，除了随身携带的财产，事实上所有京城精英在长安和洛阳的住宅都毁于战火。

随着战火的蔓延，那些居住于远离京城的精英，也丧失了所有。比如，司空图存藏图书和书画的楼阁，即在 890 年代后期来自陕虢的军队入侵河中时，毁于战火。② 一些家庭有可能在出逃之前埋藏贵重物品，但即便幸存至能够返回家园，也会找不到埋藏地点。富人邓敞就是这样一位幸存者，他在黄巢入侵洛阳之前逃亡黄河北岸的河阳镇。当战火随后波及黄河北岸时，邓敞将其金帛埋于地下。不幸的是，叛军发现了这笔财富。③ 事实上，可以想见，在 880 年代中期，各种投机倒把之人都能熟练地辨认新近填埋的土洞。④

唐代精英中幸存者所面临的经济困难，也反映于韦庄的诗

① 《资治通鉴》卷 255，第 8294 页；《新唐书》卷 225 下，第 6462 页。
② 司空图：《司空表圣文集笺校》，第 220、329 页。
③ 李昉：《太平广记》卷 498，第 4090 页；《玉泉子》，第 5~6 页。
④ 比如，幸运的道士贾湘在回长安的途中，于一处被他占据的空宅之地基下，发现了埋藏的 6000 两白银。见杜光庭《道教灵验记》，卷 7，第 2a 页。

作。在一首题为《仆者杨金》的诗中，韦庄通过一位农民之口，揭示了自己的经济困窘：

> 半年辛苦葺荒居，不独单寒腹亦虚。努力且为田舍客，他年为尔觅金鱼。①

在乱前的唐诗中，提及诗人之穷困时，诗人经常夸大其所面对的困难，以换取读者的同情。"荒居"、"单寒"和"腹亦虚"，是长期以来诗人自怨自艾的传统意象。但是，以前的仆人如今变成田舍客——怜悯的对象从诗人本人转向了另一人——使韦庄所说的内容更加真实可信。总之，在一首题为《赠姬人》的诗中，韦庄明确指出，事情会变得更糟糕：

> 莫恨红裙破，休嫌白屋低。请看京与洛：谁在旧香闺？②

如我们所见，关于长安和洛阳的诗句并不夸张，也契合我们从其他史料中得知的衰败情况。大部分高雅的贵妇曾经居住于"香闺"，如今已经死去，他们的豪宅也化为灰烬。韦庄在此处并未表现自我怜悯，相反，他庆幸自己成功逃生。

我们没有数据来直接计算这一时期死去精英的数量，以及他们所遭受的经济损失。然而，我们能够估算黄巢之乱及其余波对唐朝精英的直接影响，方法是统计前后时段墓志制作数量

---

① 《韦庄集笺注》，第 388 页。
② 《韦庄集笺注》，第 177 页。

的变化。图 5 - 3 以十年为阶段，展示了中国两个地区在已知
墓志总量上的变化：一是长安和洛阳地区，二是河东和河北地
区。为了得到这些地区所有墓志的相对随机的样本，该图仅包
括考古发掘出土的墓志，不包括收录于文集中者。在唐朝最后
几十年内，这两个地方都存在墓志制作数量急剧下降的情况，
即使到 910 年代，都没有恢复的迹象。出现这种低迷现象，大
概有几个原因：人口的肉体消灭、大规模外流，或经济崩溃导
致无力担负丧葬费用。此外，如下文简要讨论的，十世纪初占
据京城的新兴精英带来了新的丧葬文化，并不强调碑志。① 但
不管何种原因，数量的下降反映了 880 年后的时间段，旧时唐
朝精英所遭受的灾难。

如果更仔细地观察图 5 - 3，可以得到与唐朝最后四十年
相吻合的另一种让人印象深刻的趋势。从 870 年代开始，地方
叛乱者早已通过减少向朝廷贡赋来影响京城经济。更进一步，
当 870 年代出仕地方之人去世时，通常无法平安地将他们的遗
体归葬京城。一方出土于长安，但志主 879 年初死于长三角的
墓志写道："长安城南方属道路艰虞，未克归袝。"② 因此无须
惊讶，图 5 - 3 中京城地区墓志数量在两京遭到洗劫之前即已
下降。但只有在 880 年代，墓志制作数量才真正急剧下降。在
这十年间，整个京城地区仅有九方墓志，其中来自洛阳的八方
下葬时间在孙儒来到此城之前。在 880 年代后半段时间内，长
安和洛阳地区并未发现一方墓志。相反，东北地区的墓志数量
直至 890 年代方才事实上下降。总之，正如我们所见，这一地

225

---

① Nicolas Tackett（谭凯）， "The Transformation of Medieval Chinese Elites,
850 - 1000 C. E.", p. 99。

② 引自张中立（825~879）的墓志。

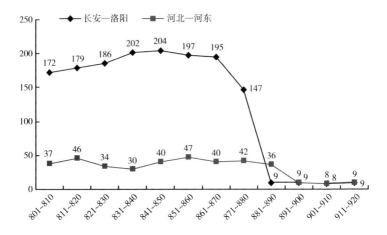

图 5-3 两京地区和河北—河东地区出土墓志数量（每十年）

说明：本图包括数据库中所有出土墓志。虽然似乎没必要对比河北—河东和长安—洛阳地区的墓志制作总数（因为不同地区墓志出土频率不同），但数量变迁之差异十分独特。

区在黄巢之乱后的数年内，保持了相对平稳。

图 5-4 从整个唐朝的视角，展示了墓志制作数量在黄巢之后的下降。虽然为本书整理的数据库并不包含七、八世纪的内容，但来自陕西和河南的已出版墓志，为我们提供了一份具有代表性的样本，用以分析来自这两个地方所有已知墓志。有一个引人注目的趋势涉及唐朝最初几十年间墓志数量的增长，并在天宝（742~756）年间安史之乱前到达顶点。对这一增长的讨论需要更进一步的研究。这体现出大族从地方上的祖居地向京城地区的移民，也反映了开元（713~741）和天宝年间的经济繁荣。安史之乱后，墓志制作量下降了六成，表明八世纪中期的叛乱，对京城精英产生了实质性的影响。但墓志制作在数十年后，才恢复到八世纪初的水平。黄巢之乱后的崩溃，事实上更严重和持久。简而言之，在京城精英于安史之乱

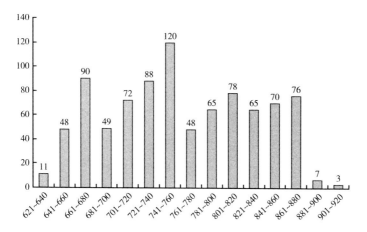

图 5 - 4　两京地区出土墓志数量（分阶段）

说明：本图所统计的墓志来自以下出版物：《新中国出土墓志·河南一》、《新中国出土墓志·河南二》、《新中国出土墓志·河南三》、《新中国出土墓志·陕西一》、《新中国出土墓志·陕西二》。这些书囊括了 1949 年以来出土于陕西和河南两省——其中大部分来自长安、洛阳和两京走廊地带——的所有墓志。这些墓志样本能作为 620～920 年间两京和两京走廊地带所有墓志的代表。

时遭受负面影响之后，他们在九世纪晚期的动荡中几乎被毁灭。

　　就此而言，值得考虑为何安史之乱给旧时大族较少带来永久性的创伤。① 表面上来看，两场战乱有一些相似之处：两次都是庞大的叛军先占领洛阳，随后在一些短暂冲突下占领两京之间保卫长安的门户潼关。此外，在这两场战乱中，由于皇帝都向四川方向逃跑，故叛军进入长安都未遭抵抗。但在三个其 227

---

① 虽然传统正史很少明确对比黄巢之乱和此前剧变的破坏程度，但《新唐书》的编者予以比较，指出：黄巢之乱对长安城基础设施的破坏，远比安史之乱、吐蕃入侵或 780 年代的朱泚之乱要更为严重。参见《新唐书》卷 225 下，第 6462 页。

他方面，两场战乱有本质差别。首先最重要的是，两次叛乱的
基本目标不同。正如第四章所讨论，安禄山曾出仕唐朝许多
年，熟谙中国政治文化，并期待尽快建立起可行的统治。相
反，黄巢与唐王朝或京城精英都无联系，而且少有统治经验。
安禄山发动叛乱两个月后即称帝，黄巢却在整整四年内都在各
个地方大肆破坏，直至其有心问鼎为止。安禄山寻求利用唐朝
的官僚机构，黄巢（以及九世纪晚期跟随他的数位军阀）则
发起了对唐朝文官大规模、有组织的杀戮。此外，安禄山在洛
阳和河北曾留下大部分军队以避免过分膨胀，并在进军长安前
于潼关逗留十天之久。而黄巢把他整个军队都带入关内，使得
京城居民很难出逃。

其次，两场叛乱的时间和空间视角也不一样。880年之后
的乱象持续时间颇长，也更加广泛。这一趋势在表5-1中有
体现，表中统计了750~920年间司马光的编年史中伤亡人数
在万人以上的战役地点和时间。第一次剧变最暴乱的时期在
756~757年的两年间，而且集中在北方中国，特别是河北的
藩镇和其他东北地方。相反，九世纪晚期的动乱，影响了帝国
境内所有人口多的地方。此外，八世纪中叶的京城精英尚能迁
居长三角或其他地方，但在唐朝最后的岁月，已经少有地方能
够作为避风港。

228

表5-1 750~919年万人以上伤亡的战役统计表

十年期	十年内的总数	大约的时间	地区	《资治通鉴》卷数、页码
750年代	12	756.3	河北	217：6959
		756.6	河北	218：6964
		756.11	关中	219：7004
		756.12	河南	219：7010

十年期	十年内的总数	大约的时间	地区	《资治通鉴》卷数、页码
750 年代	12	757.1	河东	219；7016
		757.1	河南	219；7016
		757.2	河东	219；7019
		757.2	广州	219；7021
		757.7	河南	219；7027
		757.9	关中	220；7034
		758.10	河北	220；7063
		758.12	河北	220；7064
760 年代	1	762.10	河南	222；7134
770 年代	1	778.1	河东	225；7251
780 年代	7	781.7	河北	227；7306
		782.1	河北	227；7314
		784.1	淮西	229；7394
		784.4	关中	230；7422
		784.5	河北	231；7432
		784.11	河南	231；7447
		785.3	河东	231；7452
790 年代	0			
800 年代	0			
810 年代	1	819.1	河南	240；7759
820 年代	1	821.12	河北	242；7804
830 年代	0			
840 年代	0			
850 年代	0			
860 年代	4	869.2	河南	251；8141
		869.5	河南	251；8144
		869.7	河南	251；8147
		869.9	河南	251；8149
870 年代	2	878.1	淮南	253；8195
		878.2	淮南	253；8199

十年期	十年内的总数	大约的时间	地区	《资治通鉴》卷数、页码
880 年代	9	881.2	关中	254：8247
		882.10	浙东	255：8277
		883.2	关中	255：8288
		885.6	河北	256：8322
		887.4	河南	257：8351
		887.5	河南	257：8357
		887.8	河南	257：8361
		888.10	河南	257：8382
		889.1	四川	258：8385
890 年代	15	890.9	河南	258：8403
		890.9	河东	258：8405
		891.1	河北	258：8411
		891.10	河北	258：8420
		892.1	河北	259：8424
		892.3	河北	259：8428
		893.2	河北	259：8439
		894.2	河南	259：8452
		894.12	河北	259：8459
		894.12	河北	259：8459
		895.10	关中	260：8476
		895.12	四川	260：8480
		896.4	河北	260：8485
		897.11	河南	261：8510
		899.3	河北	261：8523
900 年代	8	900.6	河北	262：8531
		900.11	河北	262：8537
		902.2	河东	263：8568
		902.6	关中	263：8576
		903.6	河南	264：8611
		903.9	河南	264：8615
		907.6	河南	266：8682
		908.8	长江下游	267：8703

229

续表

十年期	十年内的总数	大约的时间	地区	《资治通鉴》卷数、页码
910 年代	6	911. 1	河北	267：8736
		912. 3	河北	268：8752
		916. 10	四川	269：8807
		917. 8	河北	270：8818
		918. 12	河北	270：8840
		919. 7	浙江	270：8846

说明：本表数据来自司马光《资治通鉴》。所统计的事件根据检索文本中代表数字的"万"（ten thousand）字所得，并浏览其中涉及死亡等内容。这一统计方法可能会遗漏少量事件。"伤亡"（casualties）包括死亡、受伤，以及少量例子中的战俘。

第三，就农业生产的破坏而言，880 年代和 890 年代比安史之乱时期更为严重。如前文所述，由于往来军队的破坏，河南大部分地方在 880 年代连续数年无人耕种。大量人口因饥荒而死。围城战对城市人口产生了特别大的影响。虽然整个唐代吃人现象十分稀少，但在黄巢之乱后，大量材料表明饥饿的城市居民采用了这种手段。有记载的吃人现象发生于 882 年的长安、883 年的陈州（河南中部）、886 年的江陵和襄州、887 年的扬州、889 年的宣州（长江南岸）、894 年的彭州（四川）、902 年的凤翔和 906 年的沧州（河北东部）。[1] 此外，至少还有两次在战场上饥饿的军队吃人的例子，在 888 年的河阳和 893 年的河北。[2] 简言之，相比于唐代早期的剧变，王朝最后二十五年的乱象，在一个完全不

230

---

[1] 《资治通鉴》卷 254，第 8268 页；卷 255，第 8296 页；卷 257，第 8358 页；卷 258，第 8388 页；卷 259，第 8455 页；卷 263，第 8586 页；卷 267，第 8720 页；《旧唐书》卷 19 下，第 724 页。

[2] 在 888 年，当河阳的军阀无力恢复农业生产时，他那饥饿的军队转而开始吃人肉。参见《资治通鉴》卷 257，第 8375 页。在 893 年的河北，经过一场特别惨烈的战役后，李克用的军队食用了一些战死者。参见《资治通鉴》卷 259，第 8439 页。

同的量级上。① 恰恰是特别集中于两京和两京走廊地带的这一
剧变，导致了此地的唐朝政治精英的消亡。

幸存者与新兴权力结构

231　　一些旧时精英的后裔度过了 880 年后的战乱。虽然这些人
可能失去了所有曾经拥有的财物，他们仍有才能，并能在新兴
政权需要有知识和经验的官僚时得到任用。但这些幸存者现在
只剩下他们自己了，大部分人失去了许多朋友和家人。当时许
多由旧时家族的子孙撰写的诗作，经常提及熟人的纷纷去世。
诗人韩偓（842～923）是长安本地人，他在题为《伤乱》的
诗中写到了这个情况：

> 故国几年犹战斗，异乡终日见旌旗。交亲流落身羸
> 病，谁在谁亡两不知。②

韦庄同样观察到，当他造访长安东面从小长大的村落时，"今
日故人无处问，夕阳衰草尽荒丘"。③ 在此联中提及的对故人

---

① 有必要考虑的是，安史之乱更为严重这一想法，为何一直存在于学者的著述
中。根据 Steven Pinker 的看法，安史之乱在世界历史上"最残暴"，因为相比
于当时的世界人口而言，死得太多（他事实上低估了这一程度，因为安史之
乱后的人口崩溃可以通过对整个帝国的人口调查记录得到反映）。对叛乱影响
的持续夸大之词，简单来说是受到八、九世纪对安禄山的文学描述的影响。
相反，黄巢之乱后，很少有至十世纪仍在世之人提及。参见 Steven Pinker,
The Better Angels of Our Nature: Why Violence has Declined, pp. 194 – 195。
② 《韩偓诗集笺注》，第 148 页。
③ 《韦庄集笺注》，第 378 页。关于韦庄第二首表达类似情绪的诗，参见
Robin D. S. Yates（叶山），*Washing Silk: The Life and Selected Poetry of Wei
Chuang*, p. 89。

的询问，是经常出现于当时诗作中的主题。当韦庄在南方遇到一位故人时，他问道："来时旧里人谁在？"① 在一首献给一位以退隐山中来避免"名声"的隐士的讽刺诗中，罗隐指出，寻访幸存之人几乎已成惯例：

> 十五年前即别君，别时天下未纷纭。乱罹且喜身俱在，存没那堪耳更闻！
>
> 良会谩劳悲蠹迹，旧交谁去吊荒坟。殷勤为谢逃名客，想望千秋岭上云。②

232

在 880 年代和 890 年代，这些诗人因失去许多朋友和家人而身心俱疲，故在这些诗作中使用了事后哀伤的语气。这一时期许多诗作将当下区分为"乱前"（before the upheaval）和"乱后"（after the upheaval）。③ 一些作者与罗隐一样，也会使用这一划分来描述新时期的苦难："乱后几回乡梦隔，别来何处路行难。"④ 但更为普遍的是对故人消逝的描述。比如韦庄写道："乱后故人少。"⑤ 另一些诗人，包括唐彦谦和诗僧齐己（约

233

---

① 《韦庄集笺注》，第 203 页。

② 《罗隐集》，第 107 页。此诗题为《送梅处士归宁国》。

③ 虽然"乱后"这一表达也出现于杜甫的诗作，用来描述安史之乱以后的情况；但九世纪末的诗人有意使用数代之前伟大诗人的典故，只能在中国诗歌传统中加以理解。我们不能因此种用典来推断安史之乱的剧烈程度与黄巢之乱相当，正如墓志所示，事实并非如此。

④ 《罗隐集》，第 137 页。关于罗隐另一首主题十分相近的诗作《乱后逢友人》，参见同书，第 86 页。在这一主题下，唐末长期隐居于山中的杜荀鹤，写了许多首吟咏"乱后"归隐生活的诗作。比如在其题为《乱后归山》的诗中，他写道："乱世归山谷，征鼙喜不闻。诗书犹满架，弟侄未为军。"参见杜荀鹤《唐风集》卷上，第 51 页。类似的一首诗，参见卷上，第 41 页。

⑤ 《韦庄集笺注》，第 131 页。

863～约937），写了在"乱后"造访故人空宅的诗。① 在如此多精英消亡的情况下，京城精英的旧时社会网络，在持续数个世纪并安然度过安史之乱后，最终分崩离析。回到京城的幸存者面对的是全新的社会环境，不再能够依靠这一网络。韦庄在两句诗中总结了这一现象，他在逃离北方中国后遇到一位朋友，并写道："今日天涯各避秦，……与君俱是异乡人。"②

旧时京城社会网络之分崩的影响，对此的全面评价，已经超出本研究的范围。一个重要的层面是，旧时精英成员已不再能够依靠亲戚来获取政府职位。他们受到良好的教育，有时也能利用自己姓氏的声望在新兴地方政权中得到官职。但如今同一家族集权已经无法像他们以前那样垄断官场。新政权建立于复杂的地方权势者基础上，后者在唐朝政治统治者于880年消亡之后即登上历史舞台。其中一些人在唐朝地方藩镇军中身居指挥使，而更多的是与旧时唐朝权力结构毫无联系的地方豪强。③ 在十世纪，当成功的新政权通过征服相邻的州和藩镇成长起来时，最开始即出仕这些政权的人们及其家属往往成为全然不同的精英。比234 如，出仕杨吴政权及其继承者南唐政权的人，多来自杨吴政权建立者杨行密的家乡庐州的家族。④ 虽然大量旧时唐朝家族的子孙也曾出仕这些南方政权，但主导十世纪政治的新型社会网络之核心，都来自十分不同的家族群体，大部分崛起于地方。

---

① 《全唐诗》卷672，第7687页；卷845，第9564页。
② 《韦庄集笺注》，第383页。
③ 特别是十国的建立者，他们既与唐朝官僚没有联系，也与晚唐藩镇政府毫无干系。参见 Hugh Roberts Clark（柯胡），"Scoundrels, Rogues, and Refugees: The Founders of the Ten Kingdoms in the Late Ninth Century"。
④ Nicolas Tackett（谭凯），"The Transformation of Medieval Chinese Elites, 850 - 1000 C. E.", pp. 192 - 195。

结　语

在九世纪大部分时候，唐王朝的官僚体制由数量有限的门阀　235
大族所把持，他们维持了数世纪的政治影响力。这些家族大部分
在东汉末年，首次以地方精英的形象浮现。在维持地方财富的基
础上，他们开始出仕分裂时期各个政权。通过任官，他们的政治
地位在三、四世纪时得到巩固。特别在北方，开始依赖于日渐完
善的地方家族之官定等级。[①] 诚然，被定级的家族数量上很多，
所以长远来看，他们不可能一直在朝廷上维持影响力。但许多
这些家族确实保持着政治重要性，安然度过六世纪的数次改朝
换代，隋朝的重新统一中国，以及孕育出唐朝的隋末动乱。[②]

到了七世纪，这些中古大族的权力基础开始从根本上改　236
变。隋王朝废除了高门世族的特权，去掉了他们政治身份的法

[①] David Johnson（姜士彬），*The Medieval Chinese Oligarchy*，pp. 19 – 31。家
族等级如此重要，以致一位学者得出结论说，当时中国的行政，远非韦
伯学人（Weberian）眼中的"官僚"（bureaucracy）可比。参见 Dennis
Grafflin（葛涤风），"Reinventing China: Pseudobureaucracy in the Early
Southern Dynasties"。然而，我们需要谨慎，不要认为在早期的唐朝大族，
会像七、八世纪那样有权势。考虑到先唐时期，丁爱博认为："一般认为
的'权贵家族'，既无权力，亦非贵族，甚至不算家族。"参见 Albert
E. Dien（丁爱博），"Introduction"，p. 1。

[②] 对于现存墓志的一项细致研究，能够大体阐明政治精英如何受到六世纪和
七世纪初期改朝换代的影响。根据葛涤风的研究，唐朝时期南方中国的大
族不如北方中国大族能够更好地维持政治影响力。参见 Dennis Grafflin（葛
涤风），"The Great Families in Medieval South China"。事实上，墓志记载也
证实了唐朝京城精英中南方家族后裔的缺失。参见图 1 – 5d（第一章）。

律保障。同时，在六、七世纪时，他们选择在京城聚居，使得他们失去了对地方财富的控制，后者对他们的长时间存续而言，曾经至关重要。在有唐一代，他们面临一系列挑战。八世纪时，对官僚而言，科举制度开始成为正式的入仕途径，尽管规模有限，但理论上为出身卑微的人提供了一条向上流动的道路。此外，一个半世纪后，新兴的藩镇幕府体制建立，从而绕过中央政府的任命程序，原则上为藩镇精英提供了新的机遇。同时，随着八世纪中叶安史之乱的影响，曾经强制对土地实行再分配的两税法彻底崩溃，对商业的管制也日渐松弛，从而为新兴地主和商业精英的发展创造了环境。

引人注目的是，即便经过政治动荡，即便有这些根本的经济和制度变迁，大量旧时家族依然能适应环境变化，维持他们的政治主导地位，直至唐朝最后的岁月。迟至九世纪中叶，先唐大族的后裔依旧占据着最大部分中央政府职位，并垄断整个帝国的州、县官府，以及新兴藩镇幕府。九世纪末，在政治权力顶峰维持了上千年——举例而言，远比法国大革命前夜大部分法国贵族家庭①要长——之后，他们突然消失于历史舞台。随着十世纪后半叶宋朝的建立，他们几乎完全从历史记载中消失。

237　　中古世家大族的瓦解作为极大改变中国的"唐宋变革"（Tang-Song transition）论之关键部分，长期以来受到历史学者的关注。但对这一时段的全面研究，因史料缺乏而徘徊不前。幸而近数十年来，数千方唐代墓志的出土，能够帮助我们重新

---

①　Guy Chaussinand-Nogaret, *La noblesse au XVIII e siècle: De la féodalité aux lumières*, pp. 48 – 49。

认识这一时期的精英社会。在这些碑志的基础上，再结合新制作的人物传记数据库中之九世纪部分，本书试图解释世家大族的长期存续及他们的突然消亡。

利用从墓志中采集的数据，本研究提出了一条新的途径，即主要从政治视角来重新理解唐代精英。在过去，许多历史学者更关注精英的身份，即以姓氏和郡望——先唐时期家族起源地——来区分的那些"大族"，他们的声望来自很久以前的著名祖先。由此，这些大家族基本等同于中古世家大族。事实上，这样一种门第观念，再加上祖先的声望，在唐代十分普遍，对社会上的上层来说，宣称为大族后裔也是必需的。但是，在九世纪，这一身份集团已经膨胀到如此巨大，以致仅仅作为名人之后已经不足以维持社会地位。很明显，占主导的唐代政治精英仅仅是这些家族中的一个子群体。

为了辨别这一子群体的成员，本研究提出两条不同的路径。首先，我们能够鉴别这些家族——经济精英——对政治权力的特殊贡献，他们能负担繁复的葬礼，包括制作墓志。通过系统研究大量现存墓志，我们能从区别居住于京城和居住于地方的精英之根本不同点。前者倾向于世代拥有全国性的重要官职；后者很少出仕，即使出仕，也局限于地方，通常在藩镇幕府中任下层职务。有些时候，京城家族的子孙会长期定居地方，特别是当他们随后难以在竞争激烈的京城环境中生存时。然而，我们可以认识到，这种——移居存在于中国南方两三处国家精英移居地的——从京城向外移居的情况，总会导致社会的向下流动。

第二条鉴别主体政治精英的路径，是利用社会网络分析，从墓志和其他史料中引用数据，重建居住于京城的家族，以及

238

拥有政治权威的"父系"婚姻网络。大部分这种父子链都显示出,自从先唐时期以来,几乎每代都拥有官职。在这些家族之内,有主要的禁婚家分支,以及宗室家族、部分武将家族,以及九世纪最有名的文人家族。此处婚姻网络包括九世纪五分之三的已知京城精英,基本上大多数九世纪宰相、吏部尚书和知贡举,大部分藩帅,以及大部分藩镇幕府上层僚佐。总之,这一高度局限的婚姻和家族网络,本质上构成了唐代占主导的政治精英。

通过由婚姻网络所构成的政治精英,能更容易地展示唐代世家大族如何维持如此之久。此前许多学者倾向于强调这一政治权力的经济或制度基础。从这一角度来看,若无地方上的地产,旧时家族将失去他们脱离政权保持独立的能力。他们在大都市的新住宅,他们在京城地带的财产,以及他们随身的财物,都将随皇帝意志或一个新兴政治权威的兴起,而更容易地遭到没收。同时,制度的设置——原则上——允许向上流动的新途径,特别是对更为下层的家庭而言。因此,晚唐时期,贵族可能不再拥有保持自己权威的坚实基础。以前的大族仅仅作为点缀,依靠家族姓氏的威望来维持。他们注定衰亡。

在这些分析中,被忽略的是,这些精英主动转变自己以适应环境变化的能力。当这些家族在唐初移居京城时,他们有效地转变了自己建立在地方土地上的权力基础——后者事实上可能更有价值——从而融入一个密集的,以京城为主的社会网络。这一网络构成了一个有形的政治资源,从而根本上保证了他们持续的政治地位。在一种十分关注家世和婚姻的文化之中,嵌入这一网络的社会资本十分有效。网络的成员快速主导了那些控制着官僚再生产的职务,特别是宰相、吏部尚书、知贡举和藩帅。他们由此能够作为有官职之人，持续好几代为他们自己的亲属和熟人谋利。这一网络在唐朝末年并非因天命而崩溃。如果权力的转移通过前朝人士所发起的政变或叛乱实现了——正如隋朝、唐朝初年的例子，以及安禄山失败的统治——可以期待的是，新兴王朝的建立者会加强先前的官府建设。他会因此而更依赖于实质性的京城网络，从而扩充自己的行政机构。随后，这些人会将自己的亲戚和熟人纳入门下，旧时家族也就得以存活。

　　然而，唐朝并未因宫廷政变而亡，而是因为一系列异常残暴的叛乱，从而整个京城精英网络本身被肉体消灭。880年黄巢叛军占领两京，导致了二十五年的暴力风潮，影响到帝国大部分地方。在短暂占领京城期间，许多大族子孙被杀，因为他们大量聚居，容易引发更大规模的杀戮。那些在政治中心成功躲过大屠杀的人，在随后数年遍布帝国大部分地区的战争和暴力中大规模死亡。随着在十世纪前半期统治中国的唐以后数个政权的建立，曾经权力最大的京城精英网络，开始分解并名落千丈。幸存的人在新朝廷仅占一小部分比例，从而不再能够影响国家政策，或延续他们在政府和社会上的主导性。

　　以前的历史学家试图观察安史之乱后的藩镇政府，后者构成了九世纪唐朝的主要不稳定因素。通过对这一时期墓志数据的分析，藩镇军事力量事实上几乎全部被居住于地方的精英所领导，故他们有威胁王朝稳定的潜力。经验性的材料表明，并不是地方军队该对王朝的崩溃负责。事实上，九世纪大部分时候，兵变处于一个相对较低的频率。九世纪中期，在唐廷、居住于京城的贵族，以及地方精英之间，明显达成了一些共识。这一共识如何达成，并不完全知晓。但朝廷显然能够任命居住于京城的精英到藩镇幕府的各种高级文职上去，除了一个主要的例外，即河北自立藩镇。结果，当黄巢及其继任者的叛军穿行于帝国时，相比于王朝本身，他们对地方权力结构而言，更是一种威胁。只有在叛军洗劫了两京，以及唐廷统治本质上被中断，方有藩镇权力开始自立。[①]

那么，是什么引起了导致唐朝统治结束的大叛乱呢？一个可能是，王朝末期的政治唯一性以底层人口为代价而达成。我们可以看到，唐王朝——与以后的王朝在结构上完全不同——的运转更像一个殖民帝国。从京城派往地方的官僚，在与次一级精英的结合下，榨取了底层人口的财富。在这样一种管理体制下的失败者——底层人口——很容易会有叛乱的动机。但是，对于叛乱而言，也有其他额外的原因。事实上，新的气候材料表明，中国——实际上是北半球大部分地方——在 860 年代晚期至 870 年代早期，被罕见的干旱所困扰。[②] 极端气候变化所产生的普遍饥荒，可能导致了几乎所有政权的消亡。不论它们的起因如何，九世纪最后几十年的这些大叛乱，将京城家族的子孙引向了灭亡，摧毁了曾经存续并主导中国数个世纪的政治精英。

然而，将来要思考的问题是：为何在肉体消灭了旧时世家

---

① 当然，也是在这一时候，地方王朝和王国的首府保持了其首要地位，并成为地方社会政治精英的聚集点。参见 Nicolas Tackett（谭凯），"The Transformation of Medieval Chinese Elites, 850 – 1000 C. E.", pp. 181 – 211。

② 根据对湖泊沉积物的分析而得出的九世纪中晚期全球范围严重的干旱，参见 Gergana Yancheva et al., "Influence of the Intertropical Convergence Zone on the East Asian Monsoon"，此文特别关注于图表 3b 中能够得出的急剧下降事件，而作者所指代的时间大约是公元 860 年。

大族之后，一种新兴的门阀未能在随后的宋朝出现？许多著作强调所谓结构性因素：制度变革，经济形态的发展，精英空间分布的再编，以及社会网络的结构变形。但是，部分文化问题也开始浮现。九世纪京城精英墓志中的诔辞体现了一种思想意识的发展，随着贵族的官僚化，大族子孙纷纷利用和重视他们直接祖先和姻亲的仕宦传统。正是在这一手段下，他们证明了基于京城的婚姻网络，从而将他们与其他数不清的旧时贵族家族后裔区分开来。

但是，也有材料表明，随着唐朝的灭亡和旧时京城社会网络的解体，整个旧的文化世界的也相应崩溃。当京城社会网络主导官场，并分派代表控制整个帝国的州和藩镇时，很容易向地方精英灌输京城习俗，从而强调京城精英在教育和家庭背景方面的内在优越性。不过，由于在十世纪的王朝和王国政府中仅占一小部分，那些旧时京城精英的幸存者不再处于能够影响他人看法的职位上，唐代都市文化失去了其垄断权。晚唐诗人韦庄作为这样一位幸存者，在诗中表达了一种前政治精英所感受到的不被认可的情绪，虽然他们曾经是作为官僚国家的行政者而接受训练的。诗曰：

　　为儒逢乱世，吾道欲何之！学剑已应晚，归山今又迟。[①]　242

由于十世纪多个短命政权需要建立可靠的、不再持续短命

① 《韦庄集笺注》，第168页。韦庄另一首表达类似主题的诗，参见第185页。

的政府，故而文人官僚的价值无关紧要，并不是一个持续的问题。但在这个世纪还出现一种新的思潮，即更强调贤能统治的价值，而非作为大族后裔的声望。这一思潮在十世纪的数个连续政权中逐步发展，藩镇精英进入京城，成为一种新型的基于京城的精英。大量这类新型精英，包括宋朝皇室本身，都是曾出仕独立河北藩镇——拥有晚唐以来形成的独特地方文化——的人。这一新兴精英转变了都市文化，而在朝堂上尚不失其仪度的旧时唐朝精英残余，失去了影响其他人价值体系的能力。这一文化变革将是此书以后的探讨目标。①

---

① 关于此文的大致观点，参见 Nicolas Tackett（谭凯），"The Transformation of Medieval Chinese Elites, 850 – 1000 C. E."。

附录 A 配套数据库的使用方法

为方便读者自行检索和利用本项研究所涉及的大部分基本 243
数据，一个完整的 .mdb 格式数据库已能在出版方的网站
（publications. asiacenter. harvard. edu \ tackett2014）或笔者的个
人网站（www. ntackett. com）下载到，其内容为包括所引用墓
志基本信息的相关 Excel 电子表格。[①]正如书前凡例所示，本书
的基本数据，以及脚注中引用的数据，都能通过"查询"
（queries）在 .mbd 数据库中找到。数据库也包括用于浏览和查
询数据的基本表格。本书引用的所有墓志，都能通过墓志编号，
在数据库的"墓志"（Epitaphs）表格中找到，从而获取志主完
整的传记信息，包括公开发表的文本和拓片，相关的已发表论
文和发掘报告（在能够找到的情况下）。一些信息可以直接输
出，导入 GIS 软件（用于制作地图）或 NodeXL Excel 模板（用
于编制形象化的网络）。下面是对数据表格及其栏目的描述：

1. 人物（people）：此表包括了超过 3 万人的基本传记信
息。内含所有已知九世纪墓志中的墓主人，以及所有在墓志中
提及的亲属；去世于九世纪的在《旧唐书》或《新唐书》有 244
传记的人；九世纪藩帅和未在其他数据来源中提及的高官
（top official）（见下）；以及所有在宰相、宗室和藩镇世系表中

---

① 数据库名为"唐五代人物传记与社会网络资料库（1.0 版）"。文件名为
"tbdb 010. mdb"。Excel 电子表格名为"tackettdestruction. xlsx"。

提及的人（《新唐书》卷70~75），但不包括大部分仅仅在表前引语提及的遥远祖先。相关栏目包括编号（ID）（区别人物的独特数字）、姓（Surname）、名（Given name）、别号（Style）（比如表字）、性别（Gender）、家族编号（Clan ID）、卒年（Death year）、死亡年龄（Age at death）、居官（Office）（特别是最后一任官职）、精英类别（MIL表示军官，CIV表示文官，EUN表示宦官，NOH表示未居官者）、详表（Xiang biao）（比如无论是否在《新唐书·宰相世系表》中出现者），以及参考文献。如果参考文献引用到墓志，就必须查阅墓志表格（能够链接到下述"墓志铭"表），以得到完整的引用信息。家族编号（Clan ID）是对每一个重构的父系（patriline）之唯一编号。（"父系"的定义参见第三章）由于微软Access无法很好地处理重复现象，如果每个家族成员都有特定的家族编号，那么在家族网络中的查询速度会更快（而非查询运行时，编号不断变动）。家族编号最初通过一项自动化流程来分派：简单地说，最底层的个人编号，包括每一对父子，都能被同时编入父亲和儿子的家族编号；这一过程将被反复提及，直至所有父子拥有相同的家族编号。精英类别（Elite type），大体而言仅包括九世纪墓志中的人，通常基于对其人所居官职的评价，来决定其身份。这就是说，是否所有或大部分人的职位由文人、武人或宦官充任。精英类别空白时，即表明所居官职不明。在一些例子中，一个人的精英类别尚有讨论空间，特别是那些拥有"将军"号的人，因为这个有时候是给文官的荣誉头衔。

2. 关系（relation）：此表具列了人物表中单个人之间已知的亲属关系。相关栏目包括主人物编号（Subject ID）和目标人物编号（Target ID）（两者都是在人物表中有特定人物识别号），两者之间的关系、关系顺序（比如已知儿子的出生顺序）和参考文献。已确定的亲属关系包括"之女"（D）——亦即主人物（subject）是女儿而目标人物（target）是父亲——"之子"（S）、"之妻"（W）和"之女婿"（Sil）。

3. 墓志铭（MZM，即 muzhiming 之缩写）：此表包括本研究用到的包含有基本传记信息的所有碑刻，包括"墓志铭"（epitaph）和"神道碑"（spirit-path inscription）和少数其他的小碑刻。碑刻的种类在碑刻（Genre）一栏加以区别。表格也包含其他未见于人物表的传记信息（特别是，仅在墓志中提及，或仅本书利用的、有关墓志的相关信息）。栏目包括人物编号（Person ID）（在人物表中有特定人物识别编号）；发掘报告（Excavation report）、录文（Transcription）、拓片公布（Published rubbings）和附属信息（Additional scholarship），这些都能提供相关的传记信息；去世时府州（Death prefecture）（也就是志主去世时所在的唐代府州）；去世时县（Death county）；去世时县下一级区划（Death sub-country）（比如城市里的里坊）；去世场所类型（Place of death type）（亦即"私宅"之类）；所葬府州（Burial prefecture）；所葬县（Burial county）；当代的省份（Modern province）（即去世地点当代的省份，相对于唐代的道）；儿子数量（Number of sons）；女儿数量（Number of daughters）；配偶姓氏（Spouse surname）（有助于区分同姓的妇女）；葬时（Burial date）（就墓志铭而言的葬年，就神道碑而言的立碑时间）；郡望（Choronym）；OH（即根据第二章和表 2-4 所规定的仕宦[officeholding]传统世代数）；LOC（即第二章和表 2-5 所规定的家族仕宦中与"中央"[national]相对的"地方"[local]）；以及行数（# of

column）（亦即志石上的栏数）。最后，还有一些"真/假"（true/false）栏，包括卒于任上（即志主去世于他本人或近亲担任的地方职务任上），临时下葬（即权葬），祖先墓地（有利于辨别某人权葬，却靠近祖先墓地），娘家墓地（有利于辨别女性葬于自己家族的墓地），国家精英（祖先为国家精英之人——在第二章中根据图 2 - 2 的讨论得到解释的——这些人所属的群体，比单独根据 OH 和 LOC 所界定的国家精英群体还要大），别集（即墓志文保存于某位作者的文集，而非出土），以及没有数据（需要从许多计算结果中剔除的墓志，因为相关数据并未进入数据库，多数时候是因为墓志并非在800 ~ 880 年间，或因为没有完整的志文存在，或因为墓志出土或公开于最近一段时间）。

4. 家族（Clan）：此表包括父系方面的基本数据。除了家族编号（Clan ID），栏目还包括姓（Surname）、郡望（Choronym）、房支（Sub-Choronym）、类别（Type）（即如第一章所述，"7"代表 7 个禁婚家，"16"代表 16 个仕宦家族）、集群核心（Clique Core）（即如第三章所述，1 = 集群 A 的核心家族，2 = 集群 B 的核心家族）、集群全体（Clique Full）（即是否属于围绕集群核心的大网络之一部分）、婚姻全体（Marriage Full）（即是否属于图 3 - 6 中所示婚姻圈）和先唐（Pre-Tang）（1 = 能够追溯祖先至隋代，2 = 能够追溯祖先至隋代以前）。

5. 藩帅（Governor）：此表辨识了安禄山之后时代几乎所有唐代藩帅。任期事实上未满一年的藩帅通常被排除。栏目包括人物编号（People ID）、藩镇（Province）、就任年（sDate）和离任年（eDate），以及从王寿南的数据中提及的额外增加栏目。

6. 高官（Top Official，800 - 880）：此表辨识了所有 800 ~

880 年间已知宰相、知贡举和吏部尚书·侍郎。栏目包括人物 247
编号（People ID）、官职（Office）、就任年（sDate）和离任年
（eDate）。

7. 姻亲（Affine）：此表辨识了目标志主之姻亲自称的家族
背景。栏目包括关联墓志（linkMZM）、郡望（Choronym）、姓
（Surname）、名（Given name）和与去世者关系（Relationship to
deceased）。

8. 撰者（Author）：此表辨识了墓志的撰者、书者和篆
者。栏目包括关联墓志（linkMZM）、分工（Job）（用以区分
撰者、书者和篆者）、郡望（Choronym）、姓（Surname）、名
（Given name）、官职（Office）和同族（Agnate）（即撰者／书
者／篆者是否为去世者的族人）。

9. 郡州（ChorPlace）和郡姓（ChorSurname）：这两个表
辨识了唐代的州所指代的特殊郡望地，以及出现于第一章所述
各种主要家族列表中的家族（郡望＋姓的结合）。

10. 藩镇（Province）、藩镇治所州（Provseat）和县
（County）：这三个表辨识了州县经纬度、每个藩镇的属州和坐
标，以及本书表格中所使用的对州的各种地区分类。关于经纬
度数据的来源，参见凡例。

11. 闻喜地名列表中的河东裴氏（Wenxigazetteerhedongpeis）：
此表辨识了具列于清代乾隆《闻喜县志》之地名录中的裴氏
家族墓地。参见第一章第 52 和 53 页注释。

附录 B 估算晚唐京城精英的总量

长安、洛阳地区已经出土了足够的墓志，能够借此估算晚唐时期京城精英的总人口。从技术层面来说，这一京城精英可被定义为社会经济精英（这些人来自拥有社会经济财富、能负担精致葬礼的家族）。然而，正如第二章所指出，这一京城社会经济精英大部分是，且能等同于国家政治权力精英。就这样的估计而言，可以确信，所有在宰相世系表中的人，都属于一个更为富裕的社会阶层，并且在死后有墓志——虽然他们大部分人的墓志尚未出土。

通过这一假设，我们有必要分析在《新唐书》的表中将近 17500 人中，哪些是生活于 800～880 年间的。虽然大部分人的卒年不知其详，但我们能够估算这些年份，通过不同世代之间的一种标准模式——就大部分精英家族而言，两代人相差37 岁，就宗室而言，两代人相差 27 岁。这两个结果，是基于对 265 对父子，以及 49 对宗室父子进行的调查，因为他们的生年已知。[①] 值得指出的是，年龄差别考虑到了一个父亲的所有子女，而不只是长子（女）。

在计算了《新唐书》的世系表中所有人的估计死亡时间后，我们能得到在 800～880 年间共有 4145 人去世。其中，

---

① 参见数据库中的 "Fig6 note1 Age differential（imperial clan）" 和 "Fig6 note1 Age differential（non-imperial clan）"。

3635 人属于居住于京城地区的家族，另有 300 多人所属的家族，由于每个人的下葬信息都未显示，因而无法定位其家族。[1] 这些数字，包括来自《新唐书》卷 70 上至卷 75 下所有家族的人，不包括在《新唐书》卷 75 下最后部分出现的藩帅家族。需要指出，这些人中有 94 人的墓志已经出土，分别占两种总数的 2.39% 和 2.59%，两者的不同取决于是否将没有葬地信息的 300 人视作事实上葬于京城的。[2] 这 94 人仅包括能确定于 800～880 年间下葬的已出土墓志，不包括那些传世文献中的墓志铭文（除非这些墓志随后出土），以及其他形式的墓碑，比如神道碑。而当一个人有两方墓志时，重复的那方也不在统计之列。

没有理由相信，宰相之家的墓志，相比其他京城精英家族而言，更容易出土墓志。因此，我们能估算九世纪所有京城地区的墓志中，约 2.49% 已经出土。考虑到 800～880 年间的已出土居住于京城的成年男子（15 岁以上）墓志有 934 方[3]，我们能够估算成年男子墓志的总数，约为 934/0.0249 = 37510 人。平均而言，这些人中，每年会有约 37510/（880 - 800）= 469 人去世。根据现存墓志进行的统计，男性精英的寿命可预期为 57 岁，即表明男性精英平均有 42 年的成年期（如果将 16 岁以上视为成年的话）。由此，九世纪每个时间段的成年京城精英之近似数量，当在 469 × 42 = 19698 人，约等于 19700 人。有必要强调，这只是个近似的数字。

---

[1]　参见数据库中的 "Fig6 note2 n of elites in XB（800 - 880）"。

[2]　参见数据库中的 "Fig6 note3 n of XB elites with mzm（800 - 880）"。

[3]　参见数据库中的 "Fig6 note4 n of countable mzm（800 - 880）"。

附录 C 九世纪出土墓志的来源

　　晚唐作家的文集中保存的有唐一代两百篇与丧葬有关的传记性文字，都收入于清代编纂的《全唐文》中。另有数千方墓碑被考古学者或盗墓贼挖出，其中大部分出土于最近几十年，即每年都有数十方乃至更多的墓志出土。整体而言，这些传记大部分属于"墓志铭"，虽然有少量"神道碑"和其他类型的石碑存在。由于宋代印刷术的普及，传世文献中的墓志（保存于他人别集或个人文集中）数量上超过了出土墓志（此前在某些地方出土的墓志）。相反，在宋以前的情况完全不一样，出土墓志大大超过传世墓志，特别是黄巢于880年占领长安之前。

　　出土的唐墓志或这些墓志的拓片，广泛分布于中国大陆、中国台湾及其他地方的各个博物馆、图书馆和考古机构。墓志拓片的大宗收藏机构之一，位于北京的中国国家图书馆，已经将其所藏数字化，从而使中华人民共和国的任何一位公民都能在线浏览。然而，有必要指出，唐代大部分墓志已经出版，或以录文形式，或以拓片影印形式。此外，笔者也观察到，唐代（相对于那些以后的朝代）的出土墓志即使短时间内未见出版，大约在十年之内也会陆续披露。在研究本课题时，笔者拜访了相关的博物馆和文物机构，并发现了一些未曾公布的墓志，如今它们也都出版了。

　　对唐代墓志的大量录文，保存于以下三部大型编著中：

1. 周绍良、赵超主编：《唐代墓志汇编》（上海：上海古籍出版社，1991）及其续编《唐代墓志汇编续集》（上海：上海古籍出版社，2001）。

2. 吴钢主编的十卷本《全唐文补遗》（西安：三秦出版社，1994～2007）。

3. 周绍良主编：《全唐文新编》（长春：吉林文史出版社，2000）。

本研究所用到的三分之二的出土墓志来自这些书。更准确地说，800～880年间的2231方出土墓志中，有1227方（55%）出现于《唐代墓志汇编》及其续集，有1494方（67%）出现于《全唐文补遗》。本研究所利用的其他墓志，大部分已在以下的书中出版（以录文或拓片影印的方式）：多卷本《新中国出土墓志》、赵君平主编《邙洛碑志三百种》（北京：中华书局，2004）、赵文成主编《河洛墓刻拾零》（北京：北京图书馆出版社，2007）、赵力光主编《西安碑林博物馆新藏墓志汇编》（北京：线装书局，2007）。最后，部分其他墓志在另外的专著或考古报告中得到公布，大部分这些墓志都能在《中国考古学年鉴》中找到。迟至2012年，本研究中仅有10%的墓志尚未出版。关于本研究所涉及的完整碑志列表，参见附录A所勾勒的数据库。

参考文献

1900 年前的文献

本研究所用的大量主要史料，包含墓志和其他墓葬碑刻。根据凡例中的说明，这些材料通过人名索引中各自的墓志编号予以引用。若需墓志的全部引用信息，读者可查询数据库。下面仅列出作为主要史料的公开出版墓志。

B

白居易：《白居易集笺校》，上海：上海古籍出版社，1988。【译按：朱金城笺注】

C

陈邦瞻：《宋史纪事本末》，北京：中华书局，1977。

陈思：《宝刻丛编》，《石刻史料新编》第 1 辑第 24 册，台北：新文丰出版公司，1979。

崔致远：《桂苑笔耕集校注》，北京：中华书局，2007。【译按：党银平校注】

D

杜光庭：《道教灵验记》，《四库全书存目丛书》第 258 册，济南：齐鲁书社，1995。

杜牧：《杜牧集系年校注》，吴在庆校注，北京：中华书局，2008。

杜荀鹤：《唐风集》，北京：中华书局，1959。

G

贯休：《禅月集校注》，陆永峰校注，成都：四川出版集团，2006。【译按：实即巴蜀书社】

H

韩偓：《韩偓诗集笺注》，济南：山东教育出版社，2000。【译按：齐涛笺注】

《河洛墓刻拾零》，赵君平、赵文成主编，北京：北京图书馆出版社，2007。

何去非：《何博士备论》，"百部丛书集成"本，台北：艺文印书馆，1964。

洪迈：《容斋随笔》，北京：中华书局，2005。

胡戟、荣新江主编：《大唐西市博物馆藏墓志》，北京：北京大学出版社，2012。

L

李昉编：《太平广记》，北京：中华书局，2003。

李遵唐纂：（乾隆）《闻喜县志》（1766），"中国地方志集成"山西辑第60册，上海：上海书店，2005。【译按：实为凤凰出版社、上海书店、巴蜀书社联合出版】

林宝：《元和姓纂（附四校记)》，岑仲勉校记，北京：中华书局，1994。

刘昫等：《旧唐书》，北京：中华书局，1995。

罗隐：《罗隐集》，雍文华点校，北京：中华书局，1983。

M

《邙洛碑志三百种》，赵君平主编，北京：中华书局，2004。

O

欧阳修:《欧阳修全集》,北京:中华书局,2001。

欧阳修:《新五代史》,北京:中华书局,1997。

欧阳修、宋祁:《新唐书》,北京:中华书局,1995。

Q

《全宋文》,曾枣庄、刘琳主编,成都:巴蜀书社,1988。

《全唐诗》,北京:中华书局,1960。

《全唐文补遗》,吴钢主编,西安:三秦出版社,1994~2007。

《全唐文新编》,周绍良主编,长春:吉林文史出版社,2000。

《全唐文》,董诰等编,北京:中华书局,1983。

S

沈括:《梦溪笔谈校证》,上海:上海出版公司,1956。【译按:胡道静校证】

司空图:《司空表圣诗文集笺校》,祖保泉、陶礼天笺校,合肥:安徽大学出版社,2002。

司马光:《资治通鉴》,北京:中华书局,1956。

孙棨:《北里志》,上海:古典文学出版社,1957。

T

《唐代墓志汇编》,周绍良、赵超主编,上海:上海古籍出版社,1991。

《唐代墓志汇编续集》,周绍良、赵超主编,上海:上海古籍出版社,2001。

脱脱等:《宋史》,北京:中华书局,1995。

W

王定保：《唐摭言》，上海：上海社会科学院出版社，2003。

王政等纂：（道光）《滕县志》（1846），"中国地方志集成"山东辑第 75 册，上海：上海书店，2004。【译按：实为凤凰出版社、上海书店、巴蜀书社联合出版】

韦庄：《韦庄集笺注》，聂安福笺注，上海：上海古籍出版社，2002。

《文苑英华》，李昉等编，北京：中华书局，1966。

吴任臣：《十国春秋》，"五代史书汇编"第 7～8 册，杭州：杭州出版社，2004。

X

《西安碑林博物馆新藏墓志汇编》，赵力光主编，北京：线装书局，2007。

《新中国出土墓志·北京（一）》，高景春主编，北京：文物出版社，2003。

《新中国出土墓志·重庆》，胡人朝主编，北京：文物出版社，2002。

《新中国出土墓志·河北（一）》，孟繁峰、刘超英主编，北京：文物出版社，2004。

《新中国出土墓志·河南（一）》，郝本性、李秀萍主编，北京：文物出版社，1994。

《新中国出土墓志·河南（二）》，李秀萍主编，北京：文物出版社，2002。

《新中国出土墓志·河南（三）》，赵跟喜、张建华主编，北京：文物出版社，2008。

《新中国出土墓志·江苏（一）》，钱浚、周公太主编，北京：文物出版社，2006。

《新中国出土墓志·陕西（一）》，吴钢主编，北京：文物出版社，2000。

《新中国出土墓志·陕西（二）》，吴钢主编，北京：文物出版社，2003。

《新中国出土墓志·上海天津》，宋建等编，北京：文物出版社，2009。

徐松：《登科记考补正》，孟二冬补正，北京：北京燕山出版社，2003。

徐松：《增订唐两京城坊考》，李健超增订，西安：三秦出版社，2006。

薛居正：《旧五代史》，北京：中华书局，1997。

Y

杨承父等纂：（万历）《滕县志》（1585），"日本藏中国罕见地方志丛刊"本，北京：书目文献出版社，1992。

《玉泉子》，上海：上海古籍出版社，1953。

Z

赵翼：《廿二史劄记》，"百部丛书集成"本，台北：艺文印书馆，1964。

郑谷：《郑谷诗集编年校注》，上海：华东师范大学出版社，1993。【译按：傅义校注】

郑谷：《郑谷诗集笺注》，上海：上海古籍出版社，1991。【译按：严寿澄、黄明、赵昌平笺注】

郑樵：《通志》，台北：书局，1959。

1900 年以后的文献

A

足立喜六：《長安史蹟の研究》，東京：東洋文庫，1933。

Aubert, Jean-Jacques, *Business Managers in Ancient Rome*, New York: Brill, 1994.

B

Beckwith, Christopher I. *The Tibetan Empire in Central Asia*, Princeton: Princeton University Press, 1987. 【译按: 中译本为《吐蕃在中亚: 中古早期吐蕃、突厥、大食、唐朝争夺史》, 付建河译, 乌鲁木齐: 新疆人民出版社, 2012。】

Bol, Peter. *Neo-Confucianism in History*, Cambridge, MA: Harvard University Press, 2008. 【译按: 中译本为《历史上的理学》, 王昌伟译, 杭州: 浙江大学出版社, 2010。】

——, "*This Culture of Ours*": *Intellectual Transitions in T'ang and Sung China*, Stanford: Stanford University Press, 1992.

Bossler, Beverly J. *Powerful Relation*: *Kinship, Status, and the State in Sung China, 960 – 1279*, Cambridge, MA: Council on East Asian Studies, 1998. 【译按: 中译本为《权力关系: 宋代中国的家族、地位与国家》, 刘云军译, 南京: 江苏人民出版社, 2015。】

Bourdieu, Pierre. "Le capital social", *Actes de la recherché en sciences socials* 31. 1 (1980): 2 – 3.

Bray, Francesca. *Technology and Gender*: *Fabrics of Power in Late Imperial China*, Berkeley: University of California Press, 1997. 【译按: 中译本为《技术与性别: 晚期帝制中国的权力经纬》, 江湄、邓京力译, 南京: 江苏人民出版社, 2010。】

C

Cannon, Aubrey. "The Historical Dimension in Mortuary Expressions of Status and Sentiment", *Current Anthropology* 30. 4 (1989): 437 – 58.

Carr, Christopher. "Mortuary Practices: Their Social, Philosophical-

Religious, Circumstantial, and Physical Determinants", *Journal of Archaeological Method and Theory* 2. 2 (1995): 105 – 200.

Chaffee, John. *The Thorny Gates of Learning in Sung China*, New ed. Albany: State University of New York Press, 1995. 【译按: 中译本《宋代科举》, 台北: 东大图书股份有限公司, 1995。】

Chaussinand-Nogaret, Guy. *La noblesse au XVIIIe siècle: De la féodalité aux lumières*, Paris: Hachette, 1976.

陈弱水:《唐代长安的宦官社群》,《唐研究》, 第 15 卷, 2009, 第 171～198 页。

陈康:《从论博言墓志谈吐蕃噶尔氏家族的兴衰》,《北京文博》, 1999 年第 4 期, 第 62～67 页。

陈爽:《近二十年中国大陆地区六朝士族研究概观》,《中国史学》, 第 11 期, 2001, 第 15～26 页。

陈寅恪:《唐代政治史述论稿》, 上海: 上海古籍出版社, 1982。

郑炳俊:《唐代の観察処置使について》,《史林》, 第 77 卷第 5 号, 1994, 第 40～70 页。

郑炳俊:《唐後半期の地方行政体系について》,《東洋史研究》, 第 51 卷第 3 号, 1992, 第 72～106 页。

Cherniack, Susan. "Book Culture and Textual Transmission in Sung China", *Harvard journal of Asiatic Studies* 54. 1 (1994): 5 – 125.

"CHGIS, Version 4. " Cambridge, MA: Harvard-Yenching Institute, January 2007.

Clark, Hugh Roberts. "Consolidation of the South China Frontier: The Development of Ch'üan-Chou, 699 – 1126", Ph. D. thesis, University of Pennsylvania, 1981.

——, "Scoundrels, Rogues, and Refugees: The Founders of the Ten Kingdoms in the Late Ninth Century", In *Five Dynasties and Ten Kingdoms*, edited by Peter Lorge, pp. 47 – 77, Hong Kong: The Chinese University of Hong Kong, 2011.

D

Dalby, Michael T. "Court Politics in Late T'ang Times", In *The Cambridge History of China*, vol. 3: *Sui and T'ang China*, part 1, edited by Denis Twitchett, pp. 561 – 681, New York: Cambridge University Press, 1979.

Davis, Timothy M. "Entombed Epigraphy in Early Medieval Commemorative Culture and the Rise of Muzhiming as a Literary Genre", Paper presented at the Association for Asian Studies Annual Meeting, 2 April 2011.

——, "Potent Stone: Entombed Epigraphy and Memorial Culture in Early Medieval China", Ph. D. thesis, Columbia University, 2008.

Dewald, Jonathan. *Pont-St-Pierre 1398 – 1789: Lordship, Community, and Capitalism in Early Modern France*, Berkeley: University of California Press, 1987.

Dien, Albert E. "Introduction", In *State and Society in Early Medieval China*, edited by Albert E. Dien, pp. 1 – 29, Stanford: Stanford University Press, 1990.

E

Ebrey, Patricia Buckley. *The Aristocratic Families of Early Imperial China: A Case Study of the Po-ling Ts'ui Family*, New York: Cambridge University Press, 1978. 【译按: 中译本《早期中华帝国的贵族家庭: 博陵崔氏个案研究》, 范兆飞译, 上海: 上海古籍出版社, 2010。】

——, "The Early Stages in the Development of Descent Group Organization", In *Kinship Organization in Late Imperial China, 1000 – 1940*, edited by Patricia Buckley Ebrey and James L. Watson, pp. 16 – 61, Berkeley: University of California Press, 1986.

——, *The Inner Quarters*: *Marriage and the Lives of Chinese Women in the Sung Period*, Berkeley: University of California Press, 1993. 【译按: 中译本《内闱: 宋代的婚姻和妇女生活》, 胡志宏译, 南京: 江苏人民出版社, 2004。】

Elvin, Mark. *The Pattern of the Chinese Past*, Stanford: Stanford University Press, 1973.

Esherick, Joseph W. and Mary Backus Rankin, "Introduction", In *Chinese Local Elites and Patterns of Dominance*, edited by Joseph W. Esherick and Mary Backus Rankin, pp. 1 – 24, Berkeley: University of California Press, 1990.

F

方成军:《安徽隋唐至宋墓葬概述》,《东南文化》, 1998 年第 4 期, 第 50 ~ 55 页。

《房山石经题记汇编》, 北京: 书目文献出版社, 1987。

Feng, Linda Rui. "Youthful Displacement: City, Travel, and Narrative Formation in Tang Tales", Ph. D. thesis, Columbia University, 2008.

G

Gottschalk, Louis, and Margaret Maddox. *Lafayette in the French Revolution*: *Through the October Days*, Chicago: University of Chicago Press, 1969.

Grafflin, Dennis. "The Great Families in Medieval South China", *Harvard Journal of Asiatic Studies* 41. 1 (1981): 65 – 74.

——, "Reinventing China: Pseudobureaucracy in the Early Southern Dynasties", In *State and Society in Early Medieval China*, edited by Albert E. Dien, pp. 139 – 70, Stanford: Stanford University Press, 1990.

郭培育、郭培智主编《洛阳出土石刻时地记》, 郑州: 大象出版社, 2005。

H

Hansen, Valerie. *Changing Gods in Medieval China, 1127 – 1276*, Princeton: Princeton University Press, 1989.【译按：中译本《变迁之神：南宋时期的民间信仰》，包伟民译，上海：中西书局，2016。】

——, *Negotiation Daily Life in Traditional China: How Ordinary People Used Contracts, 600 – 1400*, New Haven: Yale University Press, 1995.【译按：中译本《传统中国日常生活中的协商：中古契约研究》，鲁西奇译，南京：江苏人民出版社，2009。】

Hartwell, Robert M. "Demographic, Political, and Social Transformations of China, 750 – 1550", *Harvard Journal of Asiatic Studies* 42.2 (1982): 365 – 442.

Herbert, P. A. *Examine the Honest, Appraise the Able: Contemporary Assessments of Civil Service Selection in Early Tang China*, Canberra: Faculty of Asian Studies, 1988.

——, "Perceptions of Provincial Officialdom in Early T'ang China", *Asia Major*, 3rd series 2.1 (1989): 25 – 57.

日野开三郎：《支那中世の军阀》，东京：三省堂，1942。

堀敏一：《藩镇亲卫军の权力构造》，《东洋文化研究所纪要》，第20号，1960，第75 ~ 147页。

堀敏一：《唐末诸叛乱の性格》，《东洋文化》，第7号，1951，第52 ~ 94页。

华国荣：《南京六朝的王氏、谢氏、高氏墓葬》，《汉唐之间的视觉文化与物质文化》，北京：文物出版社，2003，第283 ~ 293页。

Huang Ch'ing-lien, "The Recruitment and Assessment of Civil Officials under the T'ang Dynasty", Ph. D. thesis, Princeton University, 1986.

黄正建：《韩愈日常生活研究：唐贞元长庆间文人型官员日常生活研究之一》，《唐研究》，第4卷，1998，第251 ~ 273页。

Hucker, Charles O. *A Dictionary of Official Titles in Imperial China*,

Stanford: Stanford University Press, 1985. 【译按: 中国大陆影印本《中国古代官名辞典》, 北京: 北京大学出版社, 2008。】

Hymes, Robert P. *Statesmen and Gentlemen: The Elite of Fu-chou, Chiang-his, in Northern and Southern Sung*, New York: Cambridge University Press, 1986.

I

池田温:《唐代の郡望表》,《東洋学報》, 第 42 卷第 3 号, 1959, 第 57~95 页; 第 42 卷第 4 号, 1960, 第 40~58 页。

J

Johnson, David. "The Last Years of a Great Clan: The Li Family of Chaochun in Late T'ang and Early Sung", Harvard Journal of Asiatic Studies 37.1 (1977): 5 – 102.

——, *The Medieval Chinese Oligarchy*, Boulder, CO: Westview Press, 1977. 【译按: 中译本《中古中国的寡头政治》, 范兆飞、秦伊译, 上海: 中西书局, 2016。】

K

Kehoe, Dennis P. *Investment, Profit, and Tenancy*, Ann Arbor: University of Michigan Press, 1997.

L

柳立言:《何谓"唐宋变革"》, 氏著《宋代的家庭和法律》, 上海: 上海古籍出版社, 2008, 第 3~42 页。

Levy, Howard S. *Biography of Huang Ch'ao*, Berkeley: University of California Press, 1955.

李昊阳主编《昭陵文史宝典》, 西安: 三秦出版社, 2006。

李鸿宾:《唐朝对河北地区的经营及其变化》,《民族史研究》,第6辑,2003,第96~112页。

李华瑞:《二十世纪中日"唐宋变革"观研究述评》,《史学理论研究》2003年第4期,第88~95页。

李华瑞主编《"唐宋变革论"的由来与发展》,天津:天津古籍出版社,2010。

李学来:《江苏南京市出土的唐代琅琊王氏家族墓志》,《考古》2002年第5期,第478~479页。

林烨卿:《黄巢》,上海:上海人民出版社,1962。

刘建国:《江苏镇江唐墓》,《考古》1985年第2期,第131~148页。

鲁晓帆:《唐幽州诸坊考》,《北京文博》2005年第2期,第72~79页。

陆扬:《从西川和浙西事件论元和政治格局的形成》,《唐研究》第8卷,2002,第225~256页。

——:《从新出墓志再论9世纪初剑南西川刘辟事件及其相关问题》,《唐研究》第17卷,2011,第331~356页。

——, "Dynastic Revival and Political Transformation in Late T'ang China: A Study of Emperor Hsien-tsung(805 – 820)and His Reign", Ph. D. thesis, Princeton University, 1999.

M

毛汉光:《从士族籍贯迁移看唐代士族之中央化》,《中央研究院历史语言研究所集刊》,第52本第3分,1981,第421~510页;收入氏著《中国中古社会史论》,台北:联经出版事业有限公司,1988,第235~337页。

——:《两晋南北朝士族政治之研究》,台北:台湾商务印书馆,1966。

——:《唐代大士族的进士第》,氏著《中国中古社会史论》,台北:联经出版事业有限公司,1988,第339~363页。

——:《唐代统治阶层社会变动:从官吏家庭背景看社会流动》,国立政治大学政治研究所博士论文,1968。

毛阳光:《新见四方唐代洛阳粟特人墓志考》,《中原文物》2009 年第 6 期,第 74~80 页。

McDermott, Joseph P. "Charting Blank Spaces and Disputed Regions: The Problem of Sung and Land Tenure", *Journal of Asian Studies* 44. 1 (1984): 13 – 41.

McMullen, David. *State and Scholars in T'ang China*, New York: Cambridge University Press, 1988.

Miyakawa Hisayuki. "An Outline of the Naitō Hypothesis and Its Effects on Japanese Studies of China", *Far Eastern Quarterly* 14. 4 (1955): 533 – 52.

Moore, Oliver. *Rituals of Recruitment in Tang China*, Leiden: Brill, 2004.

N

中砂明德:《後期唐朝の江淮支配》,《東洋史研究》,第 47 卷第 1 号,1988,第 30~53 页。

Nicolet, Claude. *Censeurs et publicains*, Paris: Fayard, 2000.

宁欣:《唐代选官研究》,台北:文津出版社,1995。

Nugent, Christopher M. B. *Manifest in Words*, *Written on Paper*: *Producing and Circulating Poetry in Tang Dynasty China*, Cambridge, MA: Harvard University Asia Center, 2010.

O

大沢正昭:《唐末の藩鎮と中央権力》,《東洋史研究》,第 32 卷第 2 号,1973,第 141~162 页。

爱宕元:《唐代後半における社会変質の一考察》,《東方学報》,第 42 号,1971,第 91~125 页。

Owen, Stephen, ed. and trans. *An Anthology of Chinese Literature*: *Beginnings to 1911*, New York: Norton, 1996.

——, *The Late Tang*: *Chinese Poetry of the Mid-Ninth Century* (827 –

860), Cambridge, MA: Harvard University Asia Center, 2009.【译按：中译本《晚唐：九世纪中叶的中国诗歌（827 – 60)》，贾晋华译，北京：三联书店，2011。】

P

Perry, John Curtis, and Bardwell L. Smith, eds. *Essays on T'ang Society*, Leiden: E. J. Brill, 1976.

Peterson, Charles A [llen]. " The Autonomy of the Northeastern Provinces in the Period Following the An Lu-shan Rebellion", Ph. D. thesis, University of Washington, 1966.

——, " Corruption Unmasked: Yüan Chen's Investigations in Szechwan", *Asia Major*, new series 18 (1973): 34 – 78.

——, " Court and Province in Mid- and Late T'ang", In *Cambridge History of China*, vol. 3: *Sui and T'ang China*, part 1, edited by Denis Twitchett, pp. 464 – 560, New York: Cambridge University Press, 1979.

——, " The Restoration Completed: Emperor Hsien-tsung and the Provinces", In *Perspectives on the T'ang*, edited by Arthur F. Wright and Denis Twitchett, pp. 151 – 91, New Haven: Yale University Press, 1973.

Pinker, Steven. *The Better Angels of Our Nature: Why Violence Has Declined*, New York: Viking, 2011.【译按：中译本《人性中的善良天使：暴力为什么会减少》，安雯译，北京：中信出版社，2015。】

Pulleyblank, Edwin G. " The An Lu-shan Rebellion and the Origins of Chronic Militarism in Late T'ang China", In *Essays on T'ang Society*, Edited by John Curtis Perry and Bardwell L. Smith, pp. 33 – 60, Leiden: E. J. Brill, 1976.

Q

Qi Dongfang, " The Burial Location and Dating of the Hejia Village Treasures", *Orientations* 34. 2 (2003): 20 – 24.

R

Reischauer, Edwin O. , trans. *Ennin's Diary: The Record of a Pilgrimage to China in Search of the Law*, New York: Ronald Press, 1955.

荣新江：《隋唐长安：性别、记忆及其他》，上海：复旦大学出版社，2010。

荣新江主编《唐研究》第 15 卷，北京：北京大学出版社，2009。

Roth, Jonathan P. *The Logistics of the Roman Army at War*, Boston: Brill, 1999.

Rudolph, Deborah. "The Power of Places: A Northern Sung Literatus Tours the Southern Suburbs of Ch'ang-an", *Journals of the American Oriental Society* 114. 1 (1994): 11 – 22.

S

Schafer, Edward H. "The Last Years of Chang'an", *Oriens Extremus* 10 – 11 (1963 – 1964): 133 – 179.

妹尾达彦：《长安の都市計畫》，东京：講談社，2001 年。

Shiba Yoshinobu（斯波義信）, *Commerce and Society in Sung China*, Trans. Mark Elvin, Ann Arbor: Center for Chinese Studies, 1992. 【译按：中译本《宋代商业史研究》，庄景辉译，台北：稻乡出版社，1997。】

——：《宋代の都市化考える》，《東方学》，第 102 号，2001 年，第 1～19 页。

——, "Urbanization and the Development of Markets in the Lower Yangtze Valley", In *Crisis and Prosperity in Sung China*, edited by John Winthrop Haeger, pp. 13 – 48, Tucson: University of Arizona Press, 1975.

Skinner, G. William, "Introduction: Urban Development in Imperial China", In *The City in Late Imperial China*, edited by G. William Skinner, pp. 3 – 31, Stanford: Stanford University Press, 1977.

——, "Regional Urbanization in Nineteenth-Century China", In *The City in Late Imperial China*, edited by G. William Skinner, pp. 211 – 49, Stanford: Stanford University Press, 1977.

Somers, Robert M. "The End of the T'ang", In *Cambridge History of China*, vol. 3: *Sui and T'ang China*, edited by Denis Twitchett, pp. 682 – 789, New York: Cambridge University Press, 1979.

Spring, Madeline K. "Fabulous Horses and Worthy Scholars in Ninth-Century China", *Toung P'ao* 74. 4/5 (1988): 173 – 210.

孙国栋:《唐宋之际社会门第之消融:唐宋之际社会转变研究之一》,《新亚学报》,第 4 卷第 1 号,1959,第 211 ~ 304 页。

T

Tackett, Nicolas. "Great Clansmen, Bureaucrats, and Local Magnates: The Structure and Circulation of the Elite in Late-Tang China", *Asia Major* 3rd series 21. 2 (2008): 101 – 152.

——, "The Great Wall and Conceptualizations of the Border under the Northern Song", *Journal of Song Yuan Studies* 38 (2008): 99 – 138.

——, "The Transformation of Medieval Chinese Elites, 850 – 1000 C. E. ", Ph. D. thesis, Columbia University, 2006. Available at www. ntackett. com.

竹田龙儿:《唐代士人のについて》,《史学》,第 24 卷第 4 号,1951,第 466 ~ 493 页。

谭其骧:《中国历史地图集》,上海:地图出版社,1982。

唐长孺:《门阀的形成及其衰落》,《武汉大学学报》(人文科学版)1959 年第 8 期,第 1 ~ 24 页。

砺波护:《中世贵族制の崩壊と辟召制》,《東洋史研究》,第 21 卷第 3 号,1962,第 245 ~ 270 页。

——:《宋代士大夫の成立》,收入小仓芳彦主编《中国文化叢書》第 8 册,东京:大修馆书店,1968,第 193 ~ 210 页。

Treggiari, Susan. "Sentiment and Property: Some Roman Attitudes", In *Theories of Property: Aristotle to the Present*, edited by Anthony Parel and Thomas Flanagan, pp. 53 – 85, Waterloo, Ontario: Wilfrid Laurier University Press, 1979.

辻正博:《唐朝の対藩鎮政策について》,《東洋史研究》, 第 46 卷第 2 号, 1987, 第 326 ~ 355 页。

Twitchett, Denis ed. *Cambridge History of China*, vol. 3: *Sui and T'ang China*, Part 1, New York: Cambridge University Press, 1979.【译按:中译本《剑桥中国隋唐史》, 中国社会科学院历史研究所译, 北京:中国社会科学出版社, 1990。】

——, "The Composition of the T'ang Ruling Class: New Evidence from Tunhuang", In *Perspectives on the T'ang*, edited by Arthur F. Wright and Denis Twitchett, pp. 47 – 85, New Haven: Yale University Press, 1973.

——, *Financial Administration under the T'ang Dynasty*, Cambridge: Cambridge University Press, 1963.【译按:中译本《唐代财政》, 丁俊译, 上海:中西书局, 2016。】

——, "The Government of T'ang in the Early Eighth Century", *Bulletin of the School of Oriental and African Studies*, 18. 2 (1956): 322 – 330.

——, "Hsüan-tsung", In *Cambridge History of China*, vol. 3: *Sui and T'ang China*, part 1, edited by Denis Twitchett, pp. 1 – 47, New York: Cambridge University Press, 1979.

——, *Land Tenure and the Social Order in T'ang and Sung China*, London: School of Oriental and African Studies, 1962.

——, "Merchant, Trade, and Government in Late T'ang", *Asia Major*, new series 14. 1 (1968): 63 – 95.

——, "Provincial Autonomy and Central Finance in Late T'ang", *Asia Major*, new series 11. 2 (1965): 211 – 232.

——, "The T'ang Market System", *Asia Major*, new series 12. 2 (1966): 202 – 248.

——, "Varied Patterns of Provincial Autonomy in the T'ang Dynasty", In *Essays on T'ang Society*, edited by John Curtis Perry and Bardwell L. Smith, pp. 90 – 109, Leiden: E. J. Brill, 1976.

V

Verellen, Franciscus. *Du Guangting（850 – 933）: Taoïste de cour à la fin de la Chine médiévale*, Paris: Collège de France, 1989.【译按: 中译节选本《道教视野中的社会史: 杜光庭（850~933）论晚唐和五代社会》, 李凌瀚译, 香港: 香港中文大学宗教与中国社会研究中心, 2001。】

W

Wang Gungwu, *The Struvture of Power in North China during the Five Dynasties*, Stanford: Stanford University Press, 1967.【译按: 中译本《五代时期北方中国的权力结构》, 胡耀飞、尹承译, 上海: 中西书局, 2014。】

王寿南:《唐代藩镇与中央关系之研究》, 台北: 嘉新水泥公司文化基金会, 1969。

渡边孝:《中唐期における「門閥」貴族官僚の動向: 中央樞要官職の人的構成を中心に》,《柳田節子先生古稀記念: 中国の伝統社会と家族》, 东京: 汲古書院, 1993, 第 21~50 页。

——:《中晚唐期における官人の幕職官入仕とその背景》, 松元肇、川合康三主编《中唐文学の視角》, 东京: 創文社, 1998, 第 357~392 页。

——:《魏博と成德》,《东洋史研究》, 第 54 卷第 2 号, 1995 年, 第 96~139 页。

——, "A Re-Examination of the Recruiting System in 'Military Provinces' in the Late Tang: Focusing on the Composition of the Ancillary Personnel in Huainan and Zhexi", Trans. Jessey J. C. Choo, *Tōyōshi Kenkyū*

（《东洋史研究》），60. 1（2001）：30 – 68.

——：《唐代藩鎮における下級幕職官について》，《中国史学》，第 11 号，2001，第 83 ~ 107 页。

——：《唐後半期の藩鎮辟召制についての再檢討》，《东洋史研 究》，第 60 卷第 1 号，2001，第 30 ~ 68 页。

Wechsler, Howard J. "Factionalism in Early T'ang Government", In *Perspectives on the T'ang*, edited by Arthur Wright and Denis Twitchett, pp. 87 – 120, New Haven: Yale University Press, 1973.

——, "T'ai-tsung the Consolidator", In *Cambridge History of China*, vol. 3: *Sui and T'ang China*, part 1, edited by Denis Twitchett, pp. 188 – 241, New York: Cambridge University Press, 1979.

Wickham, Chris. *Framing the Early Middle Ages: Europe and the Mediterranean, 400 – 800*, New York: Oxford University Press, 2006.

Wittfogel, Karl A. "Public Office in the Liao Dynasty and the Chinese Examination System", *Harvard Journal of Asiatic Studies* 10. 1（1947）：13 – 40.

Wong, Kwok-yiu. "The White Horse Massacre and Changing Literati Culture in Late Tang and Five Dynasties China", *Asia Major*, 3rd series 23. 2 （2010）：33 – 75.

Wright, Arthur F., and Denis Twitchett, eds. *Perspective on the T'ang*, New Haven: Yale University Press, 1973.【译按：中译本《唐史论文选 集》，陶晋生等译，台北：幼狮文化事业公司，1990。】

Wu Hung, *Art of the Yellow Springs: Understanding Chinese Tombs*, Honolulu: University of Hawai'i Press, 1973.【译按：中译本《黄泉下的 美术：宏观中国古代墓葬》，北京：三联书店，2016。】

吴廷燮：《唐方镇年表》，北京：中华书局，1980。

X

Xiong, Victor. *Sui-Tang Chang'an: A Study in the Urban History of Medieval China*, Ann Ardor: Center for Chinese Studies, 2000.

Y

严耕望：《唐仆尚丞郎表》，台北：历史语言研究所，1956。

Yancheva, Gergana, et al. "Influence of the Intertropical Convergence Zone on the East Asian Monsoon", *Nature* 445 (4 January 2007): 74 – 77.

杨宝成：《湖北考古发现与研究》，武汉：武汉大学出版社，1995。

Yang Jidong, "The Making, Writing, and Testing of Decisions in the Tang Government: A Study of the Role of the 'Pan' in the Literary Bureaucracy of Medieval China", *Chinese Literature: Essays, Articles, Reviews* 29 (2007): 129 – 167.

杨筠如：《九品中正与六朝门阀》，上海：商务印书馆，1930。

杨子慧：《中国历代人口统计资料研究》，北京：改革出版社，1995。

《偃师杏园唐墓》，北京：科学出版社，2001。

姚平：《唐代妇女的生命历程》，上海：上海古籍出版社，2004。

Yates, Robin D. S. *Washing Silk: The Life and Selected Poetry of Wei Chuang*, Cambridge, MA: Council on East Asian Studies, Harvard University, 1988.

Ye Wa. "Mortuary Practice in Medieval China: A Study of the Xingyuan Tang Cemetery", Ph. D. thesis, University of California, Los Angeles, 2005.

吉冈真：《八世紀前半における唐朝官僚機構の人的構成》，《史学研究》，第153号，1981，第22～30页。

——：《隋唐前期における支配階層》，《史学研究》，第155号，1981，第22～39页。

余扶危、张剑主编《洛阳出土墓志卒葬地资料汇编》，北京：北京图书馆出版社，2002。

郁贤皓：《唐刺史考全编》，合肥：安徽大学出版社，2000。

Z

张广达：《内藤湖南的唐宋变革及其影响》，《唐研究》，第 11 卷，2005，第 5 ~ 71 页。

张国刚：《唐代藩镇类型及其动乱特点》，《历史研究》1983 年第 4 期，第 98 ~ 110 页。

——：《唐代藩镇研究》（增订版），北京：中国人民大学出版社，2009。

张蕴：《关于西安南郊毕原出土的韦氏墓志初考》，《考古与文物》2000 年第 1 期，第 56 ~ 61、66 页。

赵超：《古代墓志通论》，北京：紫禁城出版社，2003。

——：《新唐书宰相世系表集校》，北京：中华书局，1998。

《昭陵唐墓壁画》，北京：文物出版社，2006。

《中国文物地图集：陕西分册》，西安：西安地图出版社，1998。

《中国文物地图集：山东分册》，北京：中国地图出版社，2007。

人名索引

方括号中的数字是墓志编号，如果此索引中某人的墓志（或神道碑）目前尚存，则此墓志编号可结合数据库（或电子表格）检索相关录文或拓片出版物的引用情况。关于数据库的更多信息，参见附录 A。以斜体显示的页数所指向为数据库中的数据和表格。

A

安氏(800～851)，[3057]，56

安禄山(约 703～757)，55n67、145、146、150、151、227。又见综合索引之“安史之乱”

B

白居易(772～846)，105、107、124、173

白敏中(792～786)，[85]，107、170

栢苕(约去世于 839 年)，[1223]，130n47

毕垧(751～811)，[3609]，60n78、129n40

C

蔡氏(775～850)，[46]，42n38

蔡质(807～845)，[1507]，23n71

曹戣，197

陈氏(832～856)，[1061]，41n34

陈邦瞻(去世于 1623 年)，4

陈楚(763～823)，103

陈环(780～842)，[3873]，16n38

陈士栋(786～839)，[2000]，79n17

陈师上(779～839)，[2199]，17n40、81n23

陈思(约 1225～1264 年在世)，51、111～112

陈宣鲁(808～840)，[2007]，76～77、101n47

综合索引

以斜体表示的数字所指向为数据库中的数据和表格。【译按：此索引并非每个字完全对应的索引，其中部分为专有名词，部分为概念性词汇，其中后者在正文中随行文各有不同的书写习惯，故仅作为参考性指示】

A

姻亲：

作为墓志撰者或书者，20、131

与家族声望，27 ~ 29、37 ~ 38、65 ~ 66

与葬礼安排，22、76 ~ 77、131 ~ 132

作为政治奥援，133 ~ 134、135 ~ 137、174 ~ 175

数据来源于，13 ~ 16、32、38n25、65 ~ 66、108 ~ 109、112、245、247

作为孤子和遗孀的资助人，130 ~ 131

又见"族际婚姻"、"晚唐精英婚姻网络"

宗亲：

作为墓志撰者或书者，20、130

与家族声望，65

与葬礼安排，22、73 ~ 76、129 ~ 130

作为政治奥援，135 ~ 137、139、142

数据来源于，13 ~ 16、65、108 ~ 109、245

作为孤子和遗孀的资助人，94 ~ 95、111、129

又见"父子链"、"血统"【译按："血统"（pedigree）未见于索引】

安史之乱，146

与世族，145

与自立河北藩镇，55n67、97

相比于黄巢之乱，26、186、226 ~

译后记

　　有幸获得谭凯先生这部大著的翻译机会，首先得感谢浙江大学孙英刚老师的推荐和社会科学文献出版社冯立君博士的信任！虽然在 2015 年 6 月接到孙老师布置任务之前，已经了解到此书内容中有我所感兴趣的黄巢史事，并拜读过孙老师在《唐研究》上对此书的书评，但并未想到有朝一日能够接手翻译工作。由于我的博士论文是对黄巢之变与藩镇格局的转变，以及两者之间关系的讨论，因此一直以来对黄巢相关的研究都在搜罗。不过谭凯先生这部大著由于出版时间较近，作为外文书，购置也不方便，故而一直未能拜读。此次有幸以译者身份全面拜读一过，实在颇有感触！不过我不想再像五年前与尹承兄合作翻译王赓武先生《五代时期北方中国的权力结构》（中西书局，2014 年）那样，写一篇长长的总括王先生五代史研究贡献的译后记。对于年富力强的谭凯先生来说，我们期待的是他能够给学界带来更多精彩的研究。

　　因此，这里仅仅就翻译过程中的一些体例问题稍做说明：第一，为确保准确性，谭书的史料基本都有再次核对，若与史料原文有出入，视其程度以"译者注"的形式括出，或径改；第二，谭书原文为节省篇幅，在脚注中以略称标识相关前人研究，译文为便于读者翻检，对各种前人论著题目略称予以还原；第三，参考文献中的今人论著目录中，已有中译本者皆以"译者注"的形式括出，以备读者参考；第四，脚注和参考文献中，凡仅有西文出处者，以西式标点符号，凡西文、中文出处交替出现者，西式、中式标点符号杂用，日文标点符号从中式。

感谢夫人新化谢宇荣女史为翻译所做的前期工作、第二及第三章初译和后期全稿通读！最后，再次感谢孙老师、冯博士的支持！感谢对谭书的七篇书评（孙英刚、陈松、殷守甫、王晶、万安玲［Linda Walton］、Michael Hoeckelmann、Thomas J. Mazanec）为我进一步理解谭书所提供的便利！另外也要感谢孙英刚老师的信任和对全书的审校！感谢谭凯先生的信任和其高足殷守甫博士对译稿的详细审校！感谢刘云军、曹流、于文涛、尹薇等师友在翻译过程中提供的帮助！译稿的不当之处，由我负责。

希望这第二部译作不至于成为我翻译生涯的终点，并以此书送给乙未年出生的吾儿芒果。

德清胡耀飞

长安城南紫微居

领证两周年纪念日

2016 年 9 月 25 日晨光熹微

附录：七篇书评分别见于：

1. 孙英刚：《书评：Nicolas Tackett, *The Destruction of Medieval Chinese Aristocracy*》，荣新江主编《唐研究》第二十卷，北京：北京大学出版社，2014 年 12 月。

2. Song Chen（陈松），*The Destruction of Medieval Chinese Aristocracy* by Nicolas Tackett（review），*Harvard Journal of*

Asiatic Studies, Vol. 75（2015），No. 1.

3. 殷守甫：《书评：Nicolas Tackett, *The Destruction of Medieval Chinese Aristocracy* 中国中世贵族的解体》，包伟民、刘后滨主编《唐宋历史评论》第一辑，北京：社会科学文献出版社，2015 年 5 月。

4. 王晶：《重绘中古士族的衰亡史——以 *The Destruction of Medieval Chinese Aristocracy* 为中心》，《中华文史论丛》2015 年第 2 期。

5. Linda Walton（万安玲），*The Destruction of the Medieval Chinese Aristocracy* by Nicolas Tackett（Book Review），*Monumenta Serica：Journal of Oriental Studies*，Vol. LXIII（2015），No. 2.

6. Michael Hoeckelmann，review of *The Destruction of the Medieval Chinese Aristocracy*（review no. 1807），DOI：10. 14296/RiH/2014/1807.

7. Thomas J. Mazanec，*The Destruction of the Medieval Chinese Aristocracy* by Nicolas Tackett（Book Review），《饶宗颐国学院院刊》第 2 期，2015 年 5 月。

图书在版编目（CIP）数据

中古中国门阀大族的消亡／（美）谭凯
（Nicolas Tackett）著；胡耀飞，谢宇荣译. －－北京：
社会科学文献出版社，2017.4（2023.7 重印）
书名原文：The Destruction of the Medieval
Chinese Aristocracy
ISBN 978 - 7 - 5097 - 9971 - 0

Ⅰ.①中…　Ⅱ.①谭…　②胡…　③谢…　Ⅲ.①社会变
迁 - 研究 - 中国 - 中古　Ⅳ.①K240.7
中国版本图书馆 CIP 数据核字（2016）第 272184 号

中古中国门阀大族的消亡

著　　　者／[美]谭　凯　Nicolas Tackett
译　　　者／胡耀飞　谢宇荣
审　　　校／孙英刚

出 版 人／王利民
项目统筹／冯立君　董风云
责任编辑／冯立君
责任印制／王京美

出　　　版／社会科学文献出版社·甲骨文工作室（分社）（010）59366527
　　　　　　　地址：北京市北三环中路甲 29 号院华龙大厦　邮编：100029
　　　　　　　网址：www.ssap.com.cn
发　　　行／社会科学文献出版社（010）59367028
印　　　装／三河市东方印刷有限公司

规　　　格／开　本：889mm × 1194mm　1/32
　　　　　　　印　张：10.125　字　数：223 千字
版　　　次／2017 年 4 月第 1 版　2023 年 7 月第 8 次印刷
书　　　号／ISBN 978 - 7 - 5097 - 9971 - 0
著作权合同
登 记 号／图字 01 - 2015 - 2881 号
定　　　价／59.00 元

读者服务电话：4008918866